· 공주대학교 특수교육연구소 학술 총서 ·

ADHD 청소년과 성인의 갇혀 있는 영재성 발현하기

Thomas E. Brown, PhD 저 | 노진아 역

학지사

Smart But Stuck: Emotions in Teens and Adults with ADHD
by Thomas E. Brown

역자 서문

오늘날 ADHD 아동과 청소년 및 성인들의 출현율이 높아지고 있다. ADHD인들은 해야 하는 일에 주의를 집중하지 못하거나, 학교와 회사의 규칙에 순응하지 못하며, 사람들과 관계를 형성하고 유지하는 데 어려움을 보이는 등 소위 주변에서 '문제아' 또는 '사고뭉치'로 취급받는다. 우리 주변에서 이러한 문제를 다루기 위해 보통 이상의 에너지와 노력을 기울이는 사람들을 쉽게 관찰할 수 있다.

특히, 높은 인지기능을 가진 ADHD인들을 양육하고 지도하는 부모와 전문가들은 더 고민스러울 수 있다. 왜냐하면 사람들은 높은 인지기능을 보이는 ADHD인들은 스스로 자신의 목표를 설정하고, 이를 달성하기 위해 적절하게 사고하며, 자신의 행동을 조절하고 관리할 것이라 기대하기 때문이다. 그리고 이러한 기대에 부응하지 못할 경우 의지력 부족, 게으름 등의 이유를 들어 도움이 필요한 ADHD 내담자를 오히려 질책하곤 한다. 그럼으로써 ADHD 증상을 더욱 심각하게 만든다. 이들을 조기에 발견하여 치료하지 않을 경우 비행문제로 발전할 가능성도 크다. 그러므로 ADHD 아동과 청소년 및 성인들이 사회의 구성원으로 행복하게 생활할 수 있도록 조기에 발견하여 정확한 정보에 기초한 중재를 꾸준하게 제공해야 한다.

현재 ADHD인의 특성과 원인에 대해 제대로 알지 못하는 경우가 많다. 최근 연구에 의하면, ADHD가 정서, 실행 기능, 뇌 화학작용의 상호역동성으로 발생한다는 의견이 주목받고 있다. 무엇보다 ADHD인들을 돕기 위해서는 그들의 정서적 문제와 이를 관장하는 뇌에 대해 이해하고 접근해야 한다는 주장이 논의되고 있다. 이 책은 수많은 ADHD 내담자를 치료한 Brown 박사가 아직 잘 알려져 있지 않은 정서의 중요성에 대해 알려 주기 위해 집필한 책이다. 독자들은 다양한 사례를 읽음으로써 총명한 ADHD인들이 학교 및 직장생활, 가족 및 사회관계에서 좌절감, 수치심, 실망감, 죄책감, 불안감 등의 정서로 인해 시련을 겪고 있음을 알게 될 것이다.

아무쪼록 이 책에 소개된 사례를 통해서 독자들이 ADHD 아동과 청소년 및 성인에게 정서가 차지하는 중요한 역할에 대해 생각해 보고, 개별 대상자에 따른 맞춤식의 종합적인 중재법을 적용해야 함을 생각해 보는 기회가 되기를 바란다. 그리고 ADHD 당사자뿐만 아니라 이들을 양육하고 지도하는 교사, 학부모, 상담가, 관련 전문가들이 이 장애의 특성과 치료 방법에 대해 올바르게 이해하고 지원의 방향을 바로 잡을 수 있도록 조금이나마 도움이 되었으면 한다. 마지막으로 이 책의 출판에 도움을 준 학지사 관계자 여러분과 끊임없는 사랑을 베풀어 주고 격려해 준 가족에게 감사의 마음을 전한다.

2017년 10월

역자 노진아

저자 서문

몇 년 전, 잠자는 거인이라 불리는 산에서 아들 Dave와 하이킹을 할 때 이 책을 쓰고자 하는 동기가 생겼다. 나는 현재 ADHD에 대한 이해에서 가장 간과되는 부분이 무엇이냐는 아들의 질문에 '정서의 중요성'이라고 답하고 이것이 의미하는 바를 설명하였다. 그러자 아들은, "정서의 중요성에 대해 사람들이 이해할 수 있도록 아버지의 환자를 토대로 책을 집필하셔야 해요!"라고 했다. 초고를 읽은 후 유용한 조언도 해 주었다. 아들의 격려와 사랑에 깊은 감사를 표한다.

행정 조교 Lisa Dziuba와 연구 조교 Ryan Kennedy도 원고를 조직화하고 점검하며 준비할 때 많은 지원을 해 주었다. 내가 매일 환자를 돌보는 일을 하면서도 집필 과정이 체계적으로 조직될 수 있도록 도왔다.

내 인생의 빛, 사랑하는 아내 Bobbie에 대한 지속적인 사랑과 지원에도 감사를 표한다. 그리고 내 삶을 풍요롭게 해 준 Liza, Abel, Nancy, Noah, Simone의 사랑, 열정, 격려에 대해서도 감사하게 생각한다. 이 책을 더 읽기 쉽게 하기 위해 격려와 많은 도움이 되는 지침을 제공한 Jossey-Bass/Wiley의 편집인 Margie McAneny에게도 감사를 표한다.

또한 출판에 도움을 준 Tracy Gallagher, 유용한 편집 및 제안을 해 준 Pat

Stacey, 꼼꼼하게 원고 정리를 해 준 Michele Jones, 신중하게 책을 제작해 준 Joanne Clapp Fullagar에게 감사를 표한다. 무엇보다 내담자들, 자신의 이야기를 탐구하면서 나를 신뢰하고, ADHD의 미묘한 복잡성과 여러 가지 서로 얽히고 종종 충돌하는 감정을 내게 가르쳐 주었던 아동, 청소년, 성인 내담자들에게 깊이 감사한다.

Thomas E. Brown

2014년 1월

추천사

"이 책을 통해 당신의 문제가 해결될 것입니다! 평생 동안 임상 경험을 쌓은 저자 Brown은 실용적이고 권위 있으며, 무엇보다도 도움이 되는 책을 집필하였습니다. 당신이 ADHD라면 이 책을 통해서 많은 도움을 받을 것이기 때문에 적극 추천하는 바입니다."

– Edward(Ned) Hallowell, M.D., 작가, 『Driven to Distraction and Delivered from Distraction』

"이 책은 ADHD에 대처하는 사람들과 그들을 걱정하는 가족들에게 매우 중요한 책입니다. 이 책에서는 ADHD 장애에서 간과되는 요소, 즉 정서의 중요성에 대해서 다루고 있습니다. 유용한 조언들이 명확하고 자세하게 기술되어 있어서, ADHD 본인뿐만 아니라 함께 생활하는 사람들에게도 도움이 될 것입니다."

– Russell A. Barkley, 사우스 캐롤라이나 의과 대학 정신과 및 소아과 임상 교수, 작가, 『Taking Charge of ADHD and Taking Charge of Adult ADHD』

"브라운 박사의 35년간의 임상 경험과 정서에 관한 최신 신경과학 연구 결과를 반영하였기 때문에, ADHD에 관심 있어 하는 사람이라면 이 책을 꼭 읽어 보아야 할 것입니다."

–James J. Gross, Ph.D., 스탠퍼드 대학교 심리학과 교수, 편집자, 『Handbook of Emotion Regulation』

"Brown 박사는 ADHD로 고통받는 사람들의 삶에서 잊혀진 부분, 즉 정서의 역할을 소개합니다. 그는 실행 기능 장애가 ADHD의 정서적 통제와 어떻게 상호작용하는지를 통합적이고 이해하기 쉽게 설명합니다. 또한 이러한 장애의 영향을 최소화하기 위한 사려 깊은 전략을 제공합니다."

–Luh Augusto Rohde, M.D., Ph.D., ADHD 세계 연맹 회장, 브라질 하우그란지두술 연방 대학교 정신의학 교수

"이 책에 소개된 사례는 삶에서 경험하게 되는 정서적 어려움을 생생하게 보여 줍니다. 매우 영특한 청소년과 성인이더라도 주의력, 조직화, 동기 부여에서의 결점을 극복하기 위한 노력을 하면서 좌절감과 실패를 맛볼 수 있습니다. 저자는 독자들의 이해를 돕도록 관련 연구를 간결하게 제시하고, ADHD인이 성공에 이르도록 자신의 임상 경험을 통합적으로 제시하였습니다.

–Mina K. Dulcan, M.D., 시카고 Ann & Robert H. Lurie 아동 병원과 노스웨스턴 파인버그 의과 대학의 정신과학, 행동과학과 및 소아과 교수

차례

07 리사 …… 143

08 스티브 …… 159

09 수 …… 173

10 맷 …… 189

도입

모든 정보 처리는 정서적이다 … 감정은 인지 활동을 유도 및 조직하고, 증폭시키거나 약화시키는 에너지 수준이다.

– Kenneth Dodge, 신경과학자

ADHD에 대한 과학적 이해가 지난 10년 동안 극적으로 변화했지만, 이 장애의 영향을 받는 대부분의 사람들(그리고 이들을 진단하고 치료하는 사람들)은 아직 이 복잡한 장애에 대한 정확한 최신 정보를 얻을 기회가 없다. ADHD는 잘못된 행동, 의지력 부족 또는 주의력 결핍이라는 단순한 문제가 아니다. 매우 총명한 청소년과 성인 ADHD에 관한 실제 이야기들을 읽음으로써, ADHD인은 지능이 높더라도 만성적인 좌절감과 실패를 경험함으로써 학교, 직장, 일상생활에서 '갇히게(문제를 경험하게)' 됨을 알게 될 것이다. 다행히도 대부분의 경우 이러한 문제들에서 벗어날 가능성이 있다. 독자 여러분은 이 책에서 ADHD로 고통받는 사람이 효과적인 치료를 받음으로써 어떠한 도움을 얻었는지에 대한 많은 사례를 볼 수 있다.

참고: 이 책 전반에서, ADHD 용어는 현재 주의력 결핍 과잉행동 장애(ADHD)/주의력 결핍 장애(ADD)로 이해되는 장애를 지칭하기 위해 사용되었다.

임상 및 신경과학 연구에 따르면, ADHD는 본질적으로 두뇌 관리 시스템의 역동적인 상호작용에 대한 복잡한 집합의 손상, 다른 말로 실행 기능 손상으로 알려졌다. 이 기능에는 뇌의 여러 가지 주요 기능이 포함된다.

- 과제를 조직화하고 시작하기
- 필요에 따라 과제에 집중하고 한 작업에서 다른 작업으로 주의력 전환하기
- 수면과 긴장 조절하기, 노력 유지하기, 정보를 효율적으로 처리하기
- 좌절감을 관리하고 감정을 조절하기
- 작업 기억을 활용하고 회상하기
- 점검하기 및 자기 조절 행동

누구나 이러한 기능에 어려움을 겪을 수 있지만, ADHD인은 동년배보다 더 큰 어려움을 보인다(이러한 실행 기능에 대한 자세한 설명은 1장 참조).

smart but stuck 누락된 요소: 정서

ADHD 연구에 진전이 있었음에도 불구하고, 장애 요소에 대한 설명에 한 가지 요소, 즉 실행 기능에서의 정서 역할에 대한 설명이 부족하다. 이 책에서는 그 누락된 부분에 대해 설명한다. 1996년 신경과학자 조셉 르두(Joseph LeDoux)는 뇌의 인지 기능에서 정서의 중요성을 강조하는 책인 『정서적 뇌(The Emotional Brain)』를 출판했다. 그는 정서(주로 무의식적인 감정)가 인간의

사고와 행동의 강력하고 중요한 동기라고 강조했다.[1] 인간 행동의 모든 측면에서 정서의 본질적 역할에 대한 이러한 이해는 아직 ADHD에 대한 현재 생각에 통합되지 않았다.

우리는 과제를 시작하고 우선순위를 정하는 데, 흥미와 노력을 유지하거나 변화하는 데, 생각을 적극적으로 기억하고 과제나 상황에 참여하거나 회피하도록 선택하는 데 있어서 정서가 매우 중요한 역할을 함을 인식해야 한다.

ADHD에서 정서의 역할을 완전히 이해하려면, ADHD인이 자신의 감정을 표현하는 방법을 관리하는 데 어려움을 겪는 경우가 많이 있고, 긍정적이고 부정적인 감정이 실행 기능에서(과제를 시작하고 우선순위를 정하는 데, 흥미와 노력을 유지하거나 변화하는 데, 생각을 적극적으로 기억하고 과제나 상황에 참여하거나 회피하도록 선택하는 데 있어) 중요한 역할을 한다는 것을 인정해야 한다. 신경과학자 케네스 닷지(Kenneth Dodge)가 관찰했듯이, "모든 정보 처리는 정서적이다 … 감정은 인지 활동을 유도 및 조직하고, 증폭시키거나 약화시키는 에너지 수준이다."[2]

때때로 의식적이며, 더 자주는 무의식적인 정서는 사람의 경험과 행동을 형성하는 인지 활동을 동기 부여하는 역할을 한다. ADHD인의 경우, 다양한 감정을 인지하고 이에 반응하는 데 있어서 만성적인 문제가 일상생활에서의 어려움을 야기하는 주요 요인이다.

이 책의 이야기는 필자의 ADHD 환자가 경험하고 있는 여러 가지 긍정적 · 부정적 감정을 강조한다. 이 이야기를 읽는 일부 독자는, 'ADHD와 여러 장애(불안, 우울증 또는 강박증)를 가진 사람에 관한 것이군. 그들의 정서적 어려움은 ADHD가 아니라 동반 장애의 일부분이군.'이라고 생각할 것이다. 이에 대해 필자는, "ADHD는 인지적 문제에 동반하여 또 다른 정서적 어려움을 가지는 문제가 아니다."라고 말할 것이다. 감정에 반응하고 감정을 관리할 때의 문제는 ADHD에 밀접하고 역동적이며 불가분하게 관련된다.

감정에 반응하고 감정을 관리할 때의 문제는 ADHD에 밀접하고 역동적이며 불가분하게 관련된다.

smart but stuck 내담자와 연구로부터의 교훈

임상심리학자인 필자는 35년이 넘는 대부분의 시간 동안 ADHD와 관련한 문제에 대해 도움을 요청하는 아동 · 청소년 · 성인과 상담을 하면서 보냈다. 많은 사람들이 감정, 학습, 행동을 포함한 다른 문제를 보였다. ADHD에 대해 배운 주요 통로는 모든 연령대 내담자와의 수많은 대화이다. 그들은 자신의 주의력 결핍을 인지하고 극복하는 데 있어서, 그리고 좌절감과 실패의 감정에서 벗어나고자 하는 데 있어서의 어려움에 대해 필자와 이야기를 나누었다. 이 책의 이야기는 필자의 일부 내담자와의 대화에 기초하고 있다. 개인 정보를 보호하기 위해서 모든 내용이 수정되었지만 주요 세부 사항은 사실이다.

최근에 신경과학, 심리학, 정신의학 분야의 연구가 확대되면서 ADHD 환자가 몇 가지 선호하는 활동에는 집중하고 정열적으로 노력할 수 있지만, 하고 싶다는 생각이 드는 다른 중요한 일에 충분하게 노력을 기울이거나 유지할 수 없음에 대한 수수께끼 같은 사실을 설명하는 데 도움이 되고 있다. 이 책에 소개된 여러 사례들을 통해서, ADHD 환자의 고군분투 생활과 ADHD와 정서와의 관계에 대해 좀 더 이해할 수 있을 것이다.

지난 수년간 필자는 총명한 ADHD 청소년과 성인들에게 특히 관심이 있었다. 이들을 통해서 필자는 똑똑하다는 것이 주의력 결핍 문제에서 보호받지 못한다는 것을 배웠다. IQ가 높은 사람도 ADHD로 고통받을 수 있을 뿐만 아니라, 똑똑한 사람은 ADHD로 인한 고통을 겪지 않을 것이라는 사람들의 오해로 인해 적절한 지원이나 치료를 받지 못할 경우 훨씬 더 오랫동안 고통을 받을 것이라는 것을 배웠다.

IQ가 높은 사람도 ADHD로 고통받을 수 있을 뿐만 아니라, 똑똑한 사람은 ADHD로 인한 고통을 겪지 않을 것이라는 사람들의 오해로 인해 적절한 지원이나 치료를 받지 못할 경우 훨씬 더 오랫동안 고통을 받을 것이라는 것을 배웠다.

이 책에서 소개하는 내담자들은 모두 총명했다. IQ 검사 점수는 상위 9% 내에 들었지만 생활에서 어려움을 경험했다.

그들은 만성적으로 비생산적이며 자멸하는 감정, 사고, 행동 패턴에서 벗어날 수 없었기 때문에 치료를 받고 싶어 했다. 그들은 학업, 직업, 타인과의 관계에서 매일 어려움을 경험한다고 생각했다. 독자들은 그들의 이야기를 통해서 ADHD 환자가 자신과 자신의 감정을 관리하는 데 있어서 어려움을 겪고 있음을 알 수 있을 것이다. 일부 사례는 놀라운 성공과 인상적인 성취에 대한 것이며 또 다른 사례는 지속되는 좌절감과 비극적 실망감에 대한 것이다. 대부분의 사례에서는 이러한 것들이 혼재되어 있다. 그러나 각각의 이야기에서는 ADHD에 영향을 미치는 정서의 복잡한 역할에 대해 조명한다.

smart but stuck 독자가 배울 점

1장에서는 임상의, 연구원, 신경과학자에 의한 최신 연구 결과를 활용하여 ADHD에 대한 새로운 이해를 설명한다. 2~12장에서는 ADHD 청소년과 성인의 이야기를 통해서, 특히 ADHD 장애, 정서 문제, 가족이나 다른 여러 상황과 관련하여 고군분투하는 문제를 강조한다. 마지막 장에서는 정서가 ADHD인의 삶에 영향을 주는 방식과 정서의 영향을 받는 ADHD인을 적절하게 지원하고 치료할 수 있는 방법에 대해 요약적으로 소개하고 있다.

이어지는 이야기들은 대략적으로 진단의 한계를 보여 준다. 이 책의 사례에서 보게 되는 사람들은 하나 또는 여러 진단 범주 아래 깔끔하게 분류될 수 없다. 개인은 자신이 사는 변화하는 맥락에서 상호작용하는 강점과 어려움의 독특하고 복잡한 조합이기 때문이다. ADHD인이 일상생활에서 접하는 환경은 다양할 뿐만 아니라 개별 ADHD인 사이에도 엄청난 다양성이 존재한다.

그리고 필자는 사례에서 ADHD인에게 제공한 도움뿐만 아니라 필자 자신의 반응과 도전에 대해서도 공유하고자 하였다. 많은 이야기가 성공 사례였고, 필자는 이러한 성공에 기여한 자원과 전략을 나누고자 하였다. 일부 이야기에서는 ADHD인이 경험할 수 있는 심각한 장애와 어려움에 대해 설명하고 있다.

이 책의 사례들은 ADHD가 어떻게 변화하는지에 대해 보여 준다. 청소년기와 성인기의 문제로 진행될 때, 더 좋아지거나 때로는 악화되는 경우가 있다. 개별 사례에서는 ADHD 장애를 완화하기 위해서 제공된 약물과 기타 치료법에 대해 소개하고 있다.

이 중 어떤 사례도 복잡한 어려움을 해결하기 위해서 약물 치료만 한 경우가 없었다. 이야기 치료가 이들의 성공에 도움이 되었다. 이야기 치료는 이들이 경험하는 어려움의 성격과 정서적 복잡성을 진단하고 이해하는 데 필수적이었다. 이러한 치료적인 관계는, 1) 효과적인 치료법, 2) 환자의 환경 및 생활 양식 변경, 3) 자존심 회복, 4) 환자, 가족, 의사들 간의 상호작용에서의 좌절감, 스트레스, 당혹감 해결에 있어서 친밀하게 협력할 수 있는 수단이 되었다.

이들이 겪는 정서적 갈등과 투쟁은 ADHD인에게만 나타나는 것이 아니며,

지능이 뛰어난 ADHD인에게만 나타나는 것도 아니다. 독자 자신, 가족, 친구들에게서도 이와 크게 다르지 않은 정서적 압력, 갈등, 투쟁을 볼 수 있을 것이다.

이 책 전반에서는 ADHD인과 그 가족의 약점과 어려움뿐만 아니라, 인상적인 강점과 다양한 재능에 대해서도 보여 주려고 했다. 이 책에 소개된 ADHD인에게서 존경할 만한 것도 많이 찾을 수 있을 것이다.

Smart But Stuck

1

ADHD와 정서를 관장하는 뇌

"ADHD인의 일상생활에서 정서는 중요한 역할을 한다. 대체로 이들은 정서 관리 능력에 문제를 갖는 경향을 보인다. 정서는 직감과 관련된 것이 아니며 실제적인 원천은 바로 '뇌'이다."

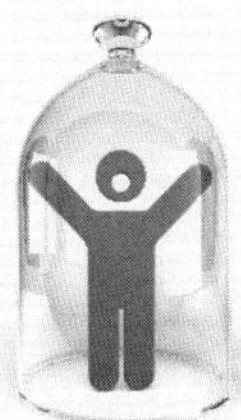

대립하는 정서는 모든 아동, 청소년, 성인의 일상생활에서 매우 중요한 작용을 한다. 정서를 통해서 인지하거나 회피하기, 골똘하게 집중하기, 의도적으로 무시하기를 하게 된다. 대립하는 정서로 인해서 하고자 하는 과제를 수행할 수 없게 되거나 결코 하지 않겠다고 다짐했던 과제를 하게 된다. 즉, 정서에 의해 우리의 행동이 좌지우지되는 것이다. 정서를 제어할 수 있는 우리는 불편한 감정에서 벗어나려고 노력하며, 정서를 조절하라고 스스로에게 말하기도 한다. 이처럼 우리는 정서에 지배되기도 하며, 정서를 관리하기도 한다.

임상심리학자인 필자는 주의력 결핍 장애인의 일상생활에서 대립하는 정서가 커다란 역할을 하고 있음을 보아 왔다. 주의력 결핍 장애인은 인지 기능의 또 다른 측면을 방해하는 정서 관리 능력에 문제를 갖는 경향이 있다. ADHD인은 중요한 작업에 대해 동기를 부여하거나 유지하는 데 만성적인 어려움을 갖는다.

대부분 ADHD인은 좌절감, 두려움, 슬픔, 자부심, 수치, 흥분 이외에도 다양한 상황에서 모든 사람이 경험하는 감정을 경험한다. 하지만 일반인과의 차이점은 복잡하고 상충되는 정서가 발생하면 이를 관리하는 데 어려움을 겪는다는 것이다. 이 책에서는 우수한 지적 능력이 정서 문제나 ADHD를 예방할 수 없음을 이야기한다.

이 책에서는 정서가 뇌(brain)와 연결되어 있음을 강조한다. 상식적으로 사람들은 정서는 뇌가 아닌 직감과 관련된 것으로, 인간의 심연에서 오는 것이라 생각한다. 그러나 정서의 실제적인 원천은 바로 뇌이다.

ADHD인은 과제의 우선순위 정하기, 관심사 바꾸기, 작업 기억(working memory) 활용에 어려움을 갖는다. 방을 청소하는 동안 흥미로운 사진을 보았다면 청소라는 본연의 과제를 완전히 잊어버린다. 또한 인터넷에서 특정 정보를 검색하다가 원래 업무와 전혀 상관이 없는 웹 페이지에 빠져 버린다. 그들은 정말로 원하는 것을 얻기 위해 시간 내에 필수 과제를 수행해야 함을 간과하고 지루해 보이는 것을 포기함으로써 좋지 않은 결과를 갖게 된다.

즉, 바이러스가 컴퓨터 하드 드라이브를 순식간에 장악하듯이, 순간적으로 정서가 머릿속에 꽉 차며 주요한 느낌과 생각이 억눌린다.

그리고 많은 ADHD인은 중요한 정서를 염두에 두고 반응하는 대신에 좌절, 열정, 분노, 애정, 걱정, 지루함, 낙담과 같은 다른 감정에 빠르게 흔들리는 경향을 보인다. 그들은 자신이 사랑하고 상처를 주고 싶지 않은 친구 또는 가족 구성원을 고려하지 않아서 분노를 순간적으로 표출하기도 한다. 즉, 바이러스가 컴퓨터 하드 드라이브를 순식간에 장악하듯이, 순간적으로 정서가 머릿속에 꽉 차며 주요한 느낌과 생각이 억눌린다.

smart but stuck 주의력 편향

ADHD인은 **주의력 편향**(attentional bias)으로 인해 어려움을 경험한다. 이들은 자신의 마음을 끄는 설명이나 행위는 빠르고 주의 깊게 알아차리지만, 그 외의 정보나 맥락은 유용한 것일지라도 주의를 기울이지 못한다. 아직 발생하지 않은 일을 과도하게 또는 끊임없이 걱정하기도 한다. 하나의 특정 감정에 너무 쉽게 몰입하며, 관심을 다른 곳으로 두는 데 만성적인 문제를 갖는다. 일례로, 동료가 어떤 사안에 대해 약간의 불확실성을 표명했다는 이야기를 들으면, 그 안을 거절했다고 해석하고 동료의 말을 주의 깊게 살피는 대신 논쟁을 한다. 이러한 주의력 편향으로 인해서 우울증, 불안, 논쟁의 감정이 생기고 특정 목표를 상실하게 된다.[1]

망원경을 통한 농구 관람

ADHD인의 삶은 망원경을 통한 농구 관람으로 비유할 수 있다. 이는 특정 시간 동안에 행동의 작은 부분만을 보는 것과 같아서 때로는 경기장의 한 부분만을 너무 오래 보거나 다른 곳에서 일어나는 중요한 것을 놓칠 수 있음을 말한다. 망원경을 통해서는 행동의 작은 단위를 임의적으로 보게 되므로 농구공의 흐름을 놓치고 다양한 선수들이 각자의 위치에서 무엇을 하는지 알기 어렵다. 농구 경기의 흐름을 파악하기 위해서는 경기장 전체를 보면서 여러 가지 위험과 기회 요인을 보여 주는 농구공의 움직임과 선수들의 위치 변화를 알아야 한다.

smart but stuck 알려지지 않은 정서의 역할

현재 ADHD 진단 기준에는 정서 문제에 대한 언급이 없으나 가족 구성원을 포함한 지인들은 그들이 정서(흥미, 편안함, 욕망, 걱정, 좌절, 걱정, 실망, 상처, 분노, 자부심, 슬픔, 기대와 흥분, 수치심의 조합과 순서가 다양함) 문제로 일상생활에서 어려움을 경험한다고 생각하고 있다. ADHD인은 자신의 정서를 표현하지 못할 때가 있으며, 상호작용을 시작하거나 목표 달성에 필요한 행동을 촉발하는 정서를 잘 인지하거나 경험하지 못한다.

이에 연구자들은 ADHD의 진단 기준에 정서적 부분이 누락된 것에 문제를 제기한다. 1,000명 이상의 ADHD 아동을 대상으로 한 유럽의 연구 결과, 참여 아동의 약 75%가 동일 연령의 일반 아동에 비해서 쉽게 좌절하거나 화를 냈으며, 성격이 급하였고, 슬픔을 보이거나 급작스러운 기분 변화를 보였다.[2]

100명 이상의 아동을 대상으로 한 종단 연구 결과, ADHD 아동은 일반 아동에 비해서 성인이 되어서도 좌절에 대해 쉽게 낙담하고, 조바심과 화를 잘 내며, 흥분을 잘하는 것으로 나타났다.

이러한 문제는 성인기까지 지속된다. 100명 이상의 아동을 대상으로 한 종단 연구 결과, ADHD 아동은 일반 아동에 비해서 성인이 되어서도 좌절에 대해 쉽게 낙담하고, 조바심과 화를 잘 내며, 흥분을 잘하는 것으로 나타났다. 또 다른 연구 결과, 이러한 부정적 감정에 대한 자기 통제력 결핍은 ADHD 성인의 하위 집단에서도 나타났으며, 이러한 유형의 정서 조절 문제(dysregulation)는 형제자매에게서도 빈번하게 나타났다.[3]

이와 같은 ADHD와 정서적 역할에 대한 최근 연구들은 혼합된 ADHD 유형만을 대상으로 하고 있으며, 과잉행동 증상을 보이지 않는 ADHD인은 제외하고 있다. 그리고 과민성과 분노와 같은 부정적 감정 조절 문제에 초점을 두고 있다. 반면에 관심, 열정, 욕망, 자부심, 즐거움과 같은 긍정적 정서의 역할을 경시해 왔으며, 불안감, 의기소침, 스트레스, 절망감을 적절하게 탐구하지 못하였다.

이에 한 기사에서 러셀 바클리(Russel Barkley) 책임연구원은 ADHD의 진단 기준에 정서의 자기 조절력 결함이 포함되어야 하며, 이는 장애의 주요 구성 요소로 고려되어야 한다고 하였다. 그는 부정적이고 파괴적인 정서 조절 문제에 좀 더 초점을 두었다.

> ADHD는 변연계의 정상적인 정서생성 특성, 특히 편도의 분노, 좌절감, 공격성 생성 성질이 고위 인지 기능에 의해 부적절하게 조절되는 상태를 만든다. (p. 10)[4]

발생과 동기의 문제

지금까지 연구자와 임상가들은 ADHD인의 정서 표현 **제동**과 관련한 문제에 많이 집중해 왔다. 반면에 정서 **발생**(ignition), 즉 해야 할 일을 시작하고 완성하는 데 있어서 만성적으로 어려움을 갖는 것에 충분한 관심을 기울이지 못했다.

이러한 문제를 이해하는 데 있어서 ADHD 아동, 청소년, 성인에 대한 가장 난해하고 어려운 사건을 알아야 한다. 그들의 증상은 일관적이지 않다. ADHD 증상은 그들이 참여하고 있는 과제나 맥락, 그리고 유인책에 따라서 상황마다 다르게 나타난다. 스스로를 조직화하고 과제를 시작하며 집중력을 유지하는 데 있어서 만성적으로 어려움을 경험하고 있음에도, 모든 ADHD인이 그러한 문제를 보이는 것 같지는 않다. 주변에 있는 ADHD인을 보면 주의 집중에 전혀 문제가 없는 것처럼 보일 수 있다.[5]

지금까지 연구자와 임상가들은 ADHD인의 정서 표현 제동과 관련한 문제에 많이 집중해 왔다. 반면에 정서 발생(ignition), 즉 할 일을 시작하고 완성하는 데 있어서 만성적으로 어려움을 갖는 것에 충분한 관심을 기울이지 못했다.

일반적으로 연령에 상관없이 ADHD인은 높은 흥미를 보이는 일부 활동(스포츠, 비디오 게임, 그림 그리기, 자동차 수리, 음악 연주, 페이스북 사용 등)에 집중을 아주 잘할 수 있다. 하지만 과제를 하지 않으면 즉각적으로 불쾌한 후속 결과가 생기는 예외적인 상황을 제외한 모든 활동에서는 집중하지 못한다. 만약 ADHD인에게 어떤 과제는 집중을 잘하면서 왜 다른 과제에 집중하지 못하냐고 물으면 다음과 같이 대답할 것이다.

> 저는 흥미를 느끼는 일에는 집중을 잘해요. 하지만 흥미를 느끼지 못하면 집중하기가 힘들어요. 지금 당장 이 일을 하지 않으면 매우 불쾌한 일이 일어날 것 같은 생각이 들면 잠시 집중을 할 수 있을지 몰라요. 하지만 내 머리에 총이 겨눠지지 않는 한, 저는 정말 흥미를 느껴야만 일을 할 수 있어요.

ADHD인은 흥미를 보이는 일에 집중을 잘하지만 그렇지 않은 일에 집중을 잘하지 못하기 때문에 의지력이 부족한 것으로 인식된다. ADHD는 의지력 문제로 보이지만, 꼭 그렇지만은 않다. 어떤 환자는 이러한 집중의 어려움을 다음과 같이 말했다.

> 과제가 정말 흥미롭다면 그 일을 열심히 할 수 있지만 그렇지 않으면 할 수가 없어요. 스스로에게 "할 필요가 있어." "해야만 해." "기필코 해야 해."라고 얼마나 많이 말하였는가는 중요하지 않아요. 저는 그렇게 할 수가 없는데, 이는 의지력의 문제가 아닙니다.

smart but stuck 즉각 보상 vs. 지연 보상

특정 문제에 집중할 수 있으나 다른 문제에 집중할 수 없는 것은 ADHD의 중요한 문제이다. 그들은 즉각적인 즐거움이나 안도감을 제공하지 못하는 활동에 흥미를 보이거나 유지하지 못한다. 대부분 사람들은 흥미(interest)를 정서로 생각하지 않지만, 사실 흥미는 매우 중요한 긍정적 정서이다. '열정적 흥미(passionate interest)'는 일 또는 사람에 대한 정서적 참여가 강렬한 수준으로 지속적으로 나타남을 의미한다. 반면에 흥미란 다양한 수준과 각도에서 발생하며, 흥미는 일 또는 관계에 대한 동기와 정서적 몰입 수준을 반영한다. 심리학자 제임스 그로스(James Gross)와 로스 톰슨(Ross Thompson)은, "우리는 정서를 통해서 무언가를 느낄 뿐만 아니라 무언가를 하고 있는 것처럼 느낀다."라고 강조했다.[6]

PET 이미징 연구에 따르면, ADHD인은 통제 집단에 비해서 뇌 보상-인식 회로를 활성화하는 화학 물질이 현저하게 적게 수용체에 연결되는 경향이 있다.

정서는 행위(참여하거나 회피하기 위한 행위)에 동기를 부여한다. 적절한 치료를 받지 못한 ADHD인은 즉각적 만족을 주는 활동에 쉽게 흥미를 보이지만, 오랜 시간이 지난 후에 보상이 주어지는 과제를 하는 데 어려움을 갖는다. 필요한 과제를 수행하기 위해 동기를 부여하고 지속적으로 노력하는 것에 어려움을 갖기 때문에 사람들에게 이상하게 보일 것이다.

PET 이미징 연구에 따르면, ADHD인은 통제 집단에 비해서 뇌 보상-인식 회로를 활성화하는 화학 물질이 현저하게 적게 수용체에 연결되는 경향이 있다.[7] 이러한 연구에 따르면, 왜 ADHD인이 다른 또래에 비해 보상이 지연되는 과제에 흥미와 만족을 덜 느끼게 되는지 이해할 수 있다. 특히, ADHD인은 자신이 흥미를 느끼지 못하는 일을 시작하고, 보상이 즉각적으로 주어지지 않는 과제를 완수하려는 동기를 유지하는 데 어려움을 느낀다. 이러한 연구를 통해 얻은 시사점은 2장을 참조하라.

일에 대해 흥미와 관심을 갖고 유지하는 것은 두 가지 인지 기능과 관련된다. 도입부에 소개하였듯이, ADHD 장애는 어린 아동의 행동 문제에 국한하는 것이 아니다. 행동 문제가 ADHD의 핵심이나, 이 문제는 청소년기 및 성인기까지 지속되며 가슴을 에는 듯한 고통과 내적 혼란을 야기하며 인생 전반에 어려움을 초래한다. 한편, 행동 문제를 보이지 않거나 아주 경미한 행동 문제를 보이는 ADHD인도 있다. 즉, ADHD의 주요 문제는 청소년기 및 성인기에 나타나는 뇌 관리 시스템에서의 광범위한 인지 장애로, 이는 다양한 정서 문제와 연계되어 있다.

smart but stuck 정서, ADHD 그리고 실행 기능

신경과학의 발달로 심리 현상의 신경학적 토대에 대한 이해가 급속도로 변화하고 있다. 그러나 ADHD인의 뇌 기능이 정서 경험, 감정, 의사 결정 과정에 밀접하게 연계되어 있는지에 대한 연구가 없다. 따라서 필자는 ADHD 실행 기능(executive functions) 모델에 대한 개관을 제공하고, 정서적 처리 과정이 뇌 기능에 어떻게 특별히 관여하는지에 대해 소개하고자 한다.

실행 기능 이해하기

필자는 2005년에 『주의력 결핍 장애: 아동과 성인의 부주의한 마음(Attention Deficit Disorder: The Unfocused Mind in Children and Adults)』을 출간하였다. 8년 후에는 『아동과 성인 ADHD에 대한 새로운 이해: 실행 기능 손상(New understanding of ADHD in children and adults: Executive Function Impairments)』을 출간하였다.[8] 이 책에서는 대부분의 ADHD인에게서 관찰되는 여섯 가지의 만성적 어려움에 대해 소개하였다. 그리고 여섯 가지의 요소가 어떻게 결합되어서 ADHD인의 뇌 관리 시스템, 즉 실행 기능에 문제를 야기하는지 소개하였다. 이러한 필자의 연구와 다른 연구자들의 연구를 토대로, 새로운 ADHD의 정의를 제안하면 다음과 같다.

ADHD의 새 정의

- 복합 증후군
- 실행 기능의 발달적 손상
- 뇌의 자기 관리 체계
- 대체적으로 무의식적인 작동 체계
- 상황에 구체적인 손상
- 만성적이고 유의미한 일상생활에서의 기능 손상

출처: Brown, T. E. (2013). *A New Understanding of ADHD in Children and Adults*. New York: Routledge.

이전 저서에서 필자는 왜 ADHD인이 대부분의 일상생활에서 만성적인 실행 기능 문제를 보이지만 일부 특정 활동에서는 그렇지 않은가를 강조했다. 이 책에서는 중요하다고 생각함에도 불구하고 만성적으로 집중하지 못하면서 어떠한 과제는 열심히 하는 ADHD인의 행동이 정서와 관련 있음을 소개하고 있다.

[그림 1-1]에서 보듯이, 좌절을 관리하고 정서를 조절하는 기능이 있다. 이 책에서는 정서 관리에 관한 것만 다루지 않기 때문에 하나의 기능만을 강조하지 않을 것이다. 즉, 이 책에서는 여섯 개의 구성 요인, 1) 과제를 우선순위화하고 시작하기, 2) 주의 집중하고 적절하게 이동하기, 3) 주의를 조절하고

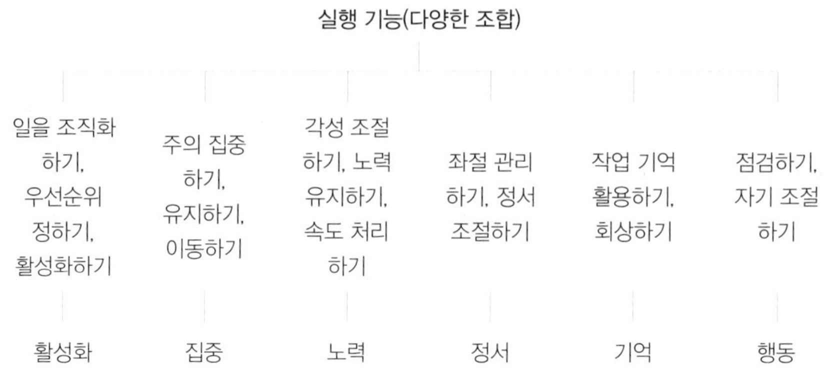

[그림 1-1] ADHD인들의 손상된 실행 기능

출처: Brown, T. E. (2005). *Attention Deficit Disorder: The Unfocused Mind in Children and Adults*. New Have, CT: Yale University Press. p. 22. 허가를 받아 게재함.

노력을 유지하기, 4) 좌절을 관리하고 정서 표현과 경험을 조절하기, 5) 작업 기억을 활용하기, 6) 점검하기와 자기 조절하기의 만성적인 어려움으로 인한 복잡하고 미묘한 정서 문제를 다룰 것이다.

실행 기능 구성 요소

[그림 1-1]은 인간 뇌의 실행 기능을 구성하는 다양한 인지 기능에 대해 소개하고 있다. [그림 1-1]에 나타난 여섯 개 요소는 키, 몸무게, 혈압과 같은 단일 변수가 아니며, 인지 기능 집합체로서 한 요소가 더 많거나 더 적을 수 있다. 자기 관리가 필요한 일을 할 때 이러한 여섯 개의 인지 기능 요소 모두 또는 일부가 역동적으로 상호작용한다. 의식적 사고를 단계적으로 거치지 않고 자동적으로 작동하며, 그 속도는 빛보다 빠르다. 여섯 가지 요소에 대한 설명은 다음과 같다.

1) 활성화

과제와 자료를 조직화하고, 시간을 추정하며, 과제의 우선순위를 정하고, 과제에 착수하는 것과 관련한다. ADHD 환자는 과도한 시간 지연 문제를 만성적으로 갖는다. 종종 그들이 중요하다고 생각하는 일이더라도, 마지막 순간까지 과제 시작을 미룬다. 즉, 심각한 비상 사태로 인식하기 전까지 과제를 시작하지 못한다.

2) 집중

과제 집중하기, 유지하기, 이동하기와 관련한다. ADHD인이 집중을 유지하는 데 어려움을 보인다는 것은 라디오 주파수가 잘 맞지 않은 상태에서 방송을 들으려고 하는 것과 유사하다. 일부는 들을 수 있어도 일부 내용은 들을 수 없다. 그들은 주변 자극에 쉽게 방해를 받으며 자신의 생각 때문에도 쉽게 산만해진다. 그리고 책을 읽을 때 읽은 단어를 이해하였더라도 의미를 완전하게 이해하고 기억하기 위해서는 반복해서 읽어야 한다.

3) 노력

각성 조절하기, 노력 유지하기, 적절한 속도로 일하기와 관련한다. 많은 ADHD인들은 단기 프로젝트를 수행할 수 있지만 오랜 시간 동안 지속적인 노력을 기울이는 데 어려움을 갖는다. 그리고 정해진 시간에 해설적 글쓰기 하는 것을 어려워하며, 수면과 기민성을 조절하는 데 만성적 어려움을 갖는다. 그들은 생각을 멈출 수 없어서 늦게까지 종종 깨어 있는데, 일단 잠이 들면 죽은 사람처럼 자며 아침에 일어나지 못한다.

4) 정서

좌절을 관리하고 정서를 조절하는 것과 관련한다. 정신의학 진단 매뉴얼에서는 정서 관리와 관련된 증상을 ADHD 양상으로 인식하지 않으나, 많은

ADHD인은 좌절, 분노, 걱정, 실망, 욕망 및 그 밖의 감정을 관리하는 데 만성적으로 어려움을 경험한다. ADHD인은 정서가 사고를 지배하여 아무것도 할 수 없게 만드는 것을 바이러스가 컴퓨터에 침공한 것으로 비유한다. 이들은 정서를 균형적 사고로 바꾸고 정서를 조절하여 해야 할 일을 하는 데 어려움을 갖는다.

5) 기억

작업 기억 활용하기, 회상하기와 관련한다. ADHD인은 오래전에 일어난 일들을 기억하지만, 물건을 넣은 장소, 타인에게 들은 말, 자신이 하려고 했던 말을 기억하는 데 어려움을 보인다. 그리고 여러 가지 다른 일들을 동시에 하기 힘들어하며, 배운 지식을 적절한 때에 회상하는 데 어려움을 느낀다.

6) 행동

자신의 행동을 점검하고 조절하는 것과 관련한다. 많은 ADHD인은 과잉행동 문제가 없더라도 자신의 행동을 조절하는 데 어려움을 경험한다. 그들은 말과 행동을 충동적으로 해서 종종 부정확한 결론을 내려 버린다. 또한 ADHD인은 상호작용 맥락을 점검하는 데 문제를 보인다. 즉, 그들은 자신의 말과 행동 때문에 타인이 의아해하고 상처받았으며 화가 났음을 알지 못해서 자신의 행동을 수정하지 못한다. 그리고 ADHD인은 특정 과제를 하는 데 필요한 만큼 속도를 내거나 늦추지 못한다.

여기서 유의할 점은 이러한 실행 기능을 사용하는 사람의 능력이 발달 과정(초기 아동기부터 늦은 사춘기 또는 20대 초반)에 따라 다르다는 것이다. 즉, 이러한 인지 실행 기능은 초기 유년기부터 성인기까지의 긴 과정을 통해서 점진적으로 성숙한다.

이러한 실행 기능에 필요한 뇌의 기초 토대는 매우 늦게 발달한다. 스스로 과제를 조직하고 시작하기, 과제에 집중 유지하기, 각성 조절하기, 다른 일을 하면서 하나에 집중하기 등과 같은 능력과 기타 실행 기능은 아동기에는 미성숙하다. 거의 20년 동안 점진적으로 발달하여 실행 기능이 성숙해진다.

ADHD인은 이러한 여섯 가지 실행 기능의 발달이 지체되거나 손상되어 있다. 이 장 후반부에서는 ADHD 원인에 대해 알아본다. 다양한 연령대별 ADHD 양상에 대한 내용은 필자의 이전 저서들을 참조하기 바란다.

smart but stuck 핵심적인 뇌의 허브

두뇌 깊숙한 곳에 자리 잡은 편도체(amygdala)는 인식하고 생각하며 상상하는 것을 신속하게 처리하는 2차 통제소이다. 이는 매우 중요한 허브로, 거의 모든 대뇌 피질과 연계되어 있으며 즉각적인 정서 진단을 촉진하게 된다. 진단 결과는 뇌와 전신 반응을 빠르게 자극하는 신경 전달 화학 물질과 호르몬 방출을 통해서 뇌 안의 다양한 곳으로 전달된다.[9]

[그림 1-2]는 주요 편도체와 다른 대뇌 피질 간의 관계 밀도를 보여 준다. 뇌의 정서 중추 중 하나인 편도체는 막대한 양의 정보가 도착하는 환승역과 같은 곳이다.

다이어그램 중앙의 편도체는 추론하기 및 높은 수준의 의사 결정에 많이 관여하는 68개의 대뇌 피질 영역 중에서 60개와 직접 연계된다. 뇌의 다른 부분은 다른 대뇌 피질 영역과 직접적으로 연계되어 있지 않다. 이러한 뇌의 연결 고리 내에서 정서 반응은 순간순간마다 일어나고 조정된다. 구체적인 지각이나 사고가 매력적인지 또는 위험한지에 대한 초기 평가가 순간적으로 이루어진다. 이러한 편도체의 초기 평가에 대한 뇌의 다른 부분이 어떻게 반응하냐에 따라서, 초기 평가 결과가 재검토되거나 행동이 뒤따르게 된다.

우리가 보고 듣고 생각한 것에 대한 뇌의 평가에는 두 가지 주요한 원천이 있는데, 본능과 과거 경험에서 파생된 기억이다. 본능적 반응은 위험과 관련한 인식에 관련한다. 예를 들어, 커다랗고 빠른 물체가 눈앞에 다가오면 눈을 깜박이거나 피하려고 하는 것, 상한 음식을 먹으면 뱉어 버리는 것과 같다. 마찬가지로 우리는 본능적으로 편안하고 즐거움을 주는 사람이나 활동에 끌리게 된다.

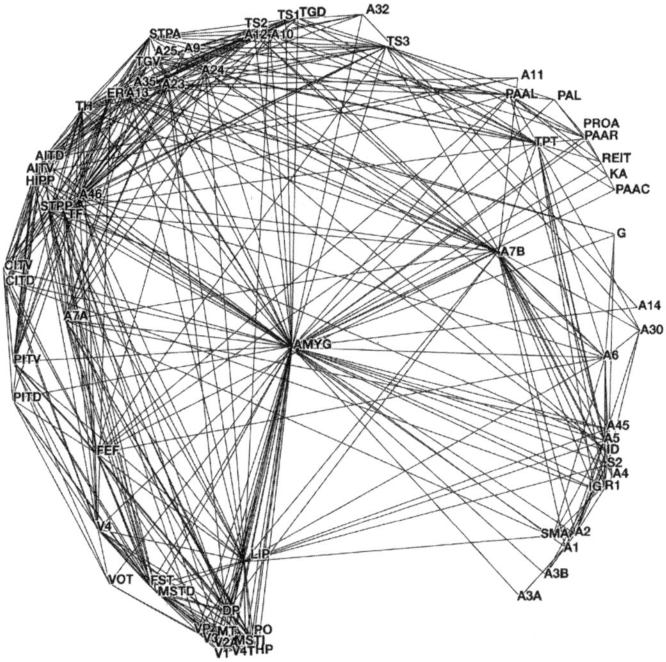

[그림 1-2] **편도체와 다른 대뇌 피질 간의 관계를 보여 주는 도식**

출처: Young, M. P., Scannell, J. W., Burns, G. A. P.C., & Blakemore, C. (1994). Analysis of Connectivity: Neural Systems in the Cerebral Cortex. *Reviews in the Neurosciences*, 5, 243. Walter de Gluyter Gwbh의 허가를 받아 게재함.

그리고 뇌는 정서가 포함된 기억을 저장하고 처리하는 '정서 센터'에 빠르게 접근한다(기억과 정서에 대한 후반부 논의 참조). 또한 뇌는 사람이 보고 듣고 생각하고 상상한 것을 주요 본능이나 과거 경험에서 파생된 기억에 연결

한다. 이러한 기억에 따라서 정서적 중요도가 부여되고, 이에 따라 뇌는 주의 집중을 지시한다.

smart but stuck 뜨거운 실행 기능 vs. 차가운 실행 기능

실행 기능과 정서 관계는 복잡하다. 일부 연구자들은 실행 기능이 정서 강도 차원에 따라서 분류될 수 있다고 했다. 그들은 상대적으로 강한 정서 참여를 다루는 뜨거운 실행 기능과 보다 추상적이고 덜 감성적인 과제와 관련된 차가운 실행 기능으로 구분한다.[10] 한편 다른 연구자들은 과잉행동/충동적인 ADHD 증상은 뜨거운 실행 기능이 더 많이 손상된 것이고, 낮은 주의 집중력과 관련한 ADHD 증상은 차가운 실행 기능이 더 많이 손상된 것으로 주장한다.[11] 또 다른 연구자들은 뜨거운 실행 기능과 차가운 실행 기능이 상호 보완적으로 작동한다고 말한다. 이 책은 ADHD의 하위 유형에 상관없이 두 가지의 실행 기능이 어떻게 복잡하고 역동적으로 상호작용하는지를 보여 준다.

smart but stuck 맥락의 중요성

과제에 열정적으로 참여하거나 반대로 관심을 두지 않는 것은 과제 그 자체의 문제가 아니라 그 과제에 대한 사람의 인식, 즉 과제와 관련한 정서에 기인한 것이다. 어떤 대학생은 교수가 설정해 놓은 과제 제출일 전에 오랫동안 과제를 완성하기 위해서 열정적으로 노력할 것이다. 반면에 어떤 대학생은 관심을 거의 기울이지 않거나 제출일 엄수에 별로 개의치 않을 것이다.

이러한 정서는 쉽게 변할 수 있다. 일례로, 과제 제출일을 항상 잘 지키는 학생이 헤어진 여자 친구가 다른 남자와 데이트를 한다는 사실에 화가 나서 갑자기 과제를 열심히 안 할 수 있다. 또한 과제 제출일에 별 관심이 없던 학생이 적절한 기간에 과제를 제출하는 것이 향후 교내 미식축구 출전 기회를 잃는 것과 관련된다는 것을 알고 나서 과제 제출일을 엄수할 수 있다. 이처럼 상황과 견해에 따라서 주어진 과제에 달리 임하게 되며, 극한 감정을 경험하게 된다.

정서는 추상적인 독립체로 존재하지 않는다. 정서는 항상 특정 순간에 특정 맥락에서 개인이 판단하는 지각, 사고, 감각, 이미지와 관련된다. 때론 정서가 사람이나 인식에 따르기도 한다. 특정 인종이나 민족적 배경, 외모에 대한 선호도나 비선호도, 특정 선정적 이미지나 행동에 대한 관심 또는 불편함이 그러한 예이다. 하지만 종종 이러한 일반적 감정조차도 특정 경험이나 사건으로 거슬러 올라갈 수 있다. 어떤 사람은 과민성, 죄책감, 갈망, 자부심 등의 표현을 전문으로 하며 제한된 정서를 나타낸다. 대부분의 경우에는 다양한 정서가 특정 생각, 감각, 지각 또는 상상에 연계되거나 포함된다.

그러나 실행 기능 용량이 정서 경험의 일차적 결정 요인이 아님에 주목해야 한다. 정서란 영아기 기질에서 시작되는 생물학적 과정에서 기인하여, 성장과 발달을 하면서 점차적으로 형성되고 수많은 삶의 경험에 의해 수정된다. 영아기서부터 청소년기까지의 연구에서, 발달 심리학자인 제롬 카간(Jerome Kagan)은 다음과 같이 말했다.

> 개별 아동은 기질을 갖고 태어난다. 특정 사건과 상황에 대해서 수다스럽거나 조용하거나, 매사에 경계하거나 편안하거나, 예민하거나 잘 웃거나, 에너지가 넘치거나 축 처져 있을 수 있다. 부모의 행동, 형제자매 간 경쟁, 우정, 교사 태도, 가족 간 유대, 인종, 종교, 국적 그리고 심지어 유년기 지역 사회 규모는 초기에 형성된 기질의 형태와 강점을 유지하거나 바꿀 수 있다.[12]

선천적 기질로부터 형성되고 삶의 경험으로부터 수정되어 온 각 개인의 정서 반응은 상향식(bottom up) 측면으로 언급된다. 이 책에서는 경험에 의해서 기질이 넓게 변화하는 사람의 예를 소개하고 있다. 태생적으로 어떤 사람은 훨씬 더 불안해하고 더 빨리 낙담한다. 그러나 이 책에서는 ADHD인 정서 경험의 하향식(top-down) 측면(ADHD인의 복잡한 정서 경험을 인지하고 조율하고 반응하는 실행 기능을 활용하는 능력)을 강조할 것이다. 이러한 하향식 과정은 사람이 상황을 인식하고 반응하는 방법을 안내해 주거나 형성시킬 수 있으며, 변화시킬 수도 있다.[13]

기억의 중요성

ADHD와 정서와의 관계를 이해하기 위해서 정서와 기억 간의 친밀한 관계를 아는 것이 중요하다. 보고 듣고 생각하고 이미지화하는 것과 관련된 개인의 기억에 의해 뇌의 정서 반응이 나타난다. 몇 개의 키워드로 방대한 정보를 찾을 수 있는 Google 같은 검색 엔진처럼 뇌도 특정 인식, 사고, 이미지와 관련된 기억 조각들을 신속하게 선택할 수 있다. 이때 각각의 기억은 관련 정서를 포함하고 있다. 일부 기억은 실제 과거 경험에서 직접 파생된다. 다른 기억들은 우리가 들은 이야기, 이전에 보았던 영화, 비슷한 상황에서의 타인의 경험으로부터 간접적으로 파생된다. 일부 기억은 두려움이나 수치심을 동반하거나, 욕망과 매력을 동반하기도 한다. 많은 기억은 복잡하고 혼합된 정서에 의해 더욱 복잡해진다.

의식적인 사고 없이 1,000분의 1초 만에 뇌는 투입되는 인식, 사고, 이미지를 자동적으로 평가하고 반응(뒤로 돌아가거나 앞으로 나가기, 추구하거나 무시하기)한다. 종종 이러한 초기 평가를 통해서 주요 반응이 나타나지 못할 수도 있다. 특정 자극은 그 순간 흥미롭거나 중요해 보이지 않을 수 있다. 또는 어떤 상황에서는 투입된 인식이 보다 집중적이거나 지속적인 반응을 생성시켜

서 의식적인 자각, 사고, 관련 기억을 불러일으킨다.

뇌에 투입되는 자원이 어떤 것이든지, 뇌는 더 멀리 접근하고 참여하도록 1,000분의 1초 안에 미적분을 하고 정서가 함축된 반응을 생성한다. 주요 기억과 관련한 정서의 중량을 계산하는 과정은 뇌가 인식과 사고에 원자가 양가·음가, 상대적 중요성을 부여하는 놀라운 메커니즘이다. 이러한 자동적인 정서 반응은 강약 정도에 상관없이 뇌가 특정한 인식, 사고, 행위, 상황에 주의를 기울이거나 반대로 무시하게 하는 토대가 된다.[14]

어떤 정서는 쉽게 인지할 수 있고 강렬하며 분명하다. 하지만 많은 정서는 미묘하고 혼합적이며, 뒤죽박죽이고 충돌하며, 계층적이고 순차적이다. 일부 정서는 간략하고 명료한 반면, 다른 정서는 재발하거나 오래 지속적이다. 그러나 이들 모두 뇌에 의해 생성되며 우리의 인식과 사고에 포함된다.

개별 기억의 자취는 하나 혹은 여러 개의 정서와 연계되는데, 그러한 정서는 하찮은 것에서부터 강력한 것까지 강도가 다양하다. 이러한 정서는, 특히 기억의 초반부 내용(예: 즐거운 상황, 당황스러운 상황, 놀라운 상황)과 연계된다. 다른 기억과 관련한 정서(예: 과거의 사고나 경험에 대한 자부심, 죄책감, 분노)가 나중에 추가될 수 있다. 신경과학자 케네스 닷지에 따르면, 수많은 기억에 연루된 정서는 인지 활동을 유도하거나 증폭시키거나 쇠약하게 하는 에너지 수준으로 설명될 수 있다.[15] 우리는 수많은 과제와 일상생활에서의 상호작용에 대처하도록 안내해 주는 관련 정보와 정서를 끌어내기 위해서 작업기억에 의존한다. 그러나 정서는 단지 의식 수준에서만 작동하는 것이 아니기 때문에 이러한 과정을 이해하는 것은 어렵다. 사실 대부분 정서 활동은 우리의 의식적인 지각 밖에 있다.

smart but stuck 무의식적 정서의 역할

많은 사람들은 정서를 의식적인 감정으로 생각하며 슬픔, 분노, 즐거움, 걱정 그리고 사람이 완전히 자각하고 일반적으로 확인할 수 있는 기타의 감각으로 제한한다. 신경과학 연구에서는 의식적 감정을 사람의 실행 기능을 유발하는 아주 거대한 정서 빙산의 일부분으로 보고 있다.

다양한 의식 수준에서의 정서

많은 정서 처리 과정은 자각 없이 이루어지며, 덜 의식적인 정서는 종종 미묘하고 모순적이며 복잡하다. 활동이나 관계에 포함된 정서는 다양한 의식 수준에서 작동하므로 진단이 어렵다. 어떤 사람은 의식적으로 특정 과제가 매우 중요하다고 생각하여 즉각적으로 과제에 임하여 노력하기를 원하지만, 실제 행동은 그렇지 않을 수 있다. 계속해서 일을 미루거나 긴급하지 않은 일을 하여 과제를 회피함으로써 별다른 성과를 거두지 못할 수 있다. 또는 친구에게 연락을 하거나 인터넷을 검색하고 잠을 자는 등 다른 일을 적극적으로 할 것이다. 정서가 완전히 의식적이지 않고 종종 충돌한다는 것을 알아야지만 이러한 모순이 이해된다. 우리는 스스로 자각하지 못한 정서에 강력한 영향을 받을 수 있다. 심각한 ADHD인이 이러한 정서 상태에서 벗어나기 위해서 이야기 치료는 필수적이다.

신경과학자 안토니오 다마지오(Antonio Damasio)는 무의식적인 정서의 영향력에 대해 다음과 같이 말했다.

> 정서 신호는 의식 수준에서 작동할 수 있다. 이전 경험에 비추어서 의사 결정 과정이 가장 잘 이루어질 수 있도록 정서 신호는 작업 기억, 주의 집중 및 추

> 론에서의 변화를 꾀할 수 있다. 개인은 이러한 은밀한 작용을 인지하지 못할 것이다.[16]

또 다른 신경과학자, 조셉 르두는 다음과 같이 주장했다.

> 삶에서 정서 중요도 평가 및 그러한 평가에 따른 정서 행동 표현하기와 같은 일에 반드시 의식적 접근이 필요하더라도 의식에 의존하지 않는다.[17]

사회심리학자들은 우리의 많은 행동은 우리가 의식적으로 인지하지 못하는 상황적 요인에 의해서 형성되고 준비된다고 설명한다. 이러한 상황적 요인은 인식되지 않더라도 다양한 정서를 움직이게 하거나 강화하거나 약화시킨다.

한 연구에 따르면, 무례한 단어로 구성된 문장을 정리하는 과제를 수행한 학생들은 과제 수행 후 장시간 기다려야 하는 힘든 상황에 직면하게 되자 공손한 단어로 구성된 문장을 정리하는 과제를 수행한 학생들에 비해서 빠르게 방해 행동을 보였다. 이러한 실험을 통해서 알 수 있는 것은 무례함이나 공손함에 간접적으로 노출되더라도 스트레스 상황이 되면 무례하거나 공손하게 행동하도록 하는 사고와 정서가 활성화된다는 것이다.[18]

억압이 아닌 자율성

이러한 영향은 무의식적으로 발생하는 경향이 있는데, 이는 정신분석학의 억압 측면에서가 아니라 태도, 감정, 행동이 특정 상황에서 무의식적으로 매우 빠른 속도로 활성화됨을 의미하는 현대적 측면에서의 자율성(automaticity)으로 이해되어야 한다.[19]

때로는 대인 관계 상황에 따라서 보다 의식적인 결정을 할 수도 있는데, 일례는 다음과 같다. 필자가 아내와 대서양 횡단을 하던 중 승무원이 갓 구운 초콜릿 칩 쿠키를 준 적이 있었다. 필자는 다이어트를 하고 있어서, 아내는 필자에게 피해야 할 음식에 대해 상기시켜 주었다. 쿠키 냄새는 달콤했고, 아내는 잠이 들었으며, 승무원은 쿠키를 가지고 왔다. 아내가 깨어 있었다면, 필자는 아마 맛있는 쿠키를 거절하고 필자의 절제력을 자랑스러워했을 것이다. 그러나 아내는 자고 있었고, 필자는 쿠키를 먹고 싶었다. 잠시 고민 후, 필자는 필자의 쿠키뿐만 아니라 아내의 쿠키도 먹기로 했다. 필자는 쿠키 두 개를 급하게 먹고 증거를 없애기 위하여 접시를 반납했다. 종종 우리는 누구와 무엇을 함께하는지에 상당히 의존한다.

정신분석 임상가는 동시에 경험할 수 있는 다양한 수준의 정서를 강조하는데, 일부 정서는 특정 순간에 자각될 수 있다.[20] 만일 필자의 오랜 벗이 새 친구를 사귀게 되었다면, 벗의 새 친구에게 강한 비호감을 가지며 그 친구의 관심사, 용모, 능력에 대해 비판적 발언을 할 수 있다. 나중에야 비로소 오랜 벗과 멀어질지도 모른다는 질투심과 걱정으로 인해서 벗의 새 친구에 대한 비호감이 증폭되었음을 깨달을 것이다. 한편 그러한 적대 감정으로 벗의 새 친구에게 매력을 느끼지 못할 것이다. 사람과 일에 대한 이러한 모순적이고 극단적인 정서는, 특히나 친밀한 관계에서 일반적인 현상이다.

ADHD 여부에 상관없이 누구나 특정 인물이나 과제에 대해 정서를 가질 수 있다. 하지만 이 책의 사례에서 볼 수 있듯이, ADHD인은 복잡한 정서를 관리하는 데 더 많은 어려움을 갖는다.

이러한 모순적 정서는 공부할 때도 나타난다. 좋은 성적을 받기 위해서 공부를 열심히 하고 싶지만 과제를 내 준 교사가 도움을 주지 않는다거나, 부모의 잔소리가 심하다거나, 다른 수강생들이 훨씬 우수한 과제를 제출할 것이라는 기대 등으로 인해서 마음처럼 공부를 열심히 못할 수 있다.

ADHD 여부에 상관없이 누구나 특정 인물이나 과제에 대해 정서를 가질 수 있다. 하지만 이 책의 사례에서 볼 수 있듯이, ADHD인은 복잡한 정서를 관리하는 데 더 많은 어려움을 갖는다.

smart but stuck 뇌 손상이 정서적 과정에 미치는 영향

ADHD인은 작업 기억 손상으로 인해 순간적으로 강력한 정서를 가질 수 있다. 하나의 감정에 갇혀서 중요한 다른 감정, 사실, 기억을 돌아볼 수가 없다.

ADHD인의 만성적 어려움에 기인하는 두 가지 중요한 요인이 있는데, 둘 다 작업 기억 손상과 관련한다. 이들은 기억 저장 능력과 정서가 포함된 정보를 동시에 사용하는 데 제한적이다. 작업 기억 손상으로 인해 순간적으로 강력한 정서를 가질 수 있다. 하나의 감정에 갇혀서 중요한 다른 감정, 사실, 기억을 돌아볼 수가 없다. 또는 작업 기억의 손상으로 관련 정보를 충분히 담아둘 수 없거나 그 상황에 대한 자신의 평가를 감안하지 않기 때문에, 특정 정서에 민감하지 못하다는 인상을 주기도 한다. 이러한 문제가 어떻게, 왜 발생하는지에 대해 이해하기 위해서 ADHD 장애와 관련한 뇌의 문제를 검토하는 것이 필요하다.

smart but stuck 구조적 · 화학적인 뇌 손상

최근 몇 년 동안, 신경과학 연구에서는 ADHD인의 뇌 발달과 기능이 네 가지 측면에서 일반인과 다름을 알아냈다. 네 가지의 다른 측면은, 1) 뇌 연결 손상, 2) 뇌 리듬 조직화 손상, 3) 뇌 성숙 지연, 4) 뇌 화학 물질의 역동성 차이이다. 이들 중 하나 혹은 그 이상은 실행 기능 및 정서의 손상에 관계한다.

뇌 연결 손상

ADHD인은 정서 및 다른 뇌 기능 측면과 관련한 정보를 전달하는 네트워크에 문제를 보인다. 몇 년 전, 대부분 과학자들은 ADHD 장애를 두뇌의 특정 영역, 전두엽 피질 문제에 기인한 것으로 생각했다. 그러나 새로운 기술의 등장으로 ADHD인은 뇌의 다양한 영역 간에 소통을 지원하는 섬유 네트워크에 손상이 있음이 밝혀졌다.[21]

뇌 영역 간 소통은 '백색 질'이라는 연결을 통해 발생한다. 두뇌 깊숙한 곳에 묻혀 있는 이러한 섬유의 깊숙한 네트워크는 뇌의 한 영역에서 다른 영역으로 메시지를 빠르게 전달한다. 일부 섬유는 1인치보다도 짧다. 다른 섬유는 상당히 길다. 뇌 백질의 총 용량은 매우 크다. 만약 20세 남자의 두뇌에 있는 모든 백색 질을 늘어놓는다면 109,000마일(176,000km)이 될 것이다.[22]

이미징 연구 결과 아동, 청소년, 성인 ADHD인들의 뇌의 백색 질 구조에 이상성이 나타났다. 그러한 이상성으로 ADHD인이 갖는 일부 어려움(예: 한 가지를 마음에 둔 채 다른 일하기)을 설명할 수 있다.[23] 한 연구에 따르면, ADHD 치료 약물인 메틸페니데이트(Methylphenidate)는 과제를 수행할 때 동기 부여와 보상 네트워크의 연결을 정상화한다.[24]

뇌 리듬 조직화 손상

정서 조절, 주의 집중, 기억에 필요한 활동을 조직화하고 통합하는 하나의 중요한 방법은 신경 세포 집단 내 진동 비율과 리듬의 역동적인 이동을 통해서이다. 최근 연구에 따르면, 성숙한 뇌는 특정 작업으로 바쁘지 않으며 정지하지도 않는다. 즉, 성숙한 뇌에서는 네트워크 지역을 조직화하는 데 상대적으로 느린 진동이 나타난다. 이 모드에서 뇌의 덜 의식적인 측면은 정보를 조직화하고 통합하는 반면에, 의식적인 마음은 특별한 곳에 주의 집중하지 않고 방황하는 경향이 있다. 이러한 마음은 주의 집중을 요하는 과제에 직면하게 되면 누그러지고 해제된다. 그렇지 않으면 영민함이 떨어져서 반응이 느려지고 빈틈이 생기며 실수를 하게 된다.[25]

이미징 연구 결과에 따르면, ADHD인은 기본 네트워크의 조직화 기능을 지원하기 위한 뇌의 영역 간 연결이 원활하지 않은 경향이 있다. 또한 ADHD인은 또래에 비해서 특정 작업을 수행할 때 기본 모드를 누그러뜨리거나 해제하는 데 더 많은 어려움을 보인다.[26] 일부 연구에서는 ADHD 약물이 ADHD 아동·청소년의 기본 모드를 억제하여 주어진 과제 수행을 향상시킨다고 보고한다.[27]

뇌 성숙 지연

ADHD인이 경험하는 실행 기능 장애는 단순한 발달 지연으로 인한 것일 수 있다. 일상생활에서의 정서와 활동을 관리하는 데 필요한 인지 기능이 유년기에 완전히 발달하지 않을 수 있다. 즉, 이러한 실행 기능은 인간 두뇌의 느린 발달 측면이다. 실행 기능과 관련한 뇌의 토대는 점진적으로 발달하여서 청소년 후반기나 성인기 초기까지도 성숙한 기능에 도달하지 못한다.

실행 기능이 손상될 수 있는 경로(예: 트라우마, 질병)는 여러 가지가 있는데, 보통 실행 기능 발달이 정상적이었다가 나중에 뇌 조직이 손상되어 발생한다. ADHD는 실행 기능을 지원하는 신경망이 펼쳐지지 않는다거나 실행 기능 발달 손상으로 이해된다.

200명 이상의 ADHD 아동과 통제집단 아동의 뇌를 반복적으로 스캔하고 비교하여 연구한 결과, ADHD 아동은 평균적으로 실행 기능을 지원하는 뇌 지원망의 성숙도가 또래에 비해 약 3~5년 뒤처졌다. 하지만 ADHD 아동의

다른 두뇌 구조는 동일한 연령 집단에 있는 대부분의 아동들과 동일한 속도로 발달하는 것처럼 보였다.[28]

이러한 지연으로 많은 ADHD인은 유년기와 청소년기에 실행 기능을 포함하는 과제를 성숙하게 수행하지 못했고, 관련 정서를 잘 관리하지 못했다. 하지만 많은 ADHD인은 성인기 초기에 늦은 발달을 따라잡게 된다. 문제는 실행 기능이 미성숙한 기간이 교육과 성인기 준비에 필수적인 기간과 맞물린다는 것이다. 그들은 이렇게 중요한 시기에 학습, 관계, 자긍심에 상당한 손상을 입게 되며 장기적으로 고통을 받을 수 있다.

뇌 화학 물질의 역동성 차이

ADHD는 뇌 구조 연결성 및 발달 지연에만 관계된 것이 아니다. ADHD의 실행 기능 손상은 뇌에서 생성되는 두 가지 신경 전달 화학 물질의 역동성과도 관련한다. 이러한 화학 물질은 뉴런과 뇌의 의사소통을 촉진한다. ADHD 장애는 뇌의 부적절한 신경 전달 화학 물질의 방출 및 재장전으로 인해 생긴다는 상당한 증거가 있다.[29] 종종 사람들은 ADHD가 뇌 화학 물질의 균형(balance) 문제로 발생하다고 말한다. 이는 뇌 화학 물질 간 비율에 문제가 있음을 말한다. 마치 스프 안에 소금이 너무 많거나 적은 것과 같은 문제이다.

사실 ADHD인의 뇌 문제는 화학 물질의 전반적 불균형 문제로 초래되지 않으며, 복잡한 네트워크 내 작은 뉴런의 교차점에서 두 가지 신경 전달 화학 물질의 방출과 재장전과 관련한 문제로 발생된다. ADHD인은 실행 기능 손상을 보상하기 위해서 약물 치료가 유용할 때가 있다. ADHD 증상을 완화시켜 주는 흥분제와 비흥분제 약물의 효과성을 보여 주는 많은 연구들이 있다.[30]

최근 연구자들은 ADHD와 관련한 광범위한 실행 기능 증상에 이러한 약물이 미치는 효과를 알아보기 위한 연구를 확장하기 시작했다. 실험 연구 결과, 흥분제 약을 복용함으로써 ADHD 아동은 지연된 보상을 받는 과제를 수행하고 작업 기억을 활용하는 능력을 향상시킬 수 있었다.[31] 자기 보고 자료에 의하면, ADHD 환자는 약물 투여로 다양한 실행 기능과 정서 조절에 개선을 보여 왔다. 비록 약물이 정서 표현에 직접적으로 영향을 미치고 정서가 실행 기능에 다양하게 영향을 미친다는 연구가 적긴 하지만,[32] fMRI 이미징 연구는 흥분제 약물을 통해서 ADHD 아동의 주의 집중과 동기 유발 네트워크가 활성화되고 기능적 연결이 정상화됨을 보여 준다. 이러한 연구 결과들은 고무적이지만 실행 기능의 정서 측면 치료에 관한 연구가 더 많이 필요하다.[33]

뇌파 엑스레이 사진(electroencephalograms)을 사용한 최근 연구에 따르면, 약물 치료의 대안 또는 보조 수단으로써 보상(reward)은 ADHD 아동이 과제 수행을 하도록 동기를 유발하고 뇌 활동 패턴을 활성화시키고 정상화할 수 있다고 한다. 그러나 보상이 효과가 있으려면 즉각적이고 명확하게 주어져야 한다.[34] 이전 연구에 따르면, 금전 보상과 흥분제 약물 모두 길고 지루한 과제에 대한 수행력을 향상시킨다고 보았다.[35] 이 연구와 다른 연구들에 따르면, 약물과 즉각적 보상 모두(사회적 보상 포함)는 ADHD인이 정서 요인에 영향을 받는 많은 실행 기능 과제를 수행하도록 돕는다.[36]

smart but stuck 기타 심리 문제

ADHD만이 유일한 문제가 아니다. ADHD인은 청소년기나 성인기 또는 그 이전에 학습 장애 또는 정신과 질환을 갖는다. 다른 저서에서 필자는 ADHD인의 부가적 장애(예: 수면 장애, 불안 장애, 기분 장애, 특정 학습 장애, 강박 장애, 약물 중독 장애, 자폐 스펙트럼 장애, 이러한 증상의 혼재)는 장애로 진단받아도 충분할 정도로 손상의 정도가 심하다고 기술했다. 이러한 동반 장애에 상향식 및 하향식의 정서 관리 문제가 포함된다.[37]

이 책에서 소개하는 모든 사람도 그러한 문제를 복합적으로 보이며 고통받고 있었다. 그러므로 ADHD 장애에 대한 치료뿐만 아니라 동반 장애에 대한 치료도 함께 이루어져야 한다.

smart but stuck 일반적인 정서 문제

이 책의 사례에서 태도와 행동을 형성하는 의식적이고 무의식적인 정서의 예를 많이 볼 수 있을 것이다. ADHD로 인해서 10대와 성인기에 경험할 수 있는 정서 문제는 다음과 같다.

극단적 반응

ADHD 청소년은 매우 감정적이어서, 자신이 중요하게 생각하는 친구를 만나는 데 부모가 차를 가져가지 못하게 할 경우 분노할 수 있다. 이 상황에서 많은 10대들은 계속 자신의 의견을 내고 큰소리로 불평하며 우울해할 수 있지만, 물건을 던지거나 부모를 밀거나 때리거나 벽에 구멍을 내지는 않을 것이다. ADHD가 없는 청소년도 극단적 반응을 순간적으로 생각해 볼 수 있긴 하지만, 자신을 사랑하고 의지하는 부모를 떠올리며 반응을 억제한다.

더욱이 대부분의 10대는 자신들의 극단적 행동으로 더욱 가혹한 벌을 받을 것이라는 생각을 한다. 그리고 이러한 상황에서 작업 기억은 이러한 다른 기대와 정서를 무의식적이고 순간적으로 계산해서 분류한다. 그래서 현 상황을 보다 넓은 맥락에서 평가하여 합리적인 견해를 가질 수 있도록 하고, 분노를 조절하며, 행동을 조절할 수 있게 한다.

이 책에서 하나의 정서가 지나치게 넘쳐서 주요한 사실과 우선적인 정서를 몰아내는 사례들을 볼 것이다. 마틴은 당혹감에 빠져서 실망감을 느낀 교수에게 접근하여 이야기하는 것을 거부한다(4장). 카렌은 부모를 실망시키면 어떻게 하나 하는 두려움에 빠져서 원래 대학으로의 재편입에 필요한 과정을 이수하지 못했음을 부모에게 직접 말하지 못했다(3장).

정서 정보 무시하기: 작업 기억의 중요성

극단적 반응의 다른 예를 살펴보자. 한 ADHD 성인은 아침에 일찍 일어나 직장을 가야 했지만 알람 시계를 꺼 버렸다. 알람 소리를 듣고 일어나 몇 분간 단잠을 청하기 위해 일시 정지 버튼을 누를 수 있다. 전날 밤 늦게까지 일을 했거나 가족이나 친구와 논쟁을 했을 수 있기 때문이다. 알람이 두 번째 울리지만, 계속 지각을 하면 해고될 거라는 상사의 최근 경고를 전혀 고려하지 않고, 알람 소리에 방해받지 않고 잠을 청하기 위해서 시계를 완전히 꺼 버린다. 이 순간 작업 기억의 손상으로 상사의 경고가 떠오르지 않았다. 과거 경험과 해고될지 모른다는 공포감은 잠을 더 자고 싶은 욕망을 누를 만큼 강하지 않았다.

8장에 나오는 스티브는 작업 기억 문제로 상사의 경고를 지속적으로 기억하지 못했다. 이메일에 답하거나 CD 듣기에 빠져서, 상사의 경고를 기억하지 못하고 지각을 했다. 이와 유사하게 12장에 나오는 제임스는 작업 기억의 문제로 학교 제적에 영향을 미칠 수 있는 기말 과제 수행에 문제를 보였다. 컴퓨터를 할 때면 스트레스를 줄여 주는 게임을 떠올리며 환상적 폭력의 즐거움에 몰입하였다. 이러한 예들은 중요한 과거의 기억 및 미래의 목표를 충분하게 기억하지 못하고 순간에 의지해서 사는 경우이다.

작업 기억은 집을 나설 때 문을 잠그거나 전화번호를 기억하는 것과 관련한다. 작업 기억은 뇌의 검색 엔진이다. 작업 기억은 관련 정서의 가중치와 더불어 주요 정보를 자동적으로 꺼냄으로써, 수많은 일상생활 상황에서 충돌하는 염원과 정서에 대해 어떻게 우선순위를 정할 것인지 순간순간 결정하도록 돕는다. 작업 기억이 적절하게 작동하면, 무엇을 언제 할 것인지에 대한 결정을 하도록 돕는다. 그러나 많은 ADHD인의 경우 일상생활에서 의사 결정을 하는 데 정서적 가중치가 중요하다는 사실을 자각하도록 돕는 작업 기억이 적절하게 작동하지 않는다.

작업 기억은 의식적이든 아니면 무의식적이든, 우리를 돕기 위해 필요한 정서적 에너지를 가져온다.

- 과제를 조직하고 활성화하기
- 필요할 때 주의를 집중하고 이동하기
- 과제에 대한 각성을 조절하고 지속적으로 노력하기
- 정서 반응을 조절하는 하향식 통제법 안내하기
- 학습 정보를 해독하고 접근하기
- 행동을 점검하고 스스로 통제하기

ADHD인은 부적절한 작업 기억으로 사고와 행동을 안내하는 여러 가지 정서를 불충분하게 경험하게 되거나, 하나의 구체적인 정서에 빠지게 된다.

이 책에 소개된 ADHD인은 작업 기억의 만성적 손상으로 어려움을 경험하게 된다. 이 장 앞부분에 소개했듯이, ADHD인은 부적절한 작업 기억으로 사고와 행동을 안내하는 여러 가지 정서를 불충분하게 경험하거나, 하나의 구체적 정서에 빠져서 다른 주요한 정서-관련 사고를 고려하지 않는다.

다음 장에서는 시간의 변화에 따른 상대적 중요성, 현재 개인의 관심사와 같은 다른 요인에 따른 정서적 가중치에 주의를 기울이고, 여러 가지 우선순위를 염두에 두어야 할 필요가 있는 예를 제시하고 있다. 우리는 작업 기억에 의존함으로써 일상생활의 순간에 더 큰 맥락을 부여하고 의사 결정에 관련된 다양한 감정을 기억할 수 있다.

제임스는 비디오 게임을 할 때 화면의 많은 부분을 능숙하게 인식하고, 자신의 아바타가 갖는 잠재적 위협과 기회를 평가하고 반응한다. 그러나 다음 날 제출해야 하는 에세이에 대해서는 저녁때까지 미처 생각하지 못했다. 에릭은 친구와의 약속 시간이 늦었음을 알고 서둘러 차에 탄 뒤 빙판길을 빠른 속도로 운전했다. 단지 친구를 기다리게 하고 싶지 않다는 생각만을 하며, 빙판길을 과속으로 운전하면 차가 도랑에 빠질 수 있음을 생각하지 못했다.

심리학자들은 종종 환자의 작업 기억 능력을 측정하기 위해서 숫자를 불러 준 뒤 숫자를 거꾸로 말해 보라고 한다. 많은 ADHD인은 수가 서너 개 이상이 되면 이 작업을 수행하지 못한다. 문제는, 이러한 숫자 검사는 필자가 논의하고자 하는 작업 기능의 주요 기능(일상생활에서 주의 집중을 필요로 하는 다양한 과제, 행위, 위험, 기회의 상대적 중요성을 기억하는 능력)을 평가하지 못한다.

가족의 스트레스

이 책에서는 ADHD인뿐만 아니라 그들의 가족도 다양한 측면에서 만성적 스트레스를 경험할 수 있음을 보여 준다. 때로는 스트레스가 가족 구성원 간의 갈등을 초래한다. 예를 들어, ADHD 아동의 형제자매는 주기적으로 발생하는 다툼으로 인해서 좌절, 죄책감, 걱정, 분노를 만성적으로 경험한다. 그리고 때로는 ADHD 형제자매에게 얼마나 많은 관심과 특권이 주어지는지에 대해서 분노를 표출하기도 한다. [38]

ADHD 아동의 부모는 스트레스를 지나치게 받으며 자녀의 양육 방법에 대해 끊임없이 고민하느라 힘이 든다. 가끔 부모 중 한 사람은 자녀가 기대 행동을 보이지 않으면 엉덩이를 때리는 역할을 담당한다. 나머지 한 부모는 자녀가 부적절한 행동을 하더라도 계속 용서하거나, 타인의 기대치나 ADHD 아동에 대한 요구나 희망 사항을 변화시킴으로써 지원과 격려를 하는 역할을 한다.

ADHD 아동의 부모는 스트레스를 과하게 받으며 자녀의 양육 방법에 대해 끊임없이 고민하느라 힘이 든다. 가끔 부모 중 한 사람은 자녀가 기대 행동을 보이지 않으면 엉덩이를 때리는 역할을 담당한다. 나머지 한 부모는 자녀가 부적절한 행동을 하더라도 계속 용서하거나, 타인의 기대치나 ADHD 아동에 대한 요구나 희망 사항을 변화시킴으로써 지원과 격려를 하는 역할을 한다.

ADHD 아동을 적절하게 이해하고 효과적으로 다루기 위해서는 가족의 맥락을 이해해야 할 필요가 있으며, 각 가족 구성원이 대처하고 반응하는 오래된 역학과 스트레스를 이해해야 한다. 이 책에 있는 대부분의 사례에서는 ADHD로 인한 가족 내 스트레스, ADHD인의 정서적 상호작용과 복잡한 역동성에 대해 설명한다.

만성적 스트레스 및 의지력

총명한 ADHD인이 혼란스러운 정서를 반복적으로 경험하게 되는 이유는 부모, 조부모, 교사 또는 본인이 스스로에게 부여하는 기대치와 그러한 기대치에 성공적으로 부합하지 못하는 경험 때문이다. ADHD인은 어린 시절부터 총명하고 재능 있는 자아상과 그것을 보여 줄 수 없는 실망스러운 실제 자아상 간의 괴리를 지속적으로 경험한다. 초등학교 시절에는 성적도 좋고 칭찬도 많이 받으며 학교생활을 성공적으로 했을 수 있지만, 중·고등학교 또는 그 이후 생활에서는 급증하는 요구 사항에 대처하지 못하게 되면서 자아상과 자존감이 점차적으로 낮아지게 된다.

이 책에 나온 모든 ADHD인은 관심도가 높은 일부 분야에서는 탁월한 능력, 노력, 성취를 보이지만, 다른 많은 중요한 활동을 게으르게 수행하여 성취를 이루지 못한다. 이에 부모와 교사들은 그들의 잠재력을 인식하고 성취도가 낮은 다른 활동에서도 의지를 보이며 능력과 노력을 기울여서 성취를 이루도록 자극, 설득, 압박을 하기도 한다. ADHD 본인도 낮은 실천력을 보이는 자신을 비판하곤 한다. 비판이 계획적이든 죄책감을 유발하든지 간에, ADHD인의 결심을 확고하게 하고 의지를 지속적으로 다짐으로써 ADHD 증상이 극복될 수 있다고 가정한다.

유전 요인이 없다면 가족이 ADHD 유발 인자가 될 수 없지만, ADHD 증상을 악화시킬 수는 있다. ADHD 장애가 의지력으로 극복될 수 있다고 생각하면서 자녀를 지속적으로 비판하고 엄하게 처벌할 수 있다. 그럴 경우 비판이 자녀에게 내재화되어서 수치, 분노, 좌절, 혐오감을 초래하고 기억 속에 남아 끊임없이 되풀이될 것이다. 설사 ADHD인이 이러한 문제를 인식하고 있더라도 지각과 약속 어기기를 밥 먹듯이 하거나 엉성하게 계획을 세우며 건망증 증상을 심하게 보이기 때문에, 주변인은 쉽게 좌절하고 ADHD인을 비판하게 된다.

어떤 사람이 특정 과제에서는 집중을 잘하고 스트레스 강도가 높은 마감 순간에도 효과적으로 작업을 하지만 정말 중요한 과제를 제시간 내에 적절하게 하지 못하는 것을 이해하는 것은 매우 어렵다. 선호도와 관심이 높은 과제를 할 때만 뇌에서 화학 작용이 순간적으로 변화하는 것을 이해하지 못한다. 대다수 사람들은 뇌에서 발생하는 이러한 화학 작용의 변화는 자발적 통제력에 달려 있다고 생각한다. ADHD는 의지력 부족으로 생기는 것처럼 보이지만, 실제로는 정서, 작업 기능, 뇌 화학 물질의 상호 역동성으로 발생된다.

ADHD인 탓하기

ADHD의 특성을 제대로 알지 못하면 ADHD인에게 잘못(예: 의지력 부족)을 돌리게 된다. 가족, 교사, 친구, 고용주들은 ADHD인에게 민감하게 반응하지 않으며, ADHD인 본인도 자신을 비난하게 된다.

문제의 원인을 이해하지 못하면 불행의 탓을 피해자의 잘못으로 돌리게 된다. 1800년대 초, 뉴욕 시에 대규모 전염병인 콜레라가 발생했다. 1832년 당시에는 콜레라의 원인을 알지 못해서 수천 명의 건강한 아동과 성인이 설사와 구토로 병원에 간 지 하루 만에 죽었다. 이 병은 도시 저소득층 지역에서 발병했고, 많은 사람들은 아프리카계 미국인과 아일랜드 천주교 이민자들을 비난했다. 뉴욕 시의 저명인인 존 핀타드(John Pintard)는, "수천 명의 아픈 사람은 치료되거나 죽어야 한다. 도시의 쓰레기가 빠르게 처분될수록, 이 질환이 신속하게 중단될 것이다."라고 말했는데, 핀타드와 같은 사람들은 무지로 인해서 콜레라의 원인을 감염된 사람 탓으로 돌렸다. 1854년이 되어서야 런던의 한 의사가 콜레라는 어떤 사람의 결함에 의해서가 아니라 오염물 내 박테리아에 의해 발생한다는 것을 발견했다.[39]

ADHD의 특성을 제대로 알지 못하면 ADHD인에게 잘못(예: 의지력 부족)을 돌리게 된다. 가족, 교사, 친구, 고용주들은 ADHD인에게 민감하게 반응하지 않으며, ADHD인 본인도 자신을 비난하게 된다.

ADHD가 콜레라처럼 생명을 위협하는 질병은 아니지만, 내 자녀, 배우자, 학생, 동료 중 누군가가 ADHD로 인해서 다른 많은 일을 하지 못하고 특정한 일에서만 의지력과 집중력을 보이면 이를 이해하지 못한다. 1800년대 콜레라 원인이 밝혀지지 않은 것처럼, 현재 뇌 영역 간에 연결성 손상, 유전에 의한 뇌 발달 지연, 시냅스에 있는 신경 전달 물질의 비효율성 문제는 많은 학자와 대중에게 ADHD 원인으로 인식되지 않고 있다. 그 결과, 대부분의 ADHD인은 스스로를 비난하거나 타인으로부터 비난을 받으면서, ADHD 장애와 치료법에 만연해 있는 회의주의를 경험한다.

Smart But Stuck

2 에릭

"좋은 대학에 입학했지만 학업에 대한 동기 부여가 되지 않았어요. 고등학교 성적은 좋았지만 대학 입학 후 여자 친구를 사귀고 마리화나를 피우는 데 많은 시간을 할애하여 학점이 좋지 못했어요. ADHD 약도 복용해 보았지만 예민해질 뿐이었어요."

– 20세 대학생

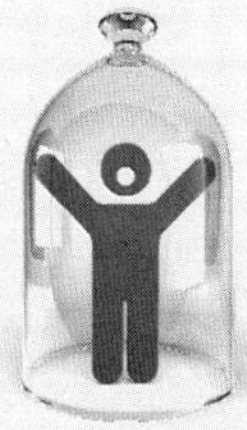

에릭(Eric)은 순조롭지 못했던 대학 생활에 대해, "간단해요. 새 여자 친구와 시간을 보내고 마리화나를 흡연하는 데 너무 많은 시간을 할애했어요. 과제도 하지 않았고요. 우울증으로 수업도 듣지 못했어요."라고 웃으며 말했다. 퇴학을 면하고자 휴학을 한 에릭은 필자의 사무실에서 의학적 치료를 받고 있다. 에릭은 "저는 잘하고 싶었어요. 하지만 공부에 대한 동기를 부여할 수 없었어요."라고 좌절하며 말했다. 필자와 에릭은 기술 개발과 집중 심리 치료를 시작하기로 하였다. 상담을 해 보니 대학 생활에서의 실패는 단순한 원인 때문이 아니었다. 마리화나의 과다 복용 문제와 우울 증상은 빙산의 일각으로, 이보다 더 큰 문제는 학업뿐만 아니라 신체 건강과 자존감에 커다란 타격을 주는 불안감, 좌절감, 부끄러움과 같은 정서였다.

에릭은 젊고 성격도 매우 밝았다. 97퍼센타일에 속할 정도로 IQ도 높았다. 매력적인 성격으로 교사와 친구들의 사랑도 듬뿍 받았다. 유명 고등학교의 축구부와 테니스부에서 촉망받는 선수로 경기를 펼치기도 하였다. 7학년 때

ADHD로 진단된 후 가능한 모든 ADHD 약물을 복용하였으나 심각한 부작용으로 약물 복용을 중단하였다. ADHD 증상을 지속적으로 보여서 과제를 하는 데 늘 어려움을 겪었다. 어머니는 이러한 문제를 해결하고자 매일같이 아들의 과제에 집중적으로 관여하였다. 10학년이 되어 아들의 반항이 심해지고 계속되는 논쟁과 질책으로 에너지가 고갈되자, 에릭의 부모는 과제를 봐줄 다른 사람이 필요하다고 생각하게 되었다.

11학년이 되자 매주 5일 동안 과제를 도와줄 교사를 고용했다. 에릭은 이러한 지원을 단계적으로 받았기 때문에 고등학교 교과 과정을 무리 없이 따라갈 수 있었다. 학력평가 성적은 상위 5% 내에 들었고, ADHD 약을 복용하지 않았음에도 고등학교 성적은 대체로 A였고 B가 가끔 있었다. 이렇게 뛰어난 고등학교 성적으로 유명 대학에 입학할 수 있었다.

대학에 들어간 첫해, 에릭은 제니(Jenny)라는 선배를 만났다. 에릭은 제니가 똑똑하고 근면 성실하며 자기 관리를 잘하였다고 기억했다. 그는 대부분의 수업에 출석하기는 했지만 과제를 조금 하고 나서는 매일 저녁 시간을 제니와 보내며 기숙사 밖에서 잠을 잤다. 제니로부터 격려와 지원을 적극적으로 받은 에릭은 수업에 정기적으로 참여할 수 있었고 대부분의 과제도 잘할 수 있었다. 그러나 그해 말 제니는 에릭이 너무 무책임하고, 학업에 대해 진지하지 않으며, 독립적이지 못하다고 하며 이별을 고하였다. 이 일로 에릭은 위장약을 처방받아 매일 복용하였고, 스트레스가 악화되면서 궤양성 대장염으로 2주 간 병원에 입원하였다.

가족과 여름을 보낸 에릭은 대학교 2학년이 되었다. 남학생들의 소모임(fraternity)에 가입한 에릭은 몇 달 동안 학업에 대한 적절한 지원을 받지 못한 채 시간을 보내는 활동을 하며 보냈다. 성적은 하락했다. 소모임 활동에도 최선을 다하지 않았고, 구성원들과도 상호작용을 거의 하지 않았다.

에릭은 로나(Lorna)라는 연하의 여자 친구를 만났다. 나중에 알게 되었는데 로나는 심각한 기분 장애로 벤조디아제핀(Benzodiazepines, 항불안성 약물)

및 마리화나를 복용하고 있었다. 로나는 에릭의 방에서 동거를 시작했고, 대부분의 자유 시간을 함께 보내며, 하루에 네다섯 번 마리화나를 피우곤 했다. 그들은 매일 같이 TV 시청을 많이 하였고, 타인과의 상호작용을 피하였으며, 과제도 열심히 하지 않았다. 에릭은 오전 수업에 잠깐 참여하였고, 자신의 관심을 북돋아 주는 활기찬 교수의 강의에만 적당하게 참여하고 있었다. 다른 과목에서는 뒤처지기 시작했고, 담당 교수가 밀린 과제를 해 오라고 요청할 것이 두렵고 부끄러워 수업에 들어가지 못했다.

다음 학기에도 이 상황은 계속되었다. 에릭은 학업을 제대로 따라가지 못해 몇 과목을 수강 포기함으로써 낙제를 면하고자 하였다. 그리고 로나와의 관계에서 위로를 받기도 했지만, 동시에 자신이 방에 없으면 화를 내고 많은 것을 요구하는 그녀를 족쇄처럼 느끼는 양가감정을 보였다. 희망이 없을 것 같은 학업 상황에 점점 더 우울해졌다. 봄 방학이 되자 로나는 약물 중독과 정서 문제 치료를 위해 집으로 돌아갔다. 함께하던 동반자가 없어지자 에릭은 더욱 우울해져서 마리화나와 담배에 탐닉하게 되었다. 두 과목을 더 포기했고, 학기를 끝마칠 수 없을 것이라 생각했다. 에릭도 의학적 치료를 받아야 할 상황이 되었다.

몇 주 후 에릭은 심각한 출혈 콜론(Bleeding colen)으로 입원을 했다. 그는 재발을 막는 약을 매일 복용하지 못했다고 했다. 재처방전을 분실하고서는 너무 당황해서 의사에게 처방전 재발급을 신청하지 못했던 것이다. 병원에서 퇴원한 에릭은 부모와 함께 필자에게 상담을 하러 왔다.

혼자의 두려움

고등학교 때에는 학교생활을 매우 우수하게 했지만 대학생이 되어 급작스레 방황하는 생활을 하는 에릭의 극적인 변화에 대해 무척 놀랐다. 집을 떠나 대학 생활을 시작함에서 오는 불안함을 줄이는 데 마리화나가 도움이 되었다 할지라도, 마리화나를 과도하게 복용함으로써 학과 공부에 대한 동기가 약해졌을 것이 분명하다.

제니와 헤어진 에릭이 바로 로나와 만나기 시작했다는 점을 주목할 만하다. 제니와 사귈 때는 안정된 생활을 유지하며 마리화나도 제한적으로 사용했으며 학교 과제도 수행할 수 있었다. 마치 고등학교 시절 매일 어머니와 가정 교사의 집중 지도를 받았던 것처럼 말이다. 즉, 에릭은 집을 떠나 느끼는 상실감을 대체하고 학교생활을 적극적으로 하도록 돕는 친밀하고 지원적인 관계를 매일같이 필요로 하였다. 제니는 이러한 에릭의 과도한 의존성에 부담을 느껴서 에릭과 헤어지게 되었다.

2학년이 되어 에릭은 친밀하고 전적인 애착을 필요로 하는 어린 로나를 좋아하게 되었다. 에릭은 친밀하고 예측 가능한 관계를 지속적으로 필요로 했기 때문이다. 그는 매일 함께하는 사람이 없으면 무료함과 불안함을 느꼈으며, 외로움을 심하게 탔다고 회고했다. 로나는 에릭에게 해독제 같은 존재로 고통스럽고 두려운 외로움을 해소해 주었다.

부모 및 두 명의 동생과 살던 유년기 시절, 에릭에게는 친한 친구가 몇 명 있었다. 매일 몇 시간 동안 가정 교사와 연락을 하기도 했다. 가정 교사는 에릭이 고등학교 시절 과제를 하도록 돕는 데 커다란 도움을 주었고, 과제와 학업을 점검해 주고, 친구가 되어 주기도 했다. 에세이와 논문을 작성할 때면 실제 저자가 될 만큼 전적으로 과제를 대신해 주기도 했다. 에릭은 가정 교사의 도움을 받을 수 없는 퀴즈, 시험 등을 잘 치렀지만, 여전히 자신의 일을 스스로 잘할 수 없었다.

> 그는 주변을 돌아다니며 끊임없이 움직여야 했다. 거절에 대한 과도한 두려움과 불안감이 엄습하였지만, 이를 해소하는 방법을 몰랐기 때문이다.

에릭은 지능 지수가 높았지만 공부에 대한 동기를 유지하지 못했다. 에릭은 자신감이 많이 떨어졌고 자신에 대해 불안해하면서, 고등학교 시절 상위권 성적을 받을 수 있도록 도왔던 지속적인 지원이 필요함을 느꼈다. 에릭은 듣거나 읽는 행동에 집중하는 데 만성적인 어려움을 보였으며, 노트 정리를 하거나, 심지어 짤막한 읽기 과제를 하는 것도 힘들어했다. 몇 분 이상 혼자서는 공부를 할 수 없었고, 집에서 공부하기보다는 무료함을 달래고자 드라이브를 하였다. 그는 주변을 돌아다니며 끊임없이 움직여야 했다. 거절에 대한 과도한 두려움과 불안감이 엄습하였지만, 이를 해소하는 방법을 몰랐기 때문이다.

smart but stuck 환경의 변화

처방 약을 복용함으로써 도움을 받는 ADHD 학생도 있지만, 에릭은 예외였다. 약물이 맞지 않았던 에릭은 학업 성적을 잘 받기 위해서 집중적인 개인 지도가 필요했다. 가족과 가정 교사의 강력한 지원이 고등학교 생활의 발판이 되었다. 학교 운동선수로도 열심히 활동해서 저녁 일곱 시가 되어서야 집에 왔고, 스포츠와 수학 경시대회에서 뛰어난 능력을 보여서 교사들의 격려도 자주 받을 수 있었다. 그리고 고등학교 졸업 전 2년 동안 가정 교사의 지원을 집중적으로 받았다. 이러한 지원적 환경에서 에릭은 성공감을 느꼈고, 논문 작성을 제외한 모든 부분에서 두각을 보일 수 있었다.

에릭은 대학 생활이라는 새로운 환경에 접하면서 고등학교 때 받았던 지원을 받지 못한다는 생각에 불안감과 외로움이 고조되었고, 불편한 감정을 많이 느끼게 되었다. 좀 더 파괴적이지 않은 방법으로 공포를 해소하기 위해서 에릭은 그러한 자신의 정서를 인식하고 인정하는 것을 배워야 한다.

대학 생활은 완전히 다른 환경이었다. 에릭은 대학 생활을 위해 집을 떠났고, 정서적 지원과 실질적 지원을 포함한 다양한 지원을 받을 수 없었다. 그는 대학에서 친구를 사귀고 공부하는 데 안정을 느끼지 못했고 외로움을 느꼈다. 제니는 에릭의 학업과 친밀한 관계 형성에 도움을 주었지만, 에릭이 제니에게 과도하게 의존하자 이를 참지 못하고 이별을 고했다. 로나는 꽤 영리하였으나 정서적 지원이 필요한 상태였고, 에릭의 학업에는 전혀 도움이 되지 못했다. 그리고 에릭과 로나의 관계가 깊어지면서 에릭의 친구 관계는 오히려 축소되었다. 에릭은 대학 생활이라는 새로운 환경에 접하면서 고등학교 때 받았던 지원을 받지 못한다는 생각에 불안감과 외로움이 고조되었고, 불편한 감정을 많이 느끼게 되었다. 좀 더 파괴적이지 않은 방법으로 공포를 해소하기 위해서 에릭은 그러한 자신의 정서를 인식하고 인정하는 것을 배워야 한다.

혹자는 ADHD를 불변의 종양으로 생각하는데, 이는 사회심리학자들이 말하는 '기본 귀인 오류(fundamental attribution error)'의 예로 볼 수 있다. 이들은 개인 내 요인에 의해 인간 행동이 주로 형성된다고 가정하고, 다양한 상황적 외부 요인이 개인의 감정과 행동을 유발하고 형성하는 데 복합적으로 작용함을 인정하지 않는다. 예를 들어, 비행기가 목적지에 연착하고 사람들이 줄지어 비행기 밖으로 나가는 상황에서 타인을 밀면서 비행기를 빠져나가는 사람을 무례하고 이기적인 사람으로 볼 것이다. 하지만 승무원이 해외 비행기를 탑승하기 위해 신속하게 이동해야 하는 상황임을 알려 준다면, 그 사람을 나쁘게 보는 대신에 그렇게 행동할 수밖에 없겠구나라고 이해하게 된다. 이처럼 상황에 따라서 동일한 행동이 무례함이 아닌 공감의 시선으로 바뀔 수 있다.

이처럼 상황은 누구에게나 커다란 차이를 만들 수 있지만, 특히 ADHD인에게 중요하다. 상황은 자신감과 만족감을 향상시킬 수 있다. 또한 공포와 자기의식을 강화할 수 있다. 특히, 성년기 초반 대부분의 ADHD인은 일상생활에서의 자기 관리 능력이 늦게 성숙하기 때문에 사회·정서적 지원이 강력하게 필요하다. ADHD 학생은 생산적으로 공부하는 사람들과 함께 일할 때 생산적으로 공부할 수 있다. 그러나 스스로 공부해야 할 때는 생산적으로 하지 못할 수 있다. 단순히 방 안에 다른 사람과 있다는 것만으로 과제를 시작하는 능력이 향상되고 과제를 완성하려는 노력이 지속된다. 이와 마찬가지로 학업에 관심 없어 하거나 파티를 좋아하는 사람과 많은 시간을 보내게 되면 노는 시간도 증가할 수 있다. 어울리는 주변 사람이 매우 중요하다!

이에 우리는 에릭의 주변 상황을 바꿔 보기로 하였다. 그는 필자의 사무실 근처 아파트에서 살고 집중 치료를 받으며 새 출발을 하기로 했고, 다른 대학에서 강좌를 수강하기로 했다. 마리화나도 끊고 로나와의 문자 메시지와 전화를 줄이기로 했다.

smart but stuck 당혹감과 거절에 대한 공포

에릭은 과도하게 마리화나에 의존해 왔던 생활을 청산하는 것을 별로 어려워하지 않았다. 그러나 로나에게 전화하고 문자하는 것을 줄이는 것을 주저했다. 비록 그는 지난 몇 개월 동안 로나와의 잦은 전화와 문자가 부담스러웠다고 말했지만, 로나와의 관계가 완전히 깨질 것을 두려워했다. 그는 "제게 관심을 가져 줄 또 다른 여자를 만날 수 있을지 모르겠어요."라고 말했다.

처음에 필자는 에릭이 농담을 한다고 생각했다. 그는 잘 생기고 재치 있으며 젊고 호감형이다. 매력적인 미소, 뛰어난 매너와 대화 기술도 가지고 있다. 그래서 사람들이 자신을 매력적이지 않을 것으로 상상하는 에릭의 모습을 이해할 수 없었다. 에릭은 다른 사람이 실제로 생각하는 것에 개의치 않고 성별과 무관하게 자신을 좋아하지 않을 것이라고 말했다. 그는 "여자든 남자든 다른 사람들이 나를 좋아하거나 친절하게 대해 주면, 그들은 나를 불쌍히 여겨서 아니면 나를 다치게 하고 싶지 않아서 저렇게 행동한다는 생각이 들어요."라고 말했다.

또 다른 예로, 어느 날 에릭이 필자와 함께 있을 때였다. 에릭은 한 여성에게 파티에 같이 가자고 데이트 신청 문자를 보냈고, 10분 내에 답장이 없자 극도로 긴장하며 정신이 나가버린 듯, "저랑 파티에 가기가 정말 싫은가 봐요. 이미 좋은 사람을 찾았나 봐요."라고 반복적으로 말했다. 그리고 유년기부터 다른 사람이 자신을 싫어하거나 쿨하지 못하다고 생각할 것에 대해 두려움을 가졌다고 말했다. "저는 항상 타인에게 요청하는 것을 두려워했어요. 다른 사람이 내게 먼저 요청할 때까지 기다렸어요. 심지어 내가 정말로 그들과 함께하고 싶을 때라도 말이지요. 그리고 누군가에게 전화하는 것을 무척 싫어했어요. 그들은 저보다 더 중요한 일을 하느라 늘 바쁠 거라 생각했어요. 이런 생각들로 너무 긴장한 나머지 토할 것 같았어요."라고 말했다.

한 시간 뒤에 답 문자를 받은 에릭은 기뻐했고 안심이 된다고 말했지만, 그 여성이 정말 자신과 함께하기를 원하는지에 대해 집착했다. 데이트를 하고 난 에릭은 무척 재미있었다고 했으며, 그녀가 다음에도 자신을 만나고 싶어 한다고 말해 주었다. 그러나 에릭은 그러한 상황에서도 저녁 내내 맥주를 어느 정도 마셔야만 긴장을 풀 수 있었다고 했다. 그 후에도 그는 여전히 그 여성이 정말 자신과 함께하고 싶어 하는지에 대한 걱정에 사로잡혀 있었다.

이러한 여러 가지 사건을 통해서 알 수 있는 점은 에릭이 겉으로는 의연한 척해 왔지만 중증의 사회적 불안으로부터 오랫동안 고통받고 있었다는 사실이다. 에릭은 제니와 로라와 애착 관계를 형성했을 때 안정감을 느꼈다. 왜냐하면 그들은 늘 함께했고, 새로운 사람을 만나는 것에 대한 걱정을 별로 할 필요가 없었으며, 여자 친구가 헤어지자고 말하기 전까지는 누군가가 자신과 함께하고 싶어 한다는 안정감을 꾸준히 느낄 수 있었기 때문이다. 친한 친구와의 지속적 교제를 통해 에릭은 기본적인 사회적 불안으로부터 자신을 보호할 수 있었다.

당혹감이나 타인이 자신을 싫어할 것이라는 사회적 불안은 남녀 간의 데이트 상황에만 국한되지 않았다. 에릭은 수강 과목을 포기하게 된 이유에 대해 다음과 같이 말했다. 그는 과제를 정해진 시간 내에 제출하지 못해서 수업에 참여하는 것이 두려웠다고 했다. 담당 교수가 자신에게 화를 내며 왜 과제 제출일을 준수하지 않았는지에 대한 굴욕적인 질문을 할 것이라 생각했다. 이러한 회피 상황이 눈덩이처럼 불어나 결석을 자주 하게 되었고 결국 낙제하게 되었다.

그리고 에릭은 출혈 콜론 재발을 방지하기 위해서 매일 복용해야 하는 약물에 대한 처방전을 잃어버린 뒤 너무 당황해서 처방전 재발급을 요청하지 못했다. 이 일로 약물을 복용하지 못한 에릭은 다시 발작 증세를 보였다. 자신의 건강이 상하거나 악화되는 것에 신경을 쓰지 않았고, 의사가 자신의 부주의한 행동을 보고 바보로 생각할 것이라는 공포감에 사로잡혔다. 이러한 사회적 불안감은 수년 동안 지속되었지만 에릭은 이를 능숙하게 숨겨 왔다.

중증의 사회적 불안감은 ADHD 청소년과 성인의 1/3 이상이 경험하는 만성적인 어려움이다. 그들은 타인에게 무능력하거나 호소력이 없으며, 쿨하게 보이지 않는 것을 지속적으로 두려워한다.

중증의 사회적 불안감은 ADHD 청소년과 성인의 1/3 이상이 경험하는 만성적인 어려움이다.[1] 그들은 타인에게 무능력하거나 호소력이 없으며, 쿨하게 보이지 않는 것을 지속적으로 두려워한다. 이에 대한 일부 원인은 타인이 자신의 문제를 자기 관리의 문제로 보거나 바보로 보면 어쩌나와 같은 공포감에 기초한다. 일부 사람들은 그러한 공포를 현실로 받아들이고 충동적으로 행동한다.

많은 ADHD인이 그러한 공포에서 벗어나는 데 큰 어려움을 갖는다. 그들은 하향식 능력이 부족하여서 구체적인 걱정에 빠진 자신의 관심 방향을 돌릴 수 없다. 그리고 타인의 행동과 태도를 자신에게 유리하게 해석하고자 한다. 예를 들어, 아마 전화기가 멀리 있거나 다른 일을 하느라고 바빠서 답장을 보내지 않았을 것이라 생각한다. 자신의 기대에 부합하는 편향된 단서를 찾는 데 집중한다. 모호한 상황에서는, 타인이 자신에 대해 어떻게 생각할지에 대한 최악의 시나리오보다 자신을 더 많이 준비시키는 경향이 있다. 종종 이러한 정서적 문제는 실행 기능 장애와 관련되어 있다. 실행 기능은 다른 정보를 회상하도록 돕고, 자기중심성에서 벗어나게 함으로써 문제를 좀 더 광범위하고 현실적인 관점에서 볼 수 있도록 한다.

smart but stuck 이완의 어려움으로 인한 불면증

에릭은 흔쾌히 마리화나를 끊고자 했다. 마리화나를 끊자 특정 문제는 해결되었지만 다른 문제가 생겼다. 몇 주간 에릭은 잠드는 것을 힘들어했다. 새벽 4~5시까지 잠들 수가 없었다. 정오나 정오를 넘어서까지 잠을 자지 못할 때도 있었다. 에릭은 마리화나 중단 후 불면 증상이 있다고 하며 다음과 같이 말했다.

> 낮에는 흡연하지 않아도 괜찮아요. 지금은 머리가 매우 개운하지만, 잠을 잘 수가 없어서 매우 힘들어요. 적당한 시간에 잠들기 위해 눕지만 생각을 멈출 수 없어서 계속 생각을 해요. 그래서 잠자리에서 일어나 3~4시까지 TV를

> 시청하거나 인터넷을 합니다. 그런 후 죽은 사람처럼 잠이 들죠. 지난 몇 년 동안 의사가 다른 수면제를 처방해 주었지만, 며칠 이상 효과가 지속된 약은 없었어요. 운동 연습과 시합을 마친 뒤 파김치가 되어서 집에 오던 고등학교 시절 이후 마리화나는 유일한 저의 수면제입니다.

ADHD인에게 불면증은 매우 보편적인 일이다. 그들은 자신이 원하거나 깨어 있어야 하는 시간보다 더 많이 깨어 있다. 일반적으로 에너지가 완전히 소진되기 전까지 TV를 보거나 책을 읽거나 페이스북을 하거나 웹을 검색하거나 비디오 게임을 한다. 그런 후 마음에서 일어나는 끊임없는 반추(ruminations) 현상을 차단하지 못해서 누워서 천장을 바라보는 시간이 한참 흐른 후에야 잠이 든다.[2]

에릭에게 대학 내 체육관에 가서 매일 달리거나 수영을 하거나 웨이트 리프트를 하도록 제안했다. 운동을 시작하고 며칠 동안은 밤에 잠을 잘 수 있었지만, 여전히 새벽 3~4시까지 잠을 자지 못하였다. 불면증으로 밤잠을 이루지 못한 날에는 다음날 정오까지 계속 잠을 잤다.

여름 방학에는 이른 오후 시간에 개설된 강좌 두 개를 듣도록 했다. 학교에 가서 이 강좌를 듣는다는 것은 에릭이 불면증 문제에서 벗어났음을 의미한다. 하지만 에릭이 가을 학기에 더 많은 강좌를 듣도록 하려면 보다 규칙적인 수면 습관을 길러 줄 필요가 있다.

수면과 일과 패턴을 안정화하기 위해서 적용한 전략은 성공적이지 못했다. 수면 보조제를 순차적으로 복용하기도 했다. 처음에는 베나드릴(Benadryl), 멜라토닌(Melatonin)을 먹다가 의사의 처방을 받아서 클로니딘(Clonidine), 클로나제팜(Clonazepam), 졸피뎀(Zolpidem)을 복용하였다. 하지만 효과가 며칠 이상 지속되지 못했다. 심지어 어떤 것은 전혀 효과가 없었다. 적은 용량을 복용하여 효과가 전혀 없어서 복용량을 조금 늘리면 다음날에는 약에 취했다. 이처럼 수면 보조제 복용은 성공적이지 않았다. 에릭은 가을 학기 동안 마리화나를 완전히 억제해 왔지만 잠을 자기 위해 소량의 마리화나를 복용해야 했다. 마리화나를 과도하게 복용할 수 있다고 생각했기 때문에 마리화나를 소량으로 복용하는 것이 마음에 걸렸다. 그럼에도 불구하고 지금까지의 여러 방법들이 실패해 왔음을 감안해서, 마리화나를 소량으로 복용하는 것에 조심스럽게 동의했다.

일부 임상가는 이러한 타협적 방안에 강하게 반대할 것이다. 그들은 마리화나 또는 불법 마약의 과다 복용을 해결하기 위해서는 '완전한 절제'만이 효과적인 유일한 방법이라고 생각한다. 반면에 어떤 임상가는 '피해 감소' 접근을 주장하며, 환자가 약물을 완전하게 절제하는 대신에 소량으로 복용하는 것을 지지한다.[3]

에릭은 2개월 동안 '완전한 절제' 방법을 실천해 왔음에도 만성적인 불면증 문제가 해소되지 않았기 때문에 '피해 감소' 접근법이 합당한 방안으로 여겨졌다. 비록 몇 차례 흡연을 지나치게 한 적이 있었으나 치료 효과는 좋았다. 마리화나를 소량으로 복용한 뒤로 에릭은 자정과 1시 사이에 잠이 들 수 있었다.

smart but stuck 아침 기상의 어려움

불면증만이 문제가 아니었다. 유년기부터 에릭은 아침에 기상하는 것을 힘들어했다. 얼마나 많은 잠을 잤는지의 문제와는 무관하였다. 자정이나 1시에 잠이 들었다고 할지라도 알람 소리를 듣고 일어나는 것은 거의 불가능했다. 알람을 여러 개 설정해 놓더라도 11시 전에 일어나야 한다면 깨워 줄 사람이 필요했다. 수면 시간과 무관한 아침 기상의 어려움은 10대와 성인 ADHD인의 보편적인 문제이다.

옆방 학생이 와서 직접 깨우지 않을 경우 정오 전에 일어날 수가 없었다.

일단 잠이 들면 깊이 들어서 일찍 기상하는 것이 어려웠다. 심지어 어떤 일이 있었냐 하면, 옆방 학생이 에릭을 깨우고 침대 밖에서 대화를 했음에도 불구하고 그 학생이 간 후 다시 침대에서 잠을 잤으며, 기상 후에는 옆방 학생과 대화를 나누었음을 기억하지 못했다.

아침 기상 문제로 수개월 동안 지원을 받은 에릭은 알람과 아침 햇살의 도움으로 점차 혼자서 일어날 수 있었다. 하지만 해가 늦게 뜨는 겨울에는 특별한 알람 시계를 사용하여 기상하였다. 그 시계는 알람이 울리기 전 한 시간 반 동안 밝은 빛을 점차 강하게 비추어 준다. 수개월이 걸려 에릭의 수면과 기상 문제가 해결되었다. ADHD인의 수면과 기상 문제를 효과적으로 다루기 위해서는 이러한 실제적인 전략과 지속적인 지원이 필요하다.

smart but stuck 교통사고 불감증

아침에 기상하여 수업을 들으러 학교에 가는 문제는 또 다른 문제와 연관된다. 에릭은 다른 많은 ADHD 청년들처럼 과속 운전을 했다.[4] 아침에 늦게 일어나면 시간이 충분치 않기 때문에 수업에 지각하지 않기 위해 과속을 해야 했다. 하지만 충분한 시간이 있을 때조차 과속을 하는 경향이 있었다. 이는 ADHD인이 즉각적으로 관심을 기울여야 하는 중요한 것에 관심을 쏟으며 다른 주요 사항(예: 안전)에 관심을 두지 않는 예이다.

에릭은 친구와 술을 마신 뒤 운전해서 집에 가는 데 아무 문제가 없다고 했다. 하지만 빙판 도로를 과속하다가 미끄러져서 도랑에 빠져 버렸다. 연간 4회의 과속 운전 딱지를 받았고, 1회의 음주운전(DUI) 위반을 한 상태였다. 차가 도랑에 빠지는 사건이 생겼지만 에릭의 부모는 음주운전 벌금과 법원 비용을 지불해 주지 않았고, 에릭 스스로 문제를 해결하게 하였다. 에릭은 운전하면서 생길 수 있는 사고 위험성에 대해 생각하지 않았으며, 단지 자신의 돈이 나간다는 생각에 과속 습관을 줄이고자 하였다. 이러한 문제에 대해 관심을 가지고 수개월 동안 이야기를 나누었다. 그러면서 더 이상 과속 운전 딱지와 음주운전 위반은 없었는데, 운전 습관의 변화로 인한 것인지 아니면 운으로 인한 것인지 명확하지 않았다. 이에 비해 학교생활은 추적하기가 용이하였다.

smart but stuck 장기 목표 성취를 위한 학업 동기의 저하

가을 학기가 시작되고 풀타임으로 수업을 듣기 시작하자 과제 문제가 다시 나타났다. 수업이 없는 날이면 시간을 정해서 과제하는 것을 어려워했다. 저녁이 되어 머리에 총이 겨눠졌을 때가 되어야지만 과제를 하였고, 제출일 전날이 되어야지만 과제를 했다. 다른 ADHD인과 마찬가지로 활동과 계획에 대해 현실감 있게 우선순위를 정하는 데 문제를 보였다. 다음 주 강의 계획안에 있는 과제를 하느라 대부분 많은 밤을 지새웠지만, 그는 과제를 매일매일 규칙적으로 하는 것보다는 밤을 새서 한꺼번에 처리하는 것이 더 낫다고 했다. 말할 필요도 없이 읽기 과제를 제대로 하지 못했고, 에너지를 충분하게 쏟지 못해서 결과물은 불충분하였다.

에릭은 노트 필기를 제대로 하지 않았음에도 사전 예고된 시험에서 매우 높은 점수를 얻었다. 비록 강사가 활기차거나 재미있지 않으면 수업 중 지루함을 달래기 위해서 인터넷 서핑을 하거나 게임을 하였지만, 수업 중 교수 이야기를 꽤나 잘 기억하였다. 긴 읽기 과제를 매우 어려워하였고 교과서나 소설책을 15분 이상 집중하여 읽을 수 없었다.

이러한 문제를 해결하기 위해 에릭이 덱세드린(Dexedrine)이나 애더럴(Adderall)과 같은 단시간 동안만 효과가 있는 암페타민(Amphetamine)을 소량 복용할 수 있는지 다시 시험하였다. 이는 에릭이 학문적 무관심을 넘어서서 과제를 시작하고 필요한 노력을 기울이는 데 매우 유용하였지만, 민감한 신체 반응으로 인해서 약물의 양과 시간을 조절하기가 어려웠다. 실수로 과다 복용을 한 경우(대부분의 성인에게는 적은 양), 심장 박동이 빨라지고 숨이 가빠져서 응급실로 이송되었다. 각성제를 과다 복용한 것으로 판명되었다. 이 외의 심장 박동 시스템은 정상이었다.

응급실 방문 후 에릭은 암페타민을 소량으로 복용하며 읽기와 쓰기 과제에 집중하였으며, 약물을 과다하게 복용하지 않도록 복용 시간 간격에 주의하였다. 각성제 약물에 대한 에릭의 신체 반응은, 그것이 약물이든지 카페인 음료이든지 간에 그가 각성제에 매우 민감한 신체적 화학 반응이 있음을 의미한다. 소량의 각성제 복용은 에릭이 특정 학업 과제(예: 읽기, 짧은 작문 과제)에 집중하는 것을 도왔지만, 좀 더 큰 문제를 해결하기에는 역부족이었다. 에릭은 학생 역할을 매일 수행하기 위한 동기 유발을 위해 상당한 지원을 필요로 했다.

에릭은 "저는 유명 대학에 입학하여 열심히 하고자 했지만, 동기 부여가 되지 않았어요."라고 말하며 자신의 딜레마를 강조하였다. 에릭은 유명 대학을 다닐 수 있는 행운아였다. 에릭은 부모가 자신에게 많은 돈을 쏟아부으며 자신을 교육시켰고, 진로를 선택할 때 대학을 졸업하는 것이 유리함을 잘 알고 있다. 하지만 이러한 장기적 혜택을 잘 알고 있다는 사실만으로는 성실하게 과제를 수행하도록 하는 동기를 유발시키기에는 역부족이다.

에릭은 "저는 수업을 들으러 가고, 지루한 읽기 과제를 하며, 관심도 없는 주제에 대해 논문을 작성하는 것이 중요하지 않다고 생각해요."라고 말했다. 그는 현재 자신이 하고 있는 과제가 자신의 장기 목표를 달성하는 데 무관하다고 생각했다. 그는 "지금 하고 있는 과제에 대한 직접적 후속 결과가 없어요. 이는 제가 일을 잘해서 주급을 받느냐 또는 오늘 일을 하지 못해서 내일 주유를 하지 못하느냐의 문제가 아니에요."라고 말했다.

장기 목표 달성에 대해 동기 부여가 되지 않는 문제는 무기력한 성인, 특히

ADHD 성인이 직면한 문제이다.[5] 한참 뒤에 보상이 주어지는 과제를 하기 위한 동기를 충분하고 일관적으로 유발하는 일은 매우 어렵다. 오늘 해야 하는 과제에 직관적 흥미를 가지지 못한다면, 과제를 하기 위해 노력을 기울이고 유지하는 것에 커다란 어려움을 경험할 것이다.

smart but stuck 기다림의 어려움

유년기부터 에릭은 조바심을 지나치게 냈으며, 장시간 노력을 쏟는 데 어려움을 보였다. 연구에 따르면, 매우 어린 유아들도 수 분 후에 주어지는 더 큰 보상보다는 즉각적인 보상을 받고자 하는 경향이 더 컸다. 수잔 켐벨(Susan Campbell) 연구팀은 출생부터 초등학교 3학년까지 아동 1,000명 이상을 대상으로 연구를 수행하였다. 36개월, 54개월이 되었을 때 보상을 기다리고 유혹을 통제하는 능력에 대한 실험 결과는 다음과 같았다.

장기 목표 달성에 대해 동기 부여가 되지 않는 문제는 무기력한 성인, 특히 ADHD 성인이 직면한 문제이다. 한참 뒤에 보상이 주어지는 과제를 하기 위한 동기를 충분하고 일관적으로 유발하는 일은 매우 어렵다. 오늘 해야 하는 과제에 직관적 흥미를 가지지 못한다면, 과제를 하기 위해 노력을 기울이고 유지하는 것에 커다란 어려움을 경험할 것이다.

36개월 유아에게 매우 매력적인 놀잇감을 가지고 놀게 하였다. 그런 후 연구자는 놀잇감을 한편으로 치우고 다른 곳에서 일을 하고 있을 동안 놀잇감을 만지지 말라고 말했다. 아이에게 여러 개의 놀잇감을 주고 놀도록 한 뒤, 2분 30초 후 되돌아와서 아이에게 매력적인 놀잇감을 가지고 놀도록 허락했다. 비디오테이프를 보면서 연구자는 자신이 없는 동안 아이가 얼마나 오랜 동안 '금지된' 놀잇감을 만지지 않고 참을 수 있었는지를 조사하였다.

54개월이 되어 다시 실험을 하였다. 유아에게 '기다리기 게임'을 하자고 말하며 책상에 앉히고 두 개의 접시를 주었다. 한 접시에는 소량의 사탕이 있었는데 평가자를 호출하면 먹을 수 있었다. 다른 접시에는 많은 양의 사탕이 담겨 있었지만 평가자가 게임을 끝내려고 7분 뒤에 돌아와야지만 먹을 수 있었다.

3학년이 되었을 때 재평가를 하였다. 부모와 교사를 대상으로 ADHD 진단 척도 기준에 부합되는 학업·행동 문제를 지니고 있는지 조사하였다. ADHD와 학업 문제를 보이는 아이들은, 36개월에 매력적 놀잇감을 가지고 놀기 위해 2분 30초를 기다리지 못하였고, 54개월에 더 많은 사탕을 먹기 위해 7분을 기다리지 못하고 바로 소량의 사탕을 먹어 버린 아이들이었다. 이러한 결과는 많은 ADHD 아이들이 유년기부터 참을성 부족으로 어려움을 경험하고 있음을 의미한다.[6]

다양한 연령대의 ADHD 연구에서도 유사한 결과가 나타났다. ADHD 아동 집단은 동일 연령의 정상 아동 집단에 비해 원하는 것을 기다리는 데 쉽게 좌절하는 경향이 있었다. 즉, ADHD 아동은 기다림 후에 주어지는 좀 더 큰 보상 대신에 즉각적으로 주어지는 작은 보상을 취하는 경향이 있었다.

조금 나중에 더 큰 보상을 받는 것보다 조금 더 빨리 상대적으로 작은 보상을 선호하는 것은 ADHD 아동과 청소년의 '지연 혐오감(delay aversion)'으로 설명된다. 이는 ADHD인은 또래에 비하여 자신이 원하는 것을 기다려야 하는 상황에서 빨리 좌절하며 부정적 감정을 경험하는 경향이 있음을 의미한다. 그리하여 그들은 부정적 감정을 약화하기 위해서 기다림 후에 주어지는 보상보다 상대적으로 보상의 양이 적을지라도 즉각적인 보상을 선택하게 된다.[7]

'지연 혐오감'에 대한 대부분의 연구는 어린 아동을 대상으로 하여서, 나이가 많은 아동은 단순한 선택하기 실험 상황에서 즉각적으로 주어지는 상대적으로 작은 보상을 단순하게 선택하지 않을 것이라는 주장이 있다. 하지만 방법론적 문제에도 불구하고 ADHD를 가진 아동, 청소년, 성인은 ADHD가 없는 사람보다 잠재적 보상에 대해 덜 민감하게 반응하는 경향이 있었다.

ADHD 아동에게 관찰되는 참을성 부족 문제는 예측되는 보상(anticipating reward)과도 관련된다. ADHD인은 예측되는 보상이 주는 즐거움에 민감하지 않기 때문에 상대적으로 작은 보상이라도 즉각적으로 즐길 수 있는 보상을 선택하는 경향이 있다. 이러한 경향성은 PET 이미징 연구 결과에서도 나타난다. PET 이미징 연구 결과, ADHD인은 일반인에 비해 뇌에 있는 보상-인식(reward-recognizing) 회로를 활성화하는 신경 전달 물질이 수용체(receptor)에 현저하게 적게 연결되어 있다.[8]

또 다른 이미징 연구 결과는 ADHD인이 왜 다른 사람보다 보상이 지연되는 과제에 기쁨과 만족을 느끼지 못하는가를 설명해 준다. ADHD인은 흥미롭다는 생각이 들지 않는 작업을 시작하기 위해 스스로를 활성화하고, 즉각적 보상이 제공되지 않는 과제에 동기를 유지하는 데 어려워한다.

ADHD인은 동일 연령대의 일반인과 비교해 볼 때, 즉각적 보상보다 잠재적 보상에 대해서 이상하리만치 둔감하다. 기능적 자기공명영상(fMRI)의 최근 연구에 의하면, ADHD인은 보상을 예측하고 기쁨과 만족을 등록하는 뇌 신경 네트워크 민감성이 현저하게 떨어지는 것으로 나타났다.[9]

에릭의 말에서도 이와 같은 ADHD인들의 어려움을 엿볼 수 있다.

> 제가 결석을 하거나 과제를 하지 않아도 받아야 하는 급료를 못 받거나 하지 않아요. 학점, 졸업, 직업 같은 것은 100년 뒤의 일 같아요. 100년 뒤 일에 관심을 갖기란 힘들기 때문에 즉각적인 보상이 필요해요. 저란 사람은 학교에 다니는 대신에 정시에 일을 하고 적절한 월급을 받는 일을 해야 하는 것 같아요.

smart but stuck 즉각적 보상 체계 적용

경제적으로 윤택한 가정에서 자란 에릭은 돈벌이를 위한 일을 해 본 적이 없다. 부모는 에릭에게 신용 카드를 주고 그가 사용하는 모든 비용에 대해 합리성 여부를 떠나서 어떠한 의문도 제시하지 않았다. 집중 치료를 시작한 첫 학기에 에릭은 과제를 제출하지 않고 결석을 자주 하여 낙제할 뻔하였고, 결국 이를 피하기 위해 다섯 과목 중 세 과목을 철회하였다. 이때 에릭과 부모는 함께 회의를 했다.

필자는 에릭의 부모에게 자녀 행동에 대해 보다 즉각적인 보상과 벌(일주일 단위)을 주도록 조언했다. 그리고 신용 카드를 주지 말고 에릭 스스로가 아르바이트를 하면서 자신의 용돈을 벌도록 하라고 했다. 그렇게 하면 에릭이 일주일 용돈을 모으고, 수업에도 참석하며, 과제도 생산적으로 할 것이라 생각했다.

에릭의 부모는 매일의 생산성에 기초해서 보다 즉각적으로 보상을 제공해 줌으로써 과제에 대한 에릭의 태도를 바꿨다.

에릭이 수업에 결석하거나 생산적으로 일(예: 읽기 과제, 연구 노트, 논문 초안 등)을 하지 않으면, 하루 용돈을 받지 못했다. 에릭의 주일 용돈은 학업과 관련한 노력의 양과 질에 따라서 정해졌다. 높은 학점에 대한 보상이 아니라 생산적 과제에 대한 보상이었다. 이러한 방법으로 에릭의 부모는 학생으로서의 일상적인 업무 수행에 대해서 즉각적인 상벌 체계를 적용하였다. 즉, 에릭의 부모는 자녀의 동기 유발 문제를 해결하기 위해서 발견-응답하는 방식을 적용하였다. 또한 그들은 매일의 생산성에 기초해서 보다 즉각적으로 보상을 제공해 줌으로써 과제에 대한 에릭의 태도를 바꿨다.

많은 주가 지나서야 에릭의 생산성을 평가하고 그 결과에 따라서 긍정적 또는 부정적인 결과를 제공하는 효과적 시스템에 대해 생각해 낼 수 있었다. 시간이 흐르자 에릭은 할당 과제(심지어 에릭이 전혀 하고 싶어 하지 않는 과제)를 시작할 수 있도록 동기가 유발되었다. 즉각적인 강화가, 장려금을 받기 위해서 수개월을 기다려야 하는 보상(예: 학점에 대한 보상)보다 훨씬 효과적인 것처럼 보였다.

다음 학기가 되자 에릭은 매일 수행해야 하는 과제를 끝내지 못하여 아르바이트를 할 수 없었다. 그래서 주유를 하지 못하고 친구와 어울리는 시간도 가질 수 없었다. 즉각적인 상벌 제도로 에릭이 생산적으로 공부하게 되자 자신이 원하는 돈을 꾸준하게 벌 수 있게 되었다. 이는 결과적으로 에릭이 정규 직장에서 일을 하여 돈을 벌거나 일을 잘 하지 못하여 처벌을 받는 것과 같은 맥락이다.

ADHD를 가진 많은 젊은 성인들이 장기 목표 달성을 위한 과제를 수행하는 데 어려움을 가진다는 것을 감안할 때, 보다 즉각적이고 일관성 있게 제공되는 강화 조치가 필요할 것이다. 하지만 불행히도 에릭 가족이 실행한 계획과 유사한 계획을 실행할 수 있는 가족이 많지 않다. 중등 학업 과제 수행을 위해서 적절한 동기를 유지하지 못하는 ADHD 학생을 위한 유일한 실용적인 해결책은 전일제 직장인으로 일하는 것이다. 주급을 받기 위해서 매일 아침에 일어나서 직장에 가고 좌절감을 참아 낼 것이다. 이러한 경험은 대학 생활을 잘하도록 도울 수도 있고 아닐 수도 있다. ADHD 여부에 상관없이 어떤 사람은 대학 학위 없이 출세할 수도 있고 그렇지 않을 수도 있다.

여기서 소개한 에릭의 사례를 통해서 그의 강점과 약점을 모두 알 수는 없다. 하지만 높은 민감성 대 결여된 민감성, 기대 대 걱정, 수치심 대 자존심, 조바심 대 결단력이 복잡하게 상호작용하고 있음을 알 수 있었다.

ADHD를 가진 에릭의 경험은 일반적이지 않다. 일례로, 에릭은 ADHD 증상을 완화하기 위해 사용된 약물에 매우 민감하여서 약물 치료가 제한적으로 적용되었다. 대부분의 ADHD를 가진 사람은 약물 치료를 통해서 적어도 몇 가지 혜택을 얻을 수 있다. 혜택이 클 수도 있고 보통일 수도 있다. 하지만 에릭에게 약물의 효과는 훨씬 제한적이고 미약했다. 그리고 집중 치료를 위해서 가족 자원이 장기적으로 활용되고, 치료 당사자가 솔직함, 인내, 유쾌한 유머로 치료에 참여했다는 측면이 일반적이지 않다.

에릭은 1년 동안 치료를 받은 후 원래 대학으로 돌아가 2년 후 성공적으로 졸업할 수 있었다.

에릭에게 도움이 된 것

- 환경 변화: 대학 생활 동안 새로운 거주 공간 마련
- 마리화나 절제: 소량의 마리화나를 수면 보조제로 이용
- 상담 치료: 인식하지 못했던 중증의 사회적 불안감에 대한 상담
- 일상 지원: 독립적으로 아침 기상이 가능할 때까지 지원
- 각성제: 신체 과민 증상을 고려하여 소량의 각성제 투여
- 즉각 보상 체계: 성실한 학생 역할에 대한 즉각적 보상

Smart But Stuck

03 카렌

"부모님께서는 가족에게 수치를 주는 행동을 해서는 안 된다고 말씀하셨어요. 대학 생활에 실패했을 때에는 다시 도전할 수 있도록 도와 주셨어요. 하지만 재입학을 간절하게 원했음에도, 이에 필요한 강좌 수강을 위해 교실에 들어가기를 극도로 두려워했어요."

– 22세 대학생

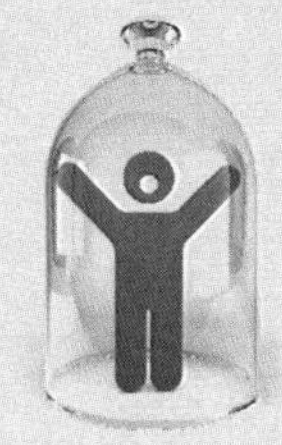

카렌(Karen)이 명문 대학에 입학하자 부모는 매우 기뻐했다. 하지만 입학하고 2년이 지난 시점에서 낮은 학점과 잦은 결석으로 문제가 생겼다. 2학년 중반 무렵에는 결석을 자주 하고, 과제 제출 기한을 훌쩍 넘기며, 시험 점수가 매우 낮아서 보호 관찰 대상이 되었으나(근신), 부모에게는 비밀로 하였다. 학생 신분을 유지할 수 없을 정도로 평균 학점이 떨어졌고, 1년 동안 전일제 학생으로서의 본분을 다해야 재입학이 가능하게 되었다. 카렌은 우울증 치료를 창피하게 생각하며 스스로를 실패자로 생각했다.

부모는 카렌에게 실망했지만 지원적이었다. 카렌이 학업의 어려움과 우울증을 자신들에게 일찍 알리지 않은 것에 대해 책망하였지만, 카렌이 타인에게 도움을 요청하는 것을 부끄러워하며 다른 대학에서 필요한 공부를 하며 재도전하고 싶어 하는 마음을 이해해 주었다. 필자와 상담을 한 카렌은 대안학교에서 학점을 취득하였고 대부분 강좌에서 좋은 학점을 받았다. 하지만 마지막 시험을 정해진 시간 내에 치르지 못해서 두 과목에서 학점 취득을 하지 못했다. 그래서 여름 동안 두 강좌를 들어야 원래 학교로 재입학을 할 수 있었다.

이에 카렌과 부모는 필자에게 상담을 요청했다. 카렌은 어떤 수업도 참석하기 어려운 상태였다. 며칠 동안은 제시간에 도착하여 교실 건물 계단에 앉아 있었지만 수업을 듣기 위해 교실 안으로 들어갈 수 없었다. 카렌은 수강을 포기했지만 교외 아파트에 사는 2개월 동안 부모에게는 등록하지도 않은 과목을 잘 수강하고 있다고 거짓말을 했다. 7주가 지난 시점에서야 부모는 카렌이 여름 학기 수업료를 내지도 않았음을 알게 되었다.

부모를 만난 카렌은 눈물을 많이 흘렸고, 교실에 들어가려고 할 때마다 느꼈던 심각한 공황 장애를 극복하지 못한 자신에 대해 창피해했다. 카렌은 2주 동안 수업을 듣기 위해 매일같이 제시간에 건물로 들어갔지만 교실 문 앞에 서면 심장이 급속도로 뛰기 시작했고, 숨을 쉴 수 없었으며, 식은땀을 흘렸다. 심장마비가 올 것 같았다. 이러한 공포 감정은 10~15분 동안 지속되었고, 교실에 들어가려는 마음을 버리고 아파트로 돌아오면 그 감정이 사라졌다(이 장 후반에 심리적 요인에 대해 설명함).

카렌과 부모는 재입학에 실패하면 어찌 해야 하는지 걱정을 했다. 카렌, 부모와 대화 중, 필자는 카렌이 두 번이나 학업을 중단했던 경험이 있음을 알게 되었다. 카렌은 눈물을 흘리며, "예전부터 도움이 필요하다는 것을 알았지만, 말할 수 없었어요. 부모님도 저를 도와주실 의향이 있으시다는 것을 알았지만, 그것을 인정하기가 부끄러웠어요. 저는 스스로 문제를 해결하기 위해서 필사적으로 노력했어요."라고 말했다.

종합적인 임상 평가 결과, 필자는 카렌이 매우 영리한 학생임을 알았다. 언어 지능은 99퍼센타일에 해당했지만, 주의력 결핍 장애, 공황 장애 및 만성적 불안감, 만성 우울증을 갖고 있었다. 부모는 카렌의 아파트를 필자의 사무실 근처로 옮기고 근처 대학에서 전일제 대학생으로 공부를 하며 집중 치료를 받게 하였다. 카렌도 한 학기 동안 치료를 받고 원래 대학으로 재입학이 가능한 성적을 받고 싶어 했다. 하지만 필자의 사무실이 기적을 만드는 곳이 아님을 카렌에게 주지시키고, 적절한 약물 치료와 이야기 치료(talk therapy)에 대한 반응을 평가한 후 다시 논의해 보기로 하였다.

치료가 시작되었고, 카렌은 자신의 어려움을 상세하게 이야기했다. 카렌은 고등학교 졸업 후 대학으로의 전이가 매우 어려웠다고 했다. 카렌은 구조화 정도가 높으며 필수 과외를 해야 하는 경쟁적인 고등학교를 다녔는데, 그곳에서 꽤 우수한 학생이었다. 높은 학점을 받았고 많은 친구들과 활기차게 생활하였다. 스포츠 활동도 열심히 하였으며 두 개의 운동 팀 주장도 하였으나, 고등학교 졸업 직후 부상으로 활동을 중단하였다.

대학교에 입학하자마자 카렌은 구조화 정도가 낮지만 요구적인 환경, 학생들 간 경쟁이 극에 달한 환경으로부터 심각한 위협을 당하며 압도당했다. 대학 생활 초반부터 어려움을 경험한 카렌은 모든 교수와 대화 나누는 것을 무서워하였고, 학급 친구들이 모두 자신보다 똑똑해 보여서 수업 중 질문하기를 두려워하였다. 그리고 고등학교 때와 달리 과외 교사의 도움을 받지 못하자 과제를 시작하고 조직화하는 데 어려움을 느꼈다. 압박감으로 인해서 수업에서 요구되는 읽기와 쓰기 과제를 지속할 수 없는 것이 커다란 문제였다. 과제를 여러 번 읽어야지만 내용을 이해하고 기억할 수 있었기 때문에, 과제를 완성하는 데 두 배나 많은 시간이 걸렸다.

smart but stuck 읽기 이해와 기억에 있어서의 문제

많은 ADHD 학생은 과제를 다시 읽어야 한다. 카렌은 단어를 인지하고 이해하는 데 어려움이 없었으며 유창하게 글을 읽을 수 있었지만, 내용에 집중하고 그 집중력을 유지하는 데 만성적인 어려움을 보였다. 즉, 단어를 읽고 수동적으로 인식하는 데는 문제가 없었지만 의미를 완전하게 이해하지는 못했다. 이러한 문제는 ADHD 성인이 흥미 없는 글을 읽을 때 나타난다. 다른 학생도 필자에게, "정말 흥미 없는 글을 읽을 때 제 마음은 단어를 읽을 뿐 내용을 곱씹지를 못해요."라고 말했다. 이는 의미를 이해하지만 내용을 충분하게 이해하고 기억할 만큼 의미를 유지하지 못함을 말한다.

많은 ADHD 학생은 과제를 다시 읽어야 한다. 카렌은 단어를 인지하고 이해하는 데 어려움이 없었으며 유창하게 글을 읽을 수 있었지만, 내용에 집중하고 그 집중력을 유지하는 데 만성적인 어려움을 보였다.

난독증을 연구하는 과학자는 읽기 이해에 있어서 집중력이 필요하다고 강조했다. 읽는 것을 이해하는 데 있어서 단어 해독 능력만으로는 불충분하며, 유창성과 충분한 관심이 필수적이다. 그리고 읽기 이해는 집중력, 과제 처리 속도 유지하기, 작업 기억 활용과도 밀접하게 관련한다. ADHD인은 실행 기능 손상으로 이러한 능력에 있어서 문제를 보인다.[1]

smart but stuck 추가 시험 시간

예일 대학교 연구팀에서는 ADHD 학생의 읽기 문제에 대한 연구를 실시하였다. 13~18세 ADHD 아동 145명의 표준화 읽기 과제 수행 능력을 비교하였다. 제한 시간은 20분이었다. 제시간에 과제를 완료할 수 없는 아동에게는 12분 정도의 추가 시간을 허용하였다. 언어 이해 능력은 높은 평균 범위에 속했음에도 53%의 학생이 20분 이내에 과제를 완료하지 못했다. IQ 검사 결과, 42%의 학생만이 언어 이해 능력 점수가 15점 범위 내에 있었다. 12분의 추가 시간을 허용하였을 때 검사를 완료할 수 있는 학생 비율은 78%까지 증가하였으며, 그들 모두 언어 능력 점수가 15점 범위 내로 향상되었다.

제한 시간 안에 과제를 완성하지 못했을 경우 추가 시간을 요청할 수 있도록 하였고, 대부분 학생들은 질문을 여러 번 읽어야 답을 할 수 있었다고 하였다. 처리 속도와 작업 기억 IQ 점수가 또래 학생에 비해 낮았기 때문에, 읽은 정보를 기억 속에 저장하고 시각적 정보를 처리하는 속도를 보충하기 위해 다시 읽기를 하였다.[2]

카렌은 시간 내에 검사를 끝낼 수 있을까 하는 걱정으로 어려움이 가중된다고 말했다. 시험을 보는 중에, '맙소사, 시간 내에 못 끝낼 것 같아. 문제를 많이 못 풀겠어.'와 같은 걱정이 가득해서 생각하고 읽은 것을 기억하는 데 방해를 받았다. 집중하지 못하고 부주의하게 글을 읽는 만성적 문제를 개선하기 위해서 메틸페니데이트를 복용하도록 한 후 ADHD 증상이 완화되는지 보기로 했다. 약 복용 후 카렌은 읽기 및 기타 과제에 집중하는 능력이 향상되고 유지되었다. 그리고 장애로 인한 추가 시간 요청서를 대학에 제출하여서 시험을 볼 때 추가 시간을 얻을 수 있도록 하였다.

smart but stuck 죄책감과 연결된 사회적 및 수행 불안감

카렌을 지속적으로 힘들게 했던 걱정 중 하나는 가족을 난처하게 하거나 가족에게 수치심을 주는 행동에 관한 것이었다. 어머니는 가족에게 누가 되지 않도록 책임감 있게 행동하라고 카렌에게 늘 말했다. 카렌은 외가 쪽의 사회적 지위가 친가 쪽보다 낮았기 때문에 어머니가 자신에게 그러한 행동을 강조한다고 생각했다. 어머니는 카렌과 자신이 시댁 쪽 사람들로부터 비난받는 것을 많이 걱정하는 듯 했다. 그래서 카렌은 자신의 어려움을 부모에게 털어놓지 못했고, 대학 생활에서의 어려움도 더 이상 피할 수 없을 때까지 숨겨 왔다.

잘하고 싶고 부모의 행복을 유지해 주고 싶어 하는 마음이 과도하게 지속되는 것에 대한 이야기를 나누며, 카렌이 만성적 불안감으로 고통을 받고 있음을 알 수 있었다. 봄 학기 중 카렌이 재입학 노력 중에 공황 발작이 나타난 것으로 보아, 이 사실이 더욱 명확해졌다. 그리하여 필자는 만성적 불안감을 줄이고 공황 발작이 심해지는 것을 막기 위해서 플루옥세틴(Fluoxetine) 복용을 제안했다. 약을 복용하자 몇 주 이내에 불안감이 감소하였고 특별한 약물 부작용도 없었다. 몇 주가 지나자, 카렌은 교수에게 다가가거나 수업 중에 말을 하며 상호작용을 하는 데 편안함을 느끼게 되었다.

가족의 걱정과 역할

비단 카렌뿐만 아니라 부모도 걱정을 많이 했다. 부모는 카렌이 대학을 갔음에도 매우 긴밀하게 연락을 해야 한다고 생각했다. 부모는 매일 한두 번씩 카렌과 전화 통화를 원했다. 이로 인해 멀리 떨어져 생활하는 카렌이 지원을 받은 것은 명확한 사실이다. 부모도 빈번한 전화 연락을 통해 안심하고 지지를 받을 수 있었다. 자녀가 생활을 잘하면 부모는 안심하게 되므로, 카렌은 학교에서 커다란 어려움을 경험하고 있음에도 불구하고 잘하고 있다고 거짓말을 하였다.[3]

각 가정에서 아동과 성인은 직간접적으로 상호작용을 하면서 구체적인 역할을 갖게 되고 유지하게 된다. 가족 간에 주고받는 농담과 별명을 보면 구성원들의 역할을 알 수 있다.

각 가정에서 아동과 성인은 직간접적으로 상호작용을 하면서 구체적인 역할을 갖게 되고 유지하게 된다. 가족 간에 주고받는 농담과 별명을 보면 구성원들의 역할을 알 수 있다. 예를 들어, '좋은 사람' '심술쟁이' '문제아' '무서운 사람' '불평하는 사람' '강한 사람' '약한 사람' '규칙 집행자' '거만한 사람' '지저분하고 정리 못하는 사람' '얌전한 체하는 사람' '고집쟁이' '구두쇠' '인자한 사람' '이기적인 사람' '허약한 사람' '불사신' 등으로 비춰질 수 있다. 그리고 상황에 따라서 행복해하기도 하고, 분노하기도 하며, 습관적으로 다양한 역할을 수행하기도 한다.

상황적 스트레스에 반응하고, 나이가 들어가며, 가족과 외부 사람들과 상호작용을 하면서, 가족의 역할은 수정되고 변화된다. 가족 구성원은 자신의 기대 역할에 따른 잠재적 대본에 따라서 상호작용하면서, 일부 역할은 반복적으로 강화되면서 내면화된다.

어린 시절 카렌의 남동생은 매우 활동적이어서 부모는 아들을 양육하는데 힘들어하였다. 하지만 동생과 달리 카렌은 온화한 기질과 협력적 태도를 지니고 성장하여서 부모에게 카렌은 '좋은 아이'로 비춰졌다. 이처럼 카렌은 소란을 일으키지 않는 협조자로 인식되었고, 실제로도 카렌은 커다란 말썽을 부리지 않았다. 카렌은 어려서부터 가족 내에서 성공적인 역할을 하는 아이로 성장했기 때문에 스스로와 부모에게 자신의 문제를 인정하기 어려워했다. 20대 초반까지 카렌은 자신의 역할을 무리 없이 수행하였다. [4]

smart but stuck 파괴적인 회피와 거부

카렌은 치료 중 자신의 결점을 인정하지 않으려는 회피 증상을 보였다. 자신의 과거를 잘 회상하고 이야기하였지만, 학교에서의 자신의 문제를 잘 설명하지 못했다. 카렌은 필자의 사무실 근처에 있는 대학에서 현재 학기를 무사히 마친 뒤 원래 대학으로 되돌아가고 싶다고 말했다. 원래 대학의 학장을 찾아가 봄 학기 재입학 의사를 말하고, 높은 학점 취득에 대한 자신감을 보였다.

격주마다 실시한 상담 중에 카렌이 수강 중인 과목과 작업 중인 논문 일부를 살펴보았다. 읽기와 수업 중 토론에 대해 꽤나 명확하고 흥미롭게 이야기할 수 있었고, 논문은 잘 작성되어 있었다. 학기말 무렵, 경제학 과목에서 고군분투하였고 C학점을 받을까 봐 두려워했다. 하지만 다른 과목에서 높은 학점을 받아서 낮은 학점을 상쇄함으로써, 원래 대학으로의 재입학에 무리가 없을 것이라는 자신감을 보였다.

학기말 성적이 나왔으나 카렌은 제출하지도 않은 학교 보건 서비스 관련 문서 때문에 학점을 볼 수 없다고 했다. 필자는 다른 내담자를 믿었듯이 카렌의 말을 신뢰했다. 카렌은 원래 대학으로 돌아가기 전에 여기서 한 학기를 더 수강하기로 했다. 이곳에서 필자의 도움을 받으며 한 학기를 더 수강한다면, 경쟁력 있는 원래 대학으로 돌아가서 잘할 것이라고 생각했다. 이렇게 수정된 계획은 꽤 합리적으로 보여서 의심하지 않았다. 6주 뒤 카렌은 자신의 선택 과목에 대해 토의하고 봄 학기를 시작했다. 그녀는 자신이 하고 있는 읽기와 계획된 이번 학기 과제에 대해 자세히 이야기했다.

중간고사 무렵 부모에게 했던 동일한 방법으로 필자에게 거짓말을 했다.

봄 학기가 시작되고 6주 뒤, 카렌 부모에게서 자신들이 보낸 등록금이 납부되지 않았다는 이메일을 받았다. 이 일로 카렌이 거짓말을 하고 있음이 들통났다. 사실이 명백해졌음에도 불구하고 카렌은 처음에는 거부를 하더니, 이윽고 봄 학기 수업료를 낸 적이 없으며, 과목을 수강하지도 않았고 과제도 제출한 적이 없다고 고백했다. 카렌은 필자에게 각 과목의 강의 계획안을 읽었다고 했지만, 중간고사 무렵에 카렌이 부모에게 했던 동일한 방법으로 필자에게 거짓말을 하고 있음을 알게 되었다. 필자가 카렌의 말을 과신한 탓에 수강 과목 등록 기간을 놓쳐 버렸다.

카렌은 많은 눈물을 흘리며 수치심을 느낀다고 말했지만, 어려운 상황을 극복하기 위한 노력을 하지 않았다. 경제학 시험을 치르지도 않았고 역사 과목 과제를 하지 않은 자신을 스스로도 이해할 수 없다고 했다. 그리고 봄 학기에 원래 대학이 아닌 집 근처 대학에서 강의를 듣고자 했던 이유를 왜 부모와 필자에게 말하지 않았는지도 모르겠다고 했다. 플루옥세틴을 복용한 카렌은 공황 장애가 없었음에도 불구하고 필요한 과목을 수강하지 못했다.

필자는 카렌이 어떠한 이유로 원래 대학으로 돌아가려는 노력을 하지 않았는지 이해할 수 없었다. 아마 매우 경쟁적인 원래 대학으로 돌아가야 할 시점이 가까워지면서 실패에 대한 두려움이 커졌기 때문으로 짐작된다. 이로 인해 경제학 시험 준비도 하지 못하고, 이전에 잘해 왔던 역사 과목 과제도 제출하지 못했을 것이다. 하지만 여전히 집 근처 대학의 봄 학기 강좌를 등록하지 않은 이유를 이해할 수 없었다.

카렌의 수수께끼 같은 자기파괴적 행동을 심리 역동적 입장에서 보자면, 양가감정으로 인한 마비로 설명할 수 있겠다. 원래 대학에 돌아가지 않음으로써 부모를 다시 한 번 실망시킨 자신에 대한 벌의 일환으로 봄 학기 수업을 회피했을 수 있다. 이러한 행동은 오랫동안 수행해 온 '완벽한 딸' 역할에서 기인한 것인가, 아니면 밀접한 감시 상황에서 탈출하고자 함인가?

이러한 이유로 카렌의 행동이 설명될 수 있겠지만, 카렌은 의도적이지 않았다고 말했다. 봄 학기 시작 후 2주째, 멀리 사는 친구를 만나고 돌아오는 길에 기차를 놓쳐서 두 개의 수업을 들을 수 없었다고 했다. 그 후 너무 당황해서 다음 수업에도 참석하지 못했으며, 그 사실을 필자에게 말하는 것조차 당황스러웠다고 했다. 이러한 카렌의 행동을 약간 이해할 수 있긴 해도, 봄 학기 등록금을 내지 않은 것은 이해할 수 없었다.

봄 학기 등록금을 내지 않은 행동은 카렌 스스로가 학위 취득에 대해 양가감정을 가지고 있음을 보여 주는 것이라 할 수 있다. 의도하지는 않았지만, 카렌은 부모에게 당혹감을 주며 스스로를 벌하는 방법으로 행동했다.

smart but stuck 불안감 조절의 어려움

정서적 갈등에 대한 추측으로 카렌이 경험하는 지속적인 불안감을 설명하는 것은 별다른 도움이 되지 않는다. 그러한 설명은 불안감의 강렬한 힘이나 감정 조절을 위한 뇌 시스템의 문제로 인한 전반적인 영향력을 고려하지 않는다. 수수께끼 같은 행동을 심리 역동학적 입장에서 설명하려는 것은 정서를 적절하게 조절하지 못해서 불안함을 강하게 느끼는 사람들의 행동을 설명하는 데 적절하지 못하다.

카렌이 보이는 수수께끼 같은 자기파괴적 행동을 이해하기 위해서, 정서 조절 체계 및 두뇌 알람의 주요한 역할을 아는 것이 필수적이다. 인간 뇌에는 불안, 좌절, 낙담 등의 강도를 조절하는 체계가 있다. 이는 중간 이하의 스트레스에 대해서는 적당한 불안감을 느끼도록 하지만, 심각한 스트레스에 대해서는 심각한 불안을 느끼도록 한다. 이 체계가 결함을 갖게 되면 고장 난 화재경보기처럼 작동하게 된다.

어떤 사람의 경우, 뇌의 정서 조절 체계가 위중한 위협과 훨씬 경미한 문제를 효과적으로 식별하지 못한다.

화재경보기는 건물에 불이 났을 때 귀가 찢어질 듯한 큰 소리를 내도록 고안되었다. 하지만 화재경보기에 결함이 있다면 빵 조각이 토스터기에 약간 탔을 경우에도 큰 소리를 낼 것이다. 이와 마찬가지로 어떤 사람의 뇌에 있는 정서 조절 체계에 결함이 생기면 위험하거나 경미한 문제를 효과적으로 인식하지 못하고 패닉 상태에 빠지게 된다. 심장 박동이 빨라지고, 숨이 가빠지며, 심각한 생명의 위협을 느끼게 된다. 카렌은 수업을 듣기 위해 건물로 들어가려고 하면 이러한 증상을 보여서 여름 강좌를 들을 수 없었다.

비록 건물을 벗어나면 수치와 좌절감을 느끼긴 했으나, 동시에 수업에 들어가려고 할 때 자신을 압도했던 불안감에서 벗어나 강한 안도감을 느낄 수 있었다. 회피에서 오는 안도감은 강력한 강화제가 되어서 증폭되는 긴장감을 없애고 스트레스 상황에서 회피하려는 가능성을 높여 준다. 스트레스 상황을 회피하려는 사람은 두려움을 직면하지 못하고 도망쳐 나왔다는 생각에 기분이 좋지 않지만, 동시에 엄청난 안도감을 느낀다. 최소한 그날만이라도 자신을 파괴할 것 같았던 공포감을 주던 총탄을 피했다는 안도감을 갖는다.

불안감을 조절하는 하향식 체계가 정상적으로 작동하면 합리적이고 현실적으로 스트레스에 대처할 수 있지만, 그렇지 않으면 합리적인 생각과 계획이 마비될 수 있다. 좌절되고 걱정스러운 상황에서 이러한 체계는, "진정해. 그리 큰일이 아니야. 혼란을 해결할 세심한 방법을 알아내야겠어."라고 말한다.[5] 하지만 카렌의 경우 수업을 듣기 위해 교실에 들어가려고 할 때, 즉 자신의 의도와 바람을 성취하고자 할 때, 이러한 하향식 체계가 붕괴되었다.

대부분의 경우 이러한 감정 조절 제어 체계가 정상적으로 작동한다. 어린 시절 필자는 부모님의 소중한 결혼 선물인 크리스털 술잔 세트를 장식장에서 빼서 물의 양을 달리 하여 붓고 나이프로 두드리며 음악 연주를 하다가 실수로 술잔을 깨뜨린 적이 있었다. 이러한 상황에서 어떤 부모는 언어 폭력을 강하게 행사하며 아이가 죄책감을 느끼게 할 수도 있고, 신체 폭력을 행사하고 싶은 충동을 가질 수도 있다. 하지만 대부분의 부모는 아이가 의도적으로 그런 것이 아니며 사물의 가격을 알지 못함을 고려하여, 자신의 반응 행동을 조절할 것이다. 즉, 그들은 자녀에게 장기적으로 부정적 영향을 미칠 수 있는 언어 또는 신체적 공격을 자제함으로써 자녀를 보호할 것이다.

이러한 하향식 조절 체계로 인해서 과도하게 극단적이고 충동적인 반응을 피할 수 있지만, 이 체계가 작동되지 않으면 강렬한 공포, 분노, 수치심, 낙담의 감정을 경험할 것이다. 하향식 조절 체계는 행동 교정이 필요한 상황을 현실적이고 실질적으로 다루는 방법을 생각하도록 도와서 상황이 악화되지 않도록 한다.

그러나 일부 사람, 특히 많은 ADHD인은 비효과적인 하향식 체계를 갖고 있다. 그들은 감정의 홍수에 빠져 자신의 반응에 대해 명확하게 생각하지 못하게 된다. 즉, 실제 상황에 맞지 않는 공포, 걱정, 절망에 급격하게 압도되어 적절하고 중요한 사실과 감정을 기억하지 못한다. 따라서 그들은 충동적으로 행동하고 상황을 악화시키는 선택을 하게 된다.

카렌이 경제학 시험에서 실패했을 때, 불안감과 수치심을 강렬하고 지속적으로 느꼈다. 이러한 감정의 범람은 컴퓨터 하드 드라이브에 바이러스가 침범하는 것과 같다. 그러나 이러한 비유는 상황에 대한 반응의 양과 강도를 설명하지 못한다. 일반적으로 컴퓨터 충돌은 쉽게 해결될 수 있고 백업 시스템으로 손실된 자료를 복원할 수 있으므로, 일시적이고 수정 가능한 것이다.

smart but stuck 대처에 대한 간절한 노력

경제학 시험에 낙제한 후 원래 대학에 되돌아갈 가능성, 부모에게 좋은 모습을 보여 주려는 희망, 생활을 정상적으로 돌리려는 모든 가능성이 순식간에 영원히 사라져 버렸다. 이때 카렌이 경험한 정서적 충격은 마치 쓰나미와 같았을 것이다. 이러한 강렬하고 지배적인 정서는 대안책을 마련하고 자신을 도울 수 있는 타인과 생산적으로 브레인스토밍하게 하는 논리적 사고 과정을 완전히 압도한다.

창피함과 노출에 대한 두려움으로 카렌은 회피와 거부라는 비효과적인 전략을 사용했다. 카렌은 타인이 자신의 문제를 발견하기 전에 어떻게든 스스로 문제 해결 방법을 알아낼 것이라 낙관했다. 카렌은 원래 대학에 재입학할 것을 약속하였으나 대학 등록금을 내지 않았다. 대학 등록금을 지불하고 학기 등록을 마치게 되면 카렌은 자신이 필사적으로 무시하고 거부하려고 하던 것을 피하지 못하고 인정하게 만들었을 것이다. 이로써 카렌은 자신과 부모를 위해 세운 세 번째 목표를 성취하는 데 실패하였다.

카렌의 행동은 합리적 사고를 방해하는 강렬한 정서 때문으로 볼 수 있으며, 상황에 따른 현실적 평가보다 희망과 두려움에 기인한 것으로 볼 수 있다. 카렌은 자신뿐만 아니라 부모와 치료사에게 사실을 숨기려고 했다. 다섯 강좌에 대한 강의 계획안을 읽은 후, 그중 한 과목도 수강하지 않으면서 그 강좌를 수강하고 있는 것처럼 거짓말을 했다. 거짓말이 6주 이상 지속되었기 때문에 추가적으로 강좌를 등록할 수 있는 기간도 놓쳐 버렸고, 이로 인해 다음 학기에 원래 대학으로 편입하는 것이 어렵게 되었다. 그리고 부모와의 신뢰 관계도 심각하게 손상되었다.

카렌은 외국 유학생이었다. 학생 비자를 유지하려면 좋은 학점을 유지해야 했다. 전일제 학생 신분을 유지하지 못하게 되어 비자를 받지 못한 카렌은 급작스럽게 고국으로 돌아갔다. 과목을 수강하기에는 너무 늦어 버린 카렌은 모국에 있는 가족 품으로 돌아갔다. 그녀가 고국으로 돌아가기 전에 필자는 카렌과 부모에게 치료 계획을 수정할 것을 제안하며, 전일제 대신 시간제 학생으로 공부하며 일할 것을 추천했다.

몇 주가 지났으나 카렌으로부터 아무 소식을 못 들었다. 한 달이 지나자 카렌 부모에게서 전화가 왔다. 다행히 카렌은 전일제 직업을 찾을 수 있었다고 했다. 보수가 높지는 않았지만 카렌의 관심을 끌기에 충분한 직업이라고 했다. 카렌은 매일 감독을 받으면서, 옛 친구와 다시 연락하고 타인과 함께 일하는 기회를 많이 가질 수 있었다. 직장 상사는 카렌에게 책임 업무를 더 주고 승진도 시켜 주었다. 그리고 카렌은 근교 대학에서 야간 수업을 듣기 시작하였는데, 이번에는 조바심을 내지 않고 느린 속도로 갔다. 이처럼 다소 구조화된 환경이 카렌에게 잘 맞는 듯했다. 이를 시작점으로 해서 카렌이 독립적으로 생활할 수 있는 능력이 점진적으로 나아질 것이라고 기대하게 되었다. 동시에 강한 불안감을 적절하게 조절하여 잠재력을 완전하게 실현하기를 기대하였다.

카렌에게 도움이 된 것

- 맥락 변화: 전일제 대학 생활을 하기 위한 환경 변화
- 이야기 치료: 가족의 기대치와 수치심에 초점을 둔 이야기 치료
- 약물: ADHD, 우울, 과도한 불안감을 완화하기 위한 약물 복용
- 교육 심리 진단: 추가 시간 제공
- 상담: 세 번째 노력의 실패 후, 융통성 있는 시간제 학교생활을 권고한 상담
- 전일제 근무: 구조화 정도가 높으며 즉각적 보상과 결과가 주어지는 직업을 얻음
- 구조화: 세 번째 노력의 실패 후 가족과의 고국생활

04 마틴

"멘사 회원임에도 대학 입학 후 2년 동안 학점을 취득할 수 없었어요. 마약에 너무 취해서 수업에 들어갈 수 없었어요. 재미있게 수업을 진행하시는 교수님 수업에는 열심히 참여했지만, 그 외 수업 시간에는 결석도 많이 하고 과제도 할 수 없었어요. 학점이 형편없는데 졸업한들 무슨 소용이 있을까요?"

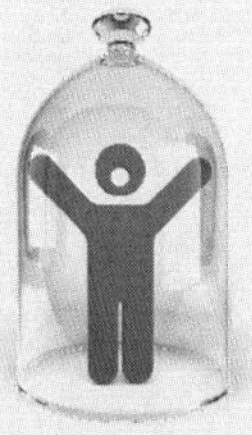

– 23세 대학생

상담을 위해서 부모와 함께 내원한 마틴(Martin)은 준수한 외모의 다소 내성적인 청년이었다. 당시 마틴은 대학교 2학년 중반 무렵이었다. 그의 아버지는 마틴이 어려서부터 부모와 교사로부터 매우 영리하다는 평가를 받았지만 과제에 집중할 수 없었고, 다른 곳에 정신이 팔려 열심히 노력하지 않았으며, 또래와도 잘 어울리지 못했다고 회고했다. 그리고 2학년 때 많은 질문에 답할 수 있는 마틴은 교사로부터 '어린 교수'로 불렸지만, 또래와는 잘 어울리지 못했다고 회고했다.

수년 간 부모는 여러 의사들을 찾아다니며 자녀의 뛰어난 지능 개발 방법에 대해 자문을 구했다. 한 심리학자는 마틴을 고집이 센 아이로 보았으며, 다른 전문가는 경증 자폐아로 보기도 했다. 부모는 자녀가 주의력 결핍 문제를 가지고 있는 것은 아닌지 궁금해했지만, 의사는 아주 똑똑한 사람에게 그러한 문제는 있을 수 없다고 말했다. 어떤 의사로부터도 유용한 정보를 얻을 수 없었다.

smart but stuck 높은 IQ를 보이는 ADHD인의 위험

아버지는 높은 IQ와 학업 성취 간의 격차를 강조하면서, 마틴에게 상담이 필요하다고 했다. IQ가 높은 많은 ADHD인이 이러한 문제를 갖는다. 그들은 최소한 ADHD로 진단되고 치료될 때까지, 자신의 IQ가 높음을 알고 그에 맞는 성취를 기대하는 주변인의 계속되는 잔소리에 고통받는다. 그들은 스스로에게 실망하고 부모와 교사가 자신에게 실망하는 것을 경험한다.

IQ가 높지만 성취가 그에 미치지 못할 경우, 부모와 교사는 학생에게 지능이 얼마나 높은가를 상기시켜 주며 더 많은 노력을 기울이도록 격려한다. 하지만 연구 결과, 이러한 접근법은 지속적으로 열심히 노력하면 좋은 성과를 얻을 것이라고 강조하는 접근법보다 효과가 미비하다. 그리고 지능을 유전적이고 고정된 것으로 보는 학생들은 지능을 배움과 노력으로 향상될 수 있는 것으로 보는 학생들보다 맥이 빠지는 상황에서 다른 뇌파 패턴을 보이며 동기 유발이 잘 되지 않았다. 이러한 연구들은, 불변의 지능을 갖고 태어난 사람은 부정적 상황에 닥칠 경우 자신의 지능이 과제 수행에 충분하지 못하다고 생각하며, 훨씬 빨리 좌절하며 포기하는 경향이 있음을 보여 준다. 이와 반대로 지속적인 노력으로 지능이 향상될 수 있다고 생각하는 학생들은 부정적 상황이 닥쳐도 지속적으로 노력을 하며 미래 수행을 개선하고자 한다.[1]

IQ가 높은 사람은 주의력 결핍 장애를 보이지 않을 것이라고 생각하는 것이 보편적이다. 예일 대학교 연구팀과 기타 연구팀에 의하면, IQ가 높은 사람도 소수의 구체적 활동에만 집중을 잘하고 심각한 주의력 문제를 보일 수 있다. ADHD는 특정 수준의 지능에 국한하는 것이 아니라, 아주 낮은 지능에서부터 아주 높은 지능까지 영향을 미칠 수 있다.[2]

많은 의사와 교사들이 아직까지 이러한 사실을 잘 모른다. 지능이 높으면 주의 집중 문제가 없을 것이라고 가정하고, 몇 개의 구체적인 활동(예: 표준화 검사)에서만 매우 총명하고 뛰어난 집중력을 보이는 반면에 대부분의 일상생활 활동(스스로 중요하다고 생각한 활동을 포함)에서는 탁월함을 보이지 못함을 이해하지 못한다. 종종 이러한 어려움이 뇌 화학 물질의 역동성 문제에서 기인한 것임에도 불구하고, 이를 게으름과 의지력 부족으로 인한 것으로 본다.[3]

smart but stuck 사회관계 회피

부모의 기대치에는 미치지 못했지만 마틴의 초등학교 성적은 좋았다. 학창 시절 친구들과 상호작용이 거의 없었으며, 동아리나 스포츠 활동에도 적극적이지 않았다. 가족 구성원에게 애교를 많이 피우지도 않았으며 책 읽기, TV 시청, 컴퓨터 등을 하며 자유 시간을 보냈다.

수년 동안 부모는 마틴이 자신들의 기대치에 못 미치는 학업 성취를 보일 뿐만 아니라 스포츠, 동아리, 다른 또래 집단 활동에 참여하는 것에 흥미를 보이지 못하는 것을 걱정했다. 아이들이 많이 노는 공원 옆에 살았음에도 불구하고, 밖에 나가서 놀거나 스포츠 활동 하는 것을 피하고, 자신을 놀리는 학생에 대한 불만을 나타냈다.

부모는 다른 학생이 마틴의 뛰어난 인지 능력을 질투하여서 이러한 회피와 어려움이 나타났다고 생각했다. 동시에 또래와 상호작용하는 능력에 무슨 문제가 있는 것은 아닌지 걱정했다. 자폐 성향이 있다고 한 의사의 평가 때문에도 걱정을 했다.

첫 상담을 하였지만 마틴에게서 자폐 성향을 볼 수는 없었다. 약간 융통성이 없어 보이고 매우 형식적인 말투로 이야기를 하긴 하였지만, 눈맞춤을 하며 의사소통을 할 수 있었다. 또한 익살스럽고 재치 있었으며, 역설적인 방법의 유머를 구사하였다. 그러나 2학년 때 담임 교사가 언급한 '어린 교수' 스타

일을 보였고 타인에 대한 감정과 관심에 무관심하였다.

마틴은 원룸 아파트에 살면서 다른 학생들과, 심지어 같은 아파트에 살고 있는 학생들과도 거의 교류하지 않으며 사회적으로 고립되어 있었다. 그는 마리화나를 많이 피웠음을 솔직하게 인정하였고, 수업을 듣거나 다른 학생들과 어울리기 위해서 아파트를 떠난 적이 거의 없음을 고백하며 부끄러워하였다.

부모는 구조화되고 규칙적인 환경을 통해서 마틴의 학업과 또래 문제가 개선될 것이라 생각하여 12세가 되던 해에 그를 기숙 학교에 보냈다. 처음에는 매우 수줍어하고 불편해했다. 또래보다 체구가 약간 작았던 마틴은 반 친구들에게 종종 놀림과 괴롭힘을 당했다. 몇 개월이 지나면서 기숙사 친구들과의 상호작용도 점차 늘었지만, 정서적으로 힘들어하였고 친한 친구를 사귀지 못했다. 교사는 마틴이 매우 영리하지만 동시에 매우 산만하여 과제를 제시간에 내지 못하고 학업에 꾸준하게 매진하지 못한다고 했다. 하지만 고등학교 환경이 매우 구조화되어 있었기 때문에 마틴은 좋은 성적을 받아서 유명대학에 입학할 수 있었다.

smart but stuck 초기 평가

첫 상담을 받기 위해 온 마틴과 부모는 대학 생활에 대해 걱정을 하고 있었다. 마틴은 수업 시간에 거의 참여하지 않았고 과제를 제대로 하지 못해서 학점이 좋지 못했다. 대학교에는 기숙사가 없어서 학생들은 자취를 해야 했고 식사 준비도 스스로 해야 했다. 마틴은 원룸에 살면서 다른 학생들과, 심지어 같은 아파트에 살고 있는 학생들과도 거의 교류하지 않으며 사회적으로 고립되어 있었다. 그는 마리화나를 많이 피웠음을 솔직하게 인정하였고,

수업을 듣거나 다른 학생들과 어울리기 위해서 아파트를 떠난 적이 거의 없었다.

종합 검사 결과, 마틴의 IQ는 상위 3% 안에 들었으며 사회 전반에 대한 폭넓은 지식을 가지고 있었다. 그는 라디오, TV, 인터넷, 신문 등을 규칙적으로 읽는 자신을 '뉴스 중독자'라고 불렀다. 그리고 이대로 가다가는 졸업을 못할 것 같다고 했지만, 전혀 외롭지 않으며 누군가에게 의지하지 않고 독립적으로 문제를 해결하고자 한다고 했다.

첫 상담을 마친 필자는 마틴에게 마리화나를 끊도록 요구했다. 그는 학업 실패로 인한 수치심과 절망감뿐만 아니라 외로움을 달래기 위해서 마리화나를 지속적으로 피워 왔다. 그러나 마리화나 복용으로 학교와 사회생활을 건설적으로 하지 못했다.

이 평가를 통해서 마틴이 과잉행동 문제를 보이지는 않으나 주의력 결핍에 문제가 있음을 확인할 수 있었다. 마리화나 사용을 중지하자마자 ADHD 약물 치료를 시작했고, 마리화나를 과도하게 복용하는 사람에게는 ADHD 약물 효과가 없음을 설명해 주었다. 그가 다니는 대학교는 필자의 사무실과 아주 멀리 떨어져 있어서 대학교 근처에 있는 의사를 찾아서 마리화나 복용, ADHD 증상, 또래와의 상호작용에 있어서 도움을 받도록 권고했다.

마틴은 ADHD 약물 복용에 관심을 보이며 마리화나를 끊어 보겠다고 결심했다. 그는 사회성을 개선하고 수업을 듣고 과제를 하고자 하는 동기 유발 방법에 대해 낙관적이지 않았지만, 대학에 되돌아가면 스스로 문제를 해결해 보겠다고 단호하게 말했다. 누군가에게 의지하지 않고 독립적으로 모든 것을 개선하고자 하는 강한 결심은, 실패의 순간에도 매우 눈에 띄게 두드러졌다.

필자와 마틴은 이메일로 소식을 주고받기로 하였지만 별다른 소식을 주고받지 못하다가 학기말 무렵, "나는 추락했어요."라는 메일을 받았다. 마틴은 필자가 제안한 치료를 시작하지 못했고, 마리화나 복용을 줄이지 못했으며,

학점도 취득하지 못했다고 말하며 다시 상담을 요청했다. 그는 자신의 문제를 좀 더 명확하게 이해하고 장기 계획을 세우기 위해 뉴헤븐에 잠시 살면서 필자와의 치료에 집중하며 근처 대학에서 여름 강좌를 듣기로 했다.

smart but stuck 새로운 환경에서의 새 출발

필자의 사무실 근처로 이사를 온 마틴은 자신의 감정을 상세하게 말하지는 않았지만, 어느 날 니나 사이먼(Nina Simone)의 〈아무것도 없지만 생명을 얻었어(Ain't Got No, I Got Life)〉라는 노래를 좋아한다고 했다. 이 노래에는 "친구도, 학교도 없어요/사랑도, 이름도 없어요/나는 왜 살아가는 걸까요?"라는 가사가 있으며, 끝 무렵에는 "내겐 뇌가 있어요. 내겐 삶이 있어요. 그 누구도 뺏을 수 없어요."라는 가사가 나온다. 이 가사는 상황을 더 좋게 하려는 결심뿐만 아니라 실패와 상실의 감정을 표현한다.

마틴은 여름 강좌를 성공적으로 수강하였다. 마리화나를 끊었으며, 모든 수업에 참여하고, 필자를 매일같이 만났다. 여름 강좌를 수강하는 다른 학생과 생활하면서 친구들과 함께 밥을 먹고 어울렸다. 어느 날 밤, 그는 필자에게 전화해서 친구들과 술을 마시다가 클럽을 떠났다고 했다. 친구들은 춤을 추고 있었는데 춤을 못 추는 자신에게 함께 춤을 추자고 할까 봐 겁이 나서 그 상황을 벗어났다고 했다. 격려를 해 주자 클럽으로 다시 돌아가서 다리를 다쳐서 춤을 출 수 없다고 친구들에게 말했다. 다음날에는 스스로 대학 체육관 댄스 수업에 등록을 하였다. 정말로 그는 또래와 편안하게 상호작용하는 방법을 배우고 싶어 했다. 나중에 그는, "제가 여기에 처음 왔을 때는 얼간이 같았어요. 그것을 극복하는 데 많은 시간이 걸렸어요."라고 말했다.

마리화나를 끊고 ADHD 약물을 복용하면서 매일같이 필자를 만나던 마틴은 이전에는 할 수 없었던 방법으로 상황을 개선하고자 하는 강한 의지를 보였다.

두 달 정도였던 여름 방학이 끝나기 전 마틴, 부모, 필자는 마틴이 뉴헤븐으로 이사를 하여 근처 대학에서 전일제 학생으로 있으면서 ADHD 치료, 사회정서적 문제 해결, 학위 취득 문제를 해결할 것에 동의하였다.

ADHD 증상을 완화하기 위해서 메틸페니데이트 복용을 늘리기로 하였다. 하지만 메틸페니데이트의 효과가 크지 않았기 때문에 암페타민 복용을 늘리기로 하였다. 암페타민 복용이 다소 도움이 되었지만, 권장량 이상을 복용하였을 때에만 그 효과가 나타났다. 마틴의 신체는 이러한 약에 매우 민감하지 못해서 효과가 빨리 사라졌다. 결국 암페타민 복용량을 최대로 늘리기로 하였다. 즉, 하루를 시작하기 위해서 암페타민을 복용하고, 저녁에 해야 하는 과제와 활동을 돕도록 늦은 오후에 다시 암페타민을 복용하도록 하였다. 암페타민 복용은 환자의 나이와 몸무게에 따라서 복용량을 단순하게 결정하기보다는 특정 약에 대한 신체의 민감성을 고려해야 한다.

smart but stuck 과도한 사생활 보호 및 의존 공포증

필자의 사무실 근처 대학에서 전일제 학생으로 공부하면서, 마틴의 문제가 점차로 명확해졌다. 심리 치료를 위해서 필자와 마틴의 효과적인 협력 관계를 형성하는 과정은 매우 느리고 어려웠다. 상담 초기에는 솔직함을 보이기도 했으나 일상생활에서의 매우 사소한 정보와 자신의 감정에 대해 공유하는 것을 꺼렸다. 어느 날 그는, "저는 사생활을 적극적으로 보호하는 사람이며, 제가 그러한 사람인 것도 비밀에 붙이고 싶어요. 저는 많은 것을 숨기는 사람이지만, 사람들이 저를 그러한 사람으로 아는 것을 원하지 않아요."라고 웃으며 말했다.

때로 마틴은 자신감(종종 오만함에 가까움)을 버릴 수 있었고 버릴 의지가 있었지만 근원적인 어려움, 특히 불안감과 창피함을 보였다. 한때 그는, "드러내지는 않지만, 저는 나약한 사람입니다."라고 고백했다. 그리고 자세하게 말하고 싶지 않아 하며 더 이상 말하기를 꺼려했다. 다음날 아침, 그는 밤중에 특별한 이유 없이 수차례 토를 했다고 말했다.

마틴은 자신을 나약한 사람으로 설명할 때 물리적 강함에 대해 생각하지 않았다. 그는 키가 크고 몸이 건장한 젊은이였다. 마틴은 내면의 나약함에 대해서 이야기를 했는데, 낙담과 실패에 직면한 사람에게는 자신감과 희망이 필요하다. 여러 연구 결과에 따르면, 능력과 자신감은 다소 깨지기 쉬우며 교사, 부모 또는 동료로부터의 안 좋은 피드백이나 실패 경험에 의해서 쉽게 산산조각이 난다. 이러한 취약점은 매우 똑똑하지만 ADHD는 성공적으로 기능할 수 없을 것이라는 고정 관념을 가진 사람들에게 더 두드러지는 것처럼 보인다.[4] 마틴은 이러한 자신의 취약함을 인정하지 못하고 회피 반응을 보였다.

몇 년 동안 필자와 치료를 받은 마틴은 개인적인 정보를 공유하는 것을 매우 꺼렸지만, 간혹 스스로에 대해 공개를 하며 협조를 구하기도 했다. 이로 인해 필자와 마틴의 관계는 점차적으로 강화되었다. 마틴이 이전에는 개인적 감정이나 일상생활의 세부 사항을 많이 공유하는 관계를 지속적으로 가지지 못해 왔음이 명확해졌다. 그는 유아기부터, 그리고 가족 내에서도 일정 거리를 두는 관계를 지속해 왔기 때문에, 필자와의 집중적이고 지속적인 관계는 그에게 유례 없는 도전이었으며 유쾌한 일이 아니었다.

smart but stuck 완벽주의와 미흡한 계획성

마틴은 여름 방학에 두 과목을 수강했으나, 지금은 다섯 과목을 수강하고 있다. 그런데 두 과목에 너무 많은 시간을 할애한 나머지 다른 세 과목을 소홀하게 수강하고 있다고 말했다. 필자는 마틴에게 수업 필기 노트를 보여 달라고 했다. 많은 시간을 할애하는 두 강좌에 대한 노트 필기는 매우 철저하고 깔끔했다. 매 강의마다 필기를 세심하게 하였고 글자체도 완벽했다. 교과서에도 세심하게 필기를 하였고, 서식도 완벽하게 만들었으며, 인터넷에서 찾은 주요 다이어그램을 그려 넣기도 하였다. 노트 필기가 세심하고 자세하여 나중에 팔아도 될 것처럼 보였다. 하지만 소홀하게 수강하고 있는 세 과목에 대한 노트 필기는 매우 단편적이었고 깊이가 없었다.

이러한 불균형적인 행동에 대해 묻자 마틴은, "제가 곧바로 신중하게 무언가를 하지 못한다면, 그것을 전혀 할 수 없다는 거예요. 그냥 그럴 수밖에 없어요."라고 어깨를 으쓱하며 말했다. 그리고 수업 중 필기를 할 때 맞춤법이 틀리거나 여백에 실수로 적었다면, 그 장을 찢고 모든 것을 다시 적고 싶은 충동이 든다고 했다. 이와 유사한 충동 행동에 대해서도 덧붙였다. 그는 매년 크리스마스트리 아래 선물을 둘 때면 선물 간격을 아주 정확하게 하여 배치한다고 말하며 빙그레 웃었다. 그리고 아파트를 청소하고 정리하는 기간을 두어야 한다고 했다. 그는 "약간 강박증 같아요."라고 웃으며 말했다.[5]

매주 두 번 마틴의 학업 진행 사항을 점검하였다. 방향성이 적절하지 못했고 시간 배분도 효과적이지 못했다. ADHD 약물은 수업에 집중하고 과제를 읽고 준비하는 것을 도왔지만, 작업의 우선순위를 정하는 것을 돕지는 못했다. 종종 그는 자신이 흥미 있어 하는 과제에 몰입하고 제출일이 코앞인 다른 주요 과제에 집중하지 못했다. 해야 할 일을 달력에 신중하게 적어 놓겠다고 결심했지만 어려워했다. 필자가 도와주려고 하자, 스스로 하는 것을 배워야 한다며 화를 냈다.

smart but stuck 둔감한 사회성 및 정서적 인지 불능

학업 문제와 마찬가지로 마틴은 다른 사람과의 관계에서도 어려움을 경험했다. 그는 기숙사에 거주하는 대신에 필자의 사무실 근처 아파트에 살았다. 1년이 넘었지만 좀처럼 다른 학생을 만나거나 하지 않고 혼자서 시간을 보냈다. 친구와 교수들은 마틴이 똑똑하긴 하지만 사회성이 부족하고 다소 거만하다고 말했다. 그는 다른 사람들이 편하게 생각하는 수다 떨기나 기타의 상호작용을 참을 수 없어 했다. 다른 사람의 말을 중간에 끊으며, "저도 알아요."라고 말하였다. 종종 유머러스하지만 신랄하고 공격적인 유머를 하며 타인을 비꼬기도 했다.

마틴은 자신의 말과 행동이 타인에게 어떠한 영향을 미치는지 알지 못하는 것 같았다. 그는 사람들에게 전화를 걸겠다고 하고선 걸지 않는다거나, 수업 관련 회의에 참석한다고 하고는 나타나지 않거나 했다. 잊어버려서 그런 경우도 있고, 타인의 감정을 무시하기 위해서 그런 경우도 있었다.

한번은 마틴이 흥미 있어 하는 연구를 담당한 교수와의 사이에서 불미스러운 일이 생겼다. 교수와의 여러 차례 면담 후, 그는 연구 보조원이 되고 싶다고 했다. 연구 보조원 자리를 얻은 후, 훈련을 받고 연구 프로젝트를 시작하였다.

필자가 이 과제에 대해서 물었을 때, 마틴은 별다른 이야기를 하지 않았다. 그러나 몇 주 후 그는 그동안 일하러 가지 않고 교수의 연락을 피했다고 고백했다. 아무런 연락 없이 일하러 가지 않는 것이 해당 교수와 타인에게 어떠한 영향을 미칠 것인지에 대해 이야기를 나누었다. 그리고 교수와의 관계를 개선시킬 수 있는 방법에 대해 이야기를 나누었지만, 그는 교수와 대화하는 것을 너무 창피해했다.

연락을 회피하는 마틴의 방법은 가족 내 문제 해결 방법이기도 했다. 그는 가족과 이야기를 거의 하지 않았으며 연락하지도 않았다. 가끔 부모가 전화를 하면 짧게 통화하거나 전화를 받지 않고 음성 메시지를 남기도록 했다. 때로는 가족에 대한 내재적 우려가 가시적으로 드러날 때도 있었다. 여동생이 학교생활에 어려움을 겪고 있을 때 통화할 일이 있었는데 이를 힘들어했다. 그리고 며칠 동안 할머니와 대화를 즐겁게 하였음에도 할머니가 넘어져서 치매 증상이 나타났다는 말을 듣자 당황하며 말하기를 꺼렸다.

사생활 정보, 특히 약점으로 보이는 사실이나 정서를 드러내지 않으려는 마틴의 성향은 유년기 때의 경험이 성인기에 미치는 영향력에 대해 설명해 준다. 애착 연구가 존 볼비(John Bowlby)는 유년기와 청소년기의 경험을 통해서 각 개인이 타인에게 어떻게 비추어지고 다루어지는지에 대한 특정 기대치를 개발한다고 설명하였다. 이렇게 형성된 기대치는 수년에 걸쳐 큰 변화 없이 지속된다. 이런 오래된 기대치에 입각해서 새 친구, 교사, 애인, 배우자 등과 상호작용을 하는데, 현 상황에 적절하지 않을 수 있다.[6] 자기 성취적 예언을 만들어 새로운 관계 형성을 심각하게 방해할 수 있기 때문이다. 이는 옛 동네 지도를 가지고 새 동네를 탐색하는 것과 같다.

유년기와 청소년기부터 지속된 오래된 상호작용 패턴을 지속할 경우, 마틴은 상호작용 경험이 적기 때문에 문제가 심각해질 수 있다. 또래 우정의 주요 기능 중 하나는 자신과 가족을 서로 비교하는 것이다. 친구 집에 자주 방문하면서 친구와 부모와의 상호작용(예: 어떻게 논쟁하고 애정을 표현하는지, 친구에 대해 어떻게 이야기하는지, 무엇이 허용되지 않고 무엇에 대해 처벌을 하는지)을 관찰한다. 이러한 관찰과 우리 가족을 관찰하는 것을 통해서 우리 가족이 상호작용하는 방법이 유일한 것이 아니라는 것을 알게 해 준다. 이러한 경험을 통해서 친밀한 관계에서 생각하고 행동하는 대안적인 방법을 깨닫고 왜곡된 것을 바로잡음으로써, 우리 자신과 부모를 재평가할 수 있는 지속적이고 폭넓은 관점을 제공해 준다.[7]

마틴은 성장 과정 중에 친밀한 관계의 혜택을 누리지 못했다. 그는 유년기와 청소년기에 가족 내에서 형성된 기대 역할과 행동 패턴에 갇혀 있었다. 모욕감을 피하기 위해서 아버지와 상호작용을 할 때 가졌던 조심성과 거리감을 필자와 타인에게도 보였다.

초기 또래 관계의 중요성은 뉴질랜드 연구자가 9년 동안 1,000명 이상 아동을 대상으로 실시한 집단 연구에 의해 입증되었다. 이 연구에 따르면, 9세 즈음에 또래 관계에 문제가 있었던 아동은 유년기에 또래와 잘 어울렸던 아동과 비교해서 학교와 직장에서 성공적으로 생활하기 힘들었다. 9세 무렵에 또래에게 거부당했던 경험이 있는 아동은 그렇지 않은 아동에 비해서 학교생활을 잘하지 못하였으며, 타인에게 공격적이었고, 적절한 사회성 기술을 보이지 못했다. 9세 무렵 또래 관계에 성공적이지 못했던 약 10%의 아동은 실업자가 될 가능성이 다섯 배나 높았다.[8]

대인 관계에서 나타나는 이러한 지속적인 문제 패턴은 수정될 수 있지만, 깊이 배어 버린 패턴을 변화하기 위해서는 전문적인 치료를 집중적이고 장기적으로 받아야 한다. 이러한 문제를 만성적으로 지니고 있는 사람은 현 관계가 이전 관계와 유사하게 보이기 때문에 두 관계가 어떻게 다른지를 배우는 것이 쉽지 않다.

smart but stuck 정서의 고정성 및 회피 행동

마틴의 회피 행동이 극에 달하면 '동면' 상태가 되었다. 예를 들어, 그는 아파트에서 두문분출하며 전화를 받지 않고, 대부분의 시간을 잠을 자며 수업에 결석하고 일을 하지 않았다. 이런 경우가 수차례 반복되어 필자는 마틴을 만나기 위해서 아파트를 직접 방문해야 했다. 이 기간 동안에 그는 무기력하고 우울해하며 짜증이 많았다.

처음에 마틴은 특별한 이유 없이 이러한 회피 행동을 한다고 했다. 그는 턱의 떨림, 구역질, 구토, 극단적 피로감을 반복적으로 경험하면서 정서적 피해도 간접적으로 받았다. 걱정을 하거나, 극도로 의기소침하거나, 자신이 초래한 상황을 부끄러워하였다. 예를 들어, 읽기 과제를 하지 않아서 중요한 시험에 대비를 못하거나 준비하지 않은 과제의 제출일이 다가오면 불현듯 낮은 성적을 받을 것임을 직관했다.

마틴은 스트레스 상황에서 자기파괴적인 행동을 하고 무의식적인 정서가 강렬할 때, 우울감과 회피 정서에 의해 자신이 마비되는 성향을 점차 깨닫기 시작했다. 그러나 그는 웃으며, "선생님의 심리적 이론일 뿐이에요."라고 말하며 이를 부인했다. 자신이 공포감, 수치심, 실패에 취약하다는 사실을 쉽게 인정할 수 없었다.

smart but stuck 마리화나의 재복용 및 상호작용의 증가

새로운 대학에서 1년을 보내고 난 여름, 마틴은 친구를 사귀었다. 그들은 모두 매일같이 마리화나를 피웠고, 그들 중 일부는 하루에 수차례씩 마리화나를 피웠다. 그들과 어울리기 시작하면서 마틴도 다시 마리화나를 정기적으로 피우기 시작했다. 이전 대학에서 2년간 마리화나를 과다하게 피웠던 행동을 다시 보였다.

마리화나 복용은 마틴의 학업 성취에 위협이 되었지만 이전과는 다른 양상을 보였다. 마리화나를 하면서 타인과 어울리기 시작했다는 것이다. 마리화나를 피우면서 긴장감이 풀어지면, 또래와 이야기하거나 농담하고 친구들의 과거와 현재 경험에 대해 들으며 자신의 경험을 공유하는 것을 즐겼다. 또한 처음으로 여자 친구와 데이트를 하기도 했다. 그는 보다 성숙하고 나이에 어울리는 방식으로 또래와 상호작용하기 시작했고, 그것을 자랑스럽게 여겼다. 여자 친구와 사귀기 시작한 것에 대해서는, "자긍심 향상에 도움이 정말 많이 되었어요."라고 말했다.

마리화나의 과다 복용은 상호작용에 긍정적인 영향을 주었음에도 불구하고 학업 성취에는 안 좋은 영향을 미쳤다. 마틴은 걱정해야 할 필요가 있는 문제까지도 걱정을 충분하게 하지 않았다. 정기적으로 수업에 참여하고 과제를 하는 것이 중요함을 느끼지 못했다. 이러한 문제가 마리화나의 과도한 복용으로 인한 것이라고 말하자, 그는 마리화나 복용과는 전혀 상관이 없으며 읽기와 과제를 준비하는 것에 무심하기 때문이라고 했다. 하지만 졸업을 하기 위해서는 마리화나를 줄여야 함에 동의했다. 마리화나를 줄이는 것은 쉽지 않은 일이었다.

마리화나가 불안감을 줄여 준다는 연구가 상당히 많다. 그러나 매주 수차례 마리화나를 만성적으로 복용하는 사람들은 '동기 저하 증후군', 다시 말하면 "글쎄, 좋으실 대로!"와 같은 무심한 자세를 보인다고 한다. 이러한 자세는 노력을 약화시키며, 약속 불이행에 대한 결과를 인지하지 못하게 한다. 그리고 이러한 자세는 동기 유지에 중요한 정서를 방해한다. 이는 청소년과 성인을 대상으로 하는 만성적인 마리화나 흡연자들의 자기 보고 및 실험 연구에서도 나타났다. 마리화나를 1개월 혹은 그 이상 피우지 못했을 경우, 만성적 마리화나 흡연자들은 주의 집중, 과제 처리 속도, 작업 기억, 다른 실행 기능에서의 미세한 손상을 지속적으로 보였다.[9]

마리화나의 주요 구성물인 THC의 과다 복용은 인지 기능을 심각하게 손상하는 경향이 있다.

그러나 마리화나가 인지 기능에 미치는 영향에 관한 연구를 살펴보면, 모든 수준의 마리화나 흡연이 동등한 수준의 손상을 초래하지는 않는다. 마리화나의 주요 구성물인 THC를 과다 복용하면, 인지 기능이 심각하게 손상되는 경향이 있다. 다시 말하자면, 손상은 마리화나의 복용량과 관련이 있는 것

이다. 마리화나를 정기적으로 피우는 사람 중에서 보통 또는 많은 양의 마리화나를 피우는 사람으로 분류하여 비교한 결과, 소량으로 마리화나를 피우는 사람이 많은 양의 마리화나를 피우는 사람들보다 인지 손상이 훨씬 적었다. THC를 과다하게 복용하고 담배를 피우면, 의사 결정, 협응 운동이 중요한 인지-운동 과제(예: 운전)에 많은 손상을 초래한다.[10]

마틴은 매일은 아니더라도 마리화나를 자주 피움으로써 ADHD 문제가 심각해지고 공부에 방해가 됨을 깨달았다. 하지만 마리화나 피우는 것을 줄이기가 매우 어려웠다. 마리화나를 피우면 긴장이 완화되고, 스트레스를 유발하는 정서(예: 새로운 상황에서 느끼는 부끄러움, 또래와 어떻게 상호작용해야 하는지에 대한 불확실성, 스스로 예측한 자아상에 갇힘, 과도한 완벽주의 추구, 당혹감이나 부끄러운 정서가 지속됨)가 줄어들었다. 하루라도 마리화나를 피우지 않으면 이러한 불편한 정서가 커져서 짜증을 더 내거나 기분 변화가 심해졌으며 흡연 충동을 느꼈다.

마틴은 치료 초반 과제 제출 전이나 별다른 준비를 하지 못한 과목의 시험을 치루기 전에 마리화나를 과하게 피웠다. 그는 타이밍 문제를 인정하지 않으려고 해도 과도한 마리화나 흡연의 문제성을 깨닫고 스스로와 타인에게, "마리화나를 과하게 피지 않았으면 시험을 더 잘 볼 수 있었는데(과제를 더 잘 할 수 있었는데)…."라고 말했다. 명백한 패배를 인정하는 것이 두려워지면 일말의 자존심을 보호하기 위해서 이와 같이 말했다.[11]

마틴은 과하게 마리화나를 피우는 것이 학교생활에 미치는 부정적인 영향력을 깨닫게 되면서, 흡연 가능 시기와 흡연 제한 시기에 대해 알고자 했다. 소변 검사를 정기적으로 받으면서 마리화나 중독자 모임에도 참가했다. 마리화나 복용을 통제할 수 있게 되었지만, 가끔은 학업에 영향을 미칠 정도로 마리화나를 과도하게 피우기도 했다. 이러한 행동은 마리화나가 주는 쾌락뿐만 아니라 불안감, 불편한 정서를 효과적으로 다루는 방법을 잘 알지 못하는 것에서 기인한 것 같았다.

몇 년 동안 대학 성적이 꽤 고르게 나왔다. 스스로가 중요하다고 생각하거나 재미있는 교수의 수업에서는 A나 B 학점을 받았다. 그리고 준비를 신중하게 하지 못했지만 시험을 잘 볼 수 있을 만큼 영리한 그는 그 외 일부 과목에서도 나쁘지 않은 학점을 받을 수 있었다. 그러나 어떤 과목의 경우에는 중요한 과제를 제출하지 못한다거나 수업 일수를 채우지 못해서 학점을 취득하지 못한 경우가 있었다. 이러한 과목 간에 학점 편차가 있었지만, 전체 학점은 C 이하로 내려가지 않았다. 물론 그의 잠재력에 비하면 낮은 성적이긴 했지만 꽤 괜찮은 성적을 유지할 수 있었다.

2학년이 된 마틴은 남녀 친구 7명과 함께 생활하는 집으로 이사했다. 그러면서 일상생활에서의 좌절과 즐거움뿐만 아니라 학교 공부 요구를 충족시키거나 그러지 못하는 다양한 사례를 처음으로 볼 수 있는 기회를 가졌다. 그는 누가 공부를 열심히 일관되게 하는지, 누가 모든 것을 망쳐 버리는지, 누가 집을 돌보는 책임을 공유하고 있는지, 누가 타인에게 재정적 부담을 떠넘기는지, 누가 분위기를 띄우거나 가라앉게 하는지 등을 관찰했다.

이러한 공동체 생활은 또래들이 다양한 스트레스 상황(예: 여자 및 남자 친구와의 사귀기나 결별, 교수와의 상호작용, 돈 관리, 가족과의 상호작용)에서 어떻게 여러 가지 방법으로 대처해 나가는지를 마틴이 배울 수 있도록 기회를 제공했다. 그는 피드백을 친절하게, 때때로 불친절하게 제공하는 방법을 알아냈다. 이 모든 것들이 가치 있는 교훈으로, 아동기와 청년기에 타인이 어떻게 일상생활에서 책임감 있게 행동하고 스트레스를 처리하는지 면밀하게 살펴볼 기회가 없었던 마틴에게는 특히나 중요했다.

마틴은 친구들 가운데 지도자와 지지자로 성장하였다. 집주인과 문제가 있었을 때, 반응 책을 고안한 뒤 필요한 협상을 실시했다. 한 친구가 약물 과다 복용으로 심각한 정신 이상이 왔을 때, 그 친구를 진정시키고 가족과 연락하여 적절한 치료를 받을 수 있도록 했다. 또 다른 친구가 남자 친구에게 실연을 당한 후 심각한 우울증에 힘들어했을 때, 몇 주 동안 많은 시간을 할애하여 그녀를 도왔다.

친구들과 함께 생활하는 다양한 혜택에도 불구하고 어려움도 경험했다. 두세 명 이상의 친구들은 약물 중독자로, 마리화나를 과하게 피우거나 다른 약물을 복용했다. 마틴은 마약을 과도하게 피우지는 않았으나, 마리화나 사용을 통제하는 데 여전히 어려움이 있었다. 통제가 가능할 때는 공부가 가능했지만, 통제가 불가능할 때는 학점을 잘 받지 못했다. C 학점을 유지하긴 하였지만 전공 필수 두 과목을 이수하지는 못했다.

smart but stuck 기회 손실에 대해 인지하고 새로운 태도를 가짐

마지막 학년이 된 마틴은 평균 C 학점이 졸업에 부족한 학점임을 인정할 수밖에 없었다. 게다가 전공 필수 두 과목을 만족스럽게 수강하지 못했기 때문에, 학위를 받으려면 1년을 더 다녀야 했다. 마틴은 의기소침해졌다. 그는 "학사 학위를 받는 데 7년이 걸릴 거예요. 엉망인 학점으로 졸업해서 무슨 소용이 있죠?"라며 애통해했다. 그리고 책임을 다하지 않은 자신에게 부모가 1년치 등록금을 더 내주실지 의아해했다. 그는 "수년 동안 부모님께서는 제게 많은 기회를 주셨어요. 기숙 학교와 대학도 보내 주셨고, 현재 다니고 있는 대학도 보내 주셨죠. 하지만 저는 많은 기회를 망쳐 버렸어요! 제가 받은 많은 것을 적절하게 사용하지 못했어요."라고 말했다. 죄책감과 우울감으로 약해진 그는 학위 취득을 포기하고자 했다. 그러나 몇 주 동안 방황을 한 뒤 해야 할 일을 하기로 다짐했다.

마지막 1년간의 대학 생활은 마틴에게 여러 가지 의미에서 중요했다. 그는 흡연을 과도하게 하는 친구들과 함께 사는 것을 피하기 위해서 이사를 했고, 자신을 유혹하지 않을 거라는 확신이 드는 다른 한 친구와 함께 살았다. 거의 매일 체육관에 가서 운동을 함으로써 체력 관리를 하고 스트레스를 해소했다. 그리고 최근 대학을 졸업하고 전일제 직장을 잡은 한 여성과 만족스러운 관계를 만들어 가고 있었다. 그는 여자 친구를 책임감이 강하고, 배우고 싶은 열망도 강하며, 삶을 즐길 줄 아는 사람이라고 생각했다.

마틴은 학위 취득이 주는 혜택에 대해 깨닫게 되면서 보다 진지하게 과목을 수강하게 되었다. 마지막 순간에 과제를 하거나 시험을 준비하는 버릇을 완전히 고치지는 못했지만, 출석과 과제 제출일에 신경을 썼고, 또래처럼 효과적으로 공부하였으며, 자신의 실력에 준하는 높은 학점도 받을 수 있었다.

여러 가지 기능이 개선된 이유를 알아내는 것은 쉽지 않았다. 5년간의 치료 기간을 포함하는 약 7년간의 대학 생활 후에, 마틴은 뒤늦게 급격한 성장을 한 것으로 보였다. 마틴은 자신의 성장을 정말 존경하고 가까이하고 싶어 했던 첫 여자 친구와의 관계에서 기인한 것으로 생각했다. 여자 친구와의 관계를 통해서 그는 정서적이고 육체적인 친밀감을 키울 수 있었다. 이 관계를 통해서 상당한 만족감과 애정 어린 보호를 받았을 뿐만 아니라, 성인 수준의 상호작용 기술을 배우고 자부심을 향상시킬 수 있었다. 그리고 여자 친구와 그녀의 가족들과 시간을 보내면서 다른 가족과 상호작용하는 또 다른 방법에 대해 관찰할 수 있었다.

다른 요인들도 마틴의 성장에 확실히 도움이 되었다. 일부 교수들이 마틴에게 준 압박, 지원, 생각, 영감은 매우 유용하였다. 그리고 학업과 치료에 대한 부모의 경제력, 인내심과 같은 정서적 지원도 중요한 역할을 하였다. 또한 5년간 이루어진 필자와의 치료도 도움이 되었을 것이다.

200명이 넘는 ADHD 아동에 대한 연구 결과, 자기 관리를 지원하는 뇌 연결 체제가 2~5년 후에도 대다수의 또래보다 완전하게 발달하지 않았다.

또 다른 요인은 뇌 발달과 관련한다. 200명이 넘는 ADHD 아동의 뇌 이미지를 살펴본 결과, 자기 관리를 지원하는 뇌 연결 체제가 2~5년 후에도 대다

수의 또래보다 완전하게 발달하지 않았다. 이러한 뇌 성숙의 차이는 모든 부분에서 나타나지 않았으며, 인지 과정의 통제 및 계획에 중요한 뇌 부위에서 나타났다.[12] 마틴이 자신의 강력한 지적 능력을 효율적으로 사용하기 위해서 자신을 통제하는 능력이 뒤늦게 나타난 것은 또래에 비해 뇌 구조가 성숙하는 데 더 많은 시간이 필요했기 때문이다. 흥미롭게도 마틴의 아버지는 자신도 '약하고 게으른' 학생이었지만, 마틴과 비슷한 나이에 강하고 근면한 학생으로 변화했다고 말했다.

졸업을 하기 위해서 마틴은 작업 윤리와 효율성을 강화할 필요가 있었으며, 자신의 정서를 인지해야 했고, 타인과 보다 민감하게 상호작용할 필요가 있었다. 그는 5년 동안 많은 좌절과 실패를 경험한 후, 눈에 띄는 성장을 이루었다. 학사 학위를 받은 마틴은 열심히 공부해서 좋은 성적을 받았던 프로그램의 석사 과정에 입학한 뒤 보편적인 학위 취득 기간인 2년 내에 졸업하였다.

마틴에게 도움이 된 것

- 전일제 학생으로 공부하며 받은 집중 심리 치료
- 마리화나 끊기
- 실패에 대한 수치심, 방어적인 빈정거림, 중독에 대한 거부, 사회적 상호작용 회피, 어설픈 계획, 완벽주의에 대한 집중적인 이야기 치료
- 또래와 살며 점진적인 우정 형성
- 자극제에 대한 극단적 둔감성을 다루기 위한 약물 조절
- 수치스러운 실패 경험을 딛고 노력을 지속할 수 있도록 점검하고 지원

Smart But Stuck

05 사라

"25년간 결혼 생활을 해 왔으며 3명의 자녀를 두었고, 저널리스트로 일한 경험이 있어요. 그러나 우선순위를 정하여 일을 하거나 일을 지속하지 못하여 해고당했어요. 폐경기 이후 일을 지속하거나 마치는 데 어려움이 있어요. 최근 이러한 어려움의 정도가 더 심해졌어요."

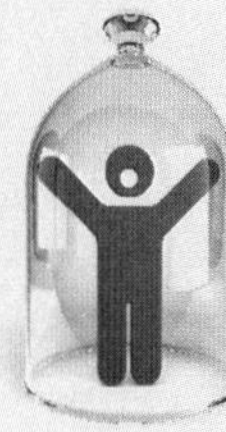

– 50세 전업 주부

사라는 해고 경험이 없었다. 대학 졸업 후 주간 신문사와 지역 라디오 방송국 작가로 일했다. 이후에는 유명한 일간신문 기자로 일하며 재능 있고 생산적인 저널리스트로 인정받았다. 남편이 다른 주로 발령을 받아서 이사를 하기 전까지 사라는 10년 동안 그곳에서 일했다. 이사 후 사라는 첫 아이를 임신한 뒤 전업주부가 되기로 했다.

사라는 자녀들을 양육하고 교회와 지역 사회 활동에서 지도자로서의 역할을 20년 이상 해 왔다. 막내가 고등학교를 졸업한 뒤에는 두 자녀의 학비를 내기 위해서 전일제로 일하기로 하였다. 사라는 주간신문사 기자로 일하기로 마음먹은 뒤 바로 취직이 되었다. 저널리스트 일에 열정을 품었지만 20년 공백 기간이 있은 뒤라 이전보다 훨씬 어렵게 느껴졌다.

하루 종일 반복되는 잦은 전화 통화 때문에 일에 집중할 수 없었고, 과제의 우선순위를 정하며 시간을 효율적으로 사용하지 못했다. 마감 시간까지 일을 끝내지 못하는 경우가 종종 있었고, 이 때문에 편집장으로부터 호된 비판을 들어야 했다. 좌절과 굴욕감을 느낀 사라는 편두통을 경험하기 시작했다. 3개월이 되었을 때 사라는 가족의 정서적 지원에도 불구하고 직무 스트레스를 참을 수 없어 사직서를 제출하였다.

저널리스트 일에 두려움을 느낀 사라는 지역 사회 대학에 등록하여 변호사 보조원 자격 과정에 등록하였다. 사라의 작문 능력과 오랜 시간을 투자한 끝에 4.0의 학점을 얻을 수 있었다. 자격시험에 합격한 뒤 이웃 마을 변호사의 보조원으로 일할 기회를 갖게 되었다. 사라는 지역 사회 대학을 우수하게 졸업하긴 했지만, 새 직장에서의 여러 가지 요구 사항에 고군분투하며 불안정한 생활을 해 나갔다. 많은 실수를 하였고, 실수에 대한 공포감과 불안감이 고조되었다. 변호사는 그녀의 시간 관리 기술과 시간 내에 일을 처리하지 못함을 심하게 나무랐다. 3개월 후 변호사는 사라에게 건망증이 심하고 무질서하며, 바쁜 변호사 사무실에서 일하기에 너무 느리다고 말하며 해고하였다. 해고된 지 2주 후 그녀는 초기 상담을 위해 필자의 사무실에 방문하였다.

사라는 심각한 고민 끝에 상담을 신청했기 때문에, 전날 잠을 거의 자지 못했다고 했다. 그리고 "차라리 ADHD였으면 좋겠어요. 알츠하이머 초기 증상이라면 더 무섭잖아요!"라고 말했다.

사라는 직장을 갖기 위한 자신의 이야기를 하면서, 20년 전에 했던 일보다 훨씬 쉬운 일을 하지 못해서 느꼈던 당혹감과 수치심에 대해 강조하였다. "과제를 시작하는 데 너무 오랜 시간이 걸리고, 매 단계에서 집중하지 못하고 빗나갔어요. 저는 끊임없이 화재 현장을 진압하는 것 같았었어요. 이쪽에 불을 끄면 저쪽에 불이 붙는 불꽃을 발견해야 했어요. 우선순위가 무엇인지 잘 알지 못했고, 상사가 지시한 것을 바로 적지 않으면 바로 잊었어요. 고작 쉰 살밖에 안 됐는데, 기억력이 너무 나빠요!"라고 말했다.

사라의 상태는 일반적인 노화 현상으로는 보이지 않았다. 왜냐하면 건강 상태가 양호해 보였으며, 꽤 활기차고 에너지가 넘치는 것으로 보였기 때문이다. 그리고 매년 채소와 화원을 가꾸고 있었고, 주 2~3회 수 마일의 거리를 달렸으며, 독서량도 방대했고, 좋은 친구들과 즐거운 시간도 보냈기 때문이다. 그러나 이러한 활동에 대한 사라의 열정은 몇 년 사이 급감하였고, 우울감이 증가하였으며, 항상 해 왔던 일만을 지속하게 되었다.

smart but stuck 중년기 유사 ADHD 증상

사라가 이전에 ADHD 증상을 보인 적이 있는지 알기 위해서 학창 시절에 대해 물어보았다. 사라는 고등학교 시절 평균 B 학점을 받았으며 몇 개의 대학과목선이수(AP) 과목을 들으며 학창 시절을 보냈다. 고등학교 이후에는 의과대학에 가기 위해 유명 대학에 들어갔다. 수학과 과학 과목에서는 어려움을 느꼈지만 읽기와 쓰기에서 강한 흥미를 보였다. 그래서 교내 신문과 문학잡지 활동을 하였고, 학위를 마친 뒤에는 저널리즘 관련 직업을 갖기로 하였다. 그녀를 아는 어떤 교사도 사라가 과제를 조직화하고 완성하는 데 어려움을 보인다고 말하지 않았다.

현재 기능 평가 결과, 사라에게 ADHD인이 경험하는 실행 기능에서의 심각한 손상 증상이 있음을 발견하였다.

- 긴급 상황이 되기 전까지는 과제를 시작하는 데 어려움을 가진다.
- 큰 흥미가 없는 과제에 오랜 시간 집중하는 것이 불가능하다.
- 급한 일을 목전에 두고 중요하지 않은 일을 하는 데 많은 시간을 쏟아서 과제에 대한 우선순위를 정하지 못한다.
- 종종 한 과제에 빠져서 그것을 잠시 옆으로 밀어 놓거나 주의를 요하는 다른 것을 할 수가 없다.
- 빨리 마칠 수 없는 과제를 하는 데 지속적인 노력을 쏟지 못한다.
- 오래전 기억, 즉 특정 장기 기억력은 강하지만 단기 기억력은 매우 나쁘다.

- 최근 몇 년 동안 자신이 잘 아는 사람의 이름과 특정 생각을 표현하기 위한 단어가 잘 기억나지 않는다.

사라의 증상에 대한 이야기를 듣고, 성인 ADHD 증상 평정 척도를 실시하였다.[1] 이 척도는 총 40문항으로, 0~120점이 나올 수 있다. 50점 이상의 점수가 나오면 ADHD일 확률이 높다고 하는데, 사라는 무려 93점이 나왔다. 사라는 성인 ADHD인이 보이는 다양한 실행 기능의 손상을 높은 수준에서 만성적으로 나타냈다.

표준화된 언어 기억력 검사도 실시하였다. 먼저 각각 25개의 단어를 포함하는 짧은 두 개의 이야기를 읽어 준다(특정 사실을 전달하는 단어 모둠). 각 이야기를 읽어 준 즉시 사라에게 그 이야기를 다시 들려 달라고 하였다. 그리고 20분이 지난 후, 그 이야기를 다시 읽지 않은 상태에서 기억나는 대로 내용을 말해 달라고 하였다. 이를 통해 사라의 즉각적 및 지연적 회상 능력을 또래와 비교하여 알 수 있었다.

사라의 즉각적 회상 능력은 37퍼센타일, 즉 그녀보다 낮은 점수를 받은 사람의 비율이 63%로 나왔다. 그러나 20분이 흐른 뒤 그녀보다 낮은 점수를 받은 사람의 비율이 84%로 나왔다. 대부분 사람들의 언어 기억력 검사 점수는 성인 웩슬러 지능 검사에서의 언어 이해력 점수에 가깝다. 하지만 사라는 IQ 점수가 2퍼센타일이 나왔지만, 다른 많은 ADHD인과 마찬가지로 즉각적 이야기 회상 능력에 어려움을 보였다.[2]

사라가 어렸을 때에는 ADHD 증상이 뚜렷하게 나타나지 않았다. 최근 갱년기가 시작되면서 ADHD 증상이 나타났다.

사라가 젊었을 때에는 ADHD 증상이 뚜렷하게 나타나지 않았다. 최근 들어 언어 작업 기억력 수행에서 ADHD 증상이 나타났다. 이러한 증상은 갱년기 즈음에 나타나기 시작하였다.

ADHD 증상의 발현 시기

정신 병리학 진단 매뉴얼에 따르면, 적어도 일부 증상들이 7세 이전에 두드러지게 나타나야 ADHD로 진단된다. 이는 ADHD를 유아기 발달 장애로 보는 초기 개념에서 비롯된 것이다. 최근 수정된 매뉴얼에서는 일부 관련 증상들이 12세 이전에 충분하게 나타나야 ADHD로 진단된다고 한다.[3] 최근 정의가 좀 더 낫기는 하지만, 여전히 이 정의도 최소한의 일부 증상이 사춘기 또는 그 이전에 명백하게 나타나야 한다고 한다.

일부 ADHD인은 자신의 실행 기능 능력에 대한 도전이 증가하는 성인기 스트레스를 경험하면서 비로소 명백한 증상을 보이게 된다.

ADHD 증상이 아동이나 어린 시기에 나타난다는 전제에는 기본적인 오류가 있다. 왜냐하면 ADHD인이 보이는 실행 기능 손상을 지원하는 뇌의 구조는 10대 후반이나 20대 초반까지 완전하게 성숙하지 않기 때문이다. 비록 일부 ADHD인은 아동기에 명확한 증상을 보이기도 하지만, 많은 이들은 청소년기와 성인기 초반기의 자기 관리 과제가 증가하면서 명확한 증상을 보인다. 어떤 아동은 초등학교에 다닐 때는 우등생이다. 왜냐하면 한 명의 교사가 하나의 교실에서 대부분의 실행 기능 과제를 수행해 주기 때문이다. 그러나 중·고등학생이 되면서 여러 교실을 이동하며 여러 명의 교사에게 수업을 받고 스스로를 관리하는 데 더 많은 책임감이 증가하게 되면서 ADHD 진단 기준에 부합되게 된다. 또는 성인기가 되어서 극심한 스트레스를 경험하게 되면서 실행 기능에 어려움을 갖게 될 때 비로소 ADHD 증상이 나타날 수도 있다.

ADHD와 관련한 실행 기능 손상의 뒤늦은 발견은 심전도(electrocardiogram: EKG) 검사에 비교될 수 있다. 조용하게 누워 있을 경우에는 균형 잡힌 심전도를 보일 것이다. 하지만 런닝 머신에서 뛰고 있을 경우에는 격렬한 운동으로 인해 심장 기능이 도전을 받기 전까지만 눈에 띄지 않는 폐쇄 동맥을 보일 것이다. 이처럼 심장 혈관 시스템 또는 인지 기능에서의 심각한 문제는 시스템에 대한 요구가 증가하여 개인에게 도전이 될 때 눈에 띄게 된다.

한 연구에서는 ADHD에 대한 모든 기준을 완전히 충족시킨 성인 집단을 판별하였다.[4] 연구자들은 이 집단과 '7세 이전에 일부 증상을 명백하게 보임' 기준을 제외한 ADHD의 모든 기준을 완전히 충족시킨 성인 집단을 비교하였다. 그 결과, 실행 기능의 손상 수준, 정신 장애 패턴, ADHD 친척의 수에서 차이를 보이지 않았다. 다음 연구에서는 두 집단 간의 인격 특성에서도 차이가 나지 않음을 밝혔다.[5] 이러한 연구들은 ADHD의 주요 증상이 7세 이전에 명확하게 나타나지 않음을 지지한다.

smart but stuck 동반 장애

다른 ADHD인과 마찬가지로 사라는 또 다른 신경심리학적 문제를 보였다. 상담을 시작하기 전, 사라는 경우울증(Dysthymia)이 있었다. 경우울증이란 낮은 우울감이 만성적으로 나타나는 현상에 대한 의학적 용어이다. 이 우울증은 일상생활을 하고 잠자고 먹는 것에 커다란 어려움이 없으며, 자살 충동을 느끼지도 않는다. 일반적으로 경우울증을 가진 사람은 대부분의 일상 과제를 완수하지만, 거의 매일 우울감을 느끼며 활력과 자존감이 낮다. 이전에 즐거움을 느끼던 활동을 하면서도 즐거움을 거의 느끼지 못하고, 보통 매우 흥미로운 일을 할 때에만 이러한 우울감에서 벗어날 수 있다.[6] ADHD인이 치료를 받지 않을 경우 이러한 경우울증을 갖게 된다. 즉, 그들은 치료를 받지 않거나 부적절하게 치료를 받을 경우 좌절과 스트레스에 대한 반응으로 이러한 우울감이 나타난다.

치료를 받지 않거나 부적절하게 치료를 받을 경우 좌절과 스트레스에 대한 반응으로 우울감이 나타난다.

사라의 경우울증은 다시 시작한 신문사 일을 그만둔 직후부터 시작되었다. 즉, 사라가 저널리스트로서의 일을 그만두고 대신에 변호사 보조원으로 일하기로 한 후부터 시작되었다. 경우울증은 사라가 20년 전에 성공적으로 해 왔던 저널리스트로서 일할 수 없음을 경험함으로써 느꼈을 실망감과 좌절감에 대한 반응으로 이해될 수 있다.

정서적인 스트레스를 경험하면 경우울증이나 다른 심리적 장애가 생길 수 있다. 종종 스트레스는 다층적 특성을 지니고 있어서, 하나의 스트레스가 또 다른 스트레스로 인해 강화될 수 있다.[7] 사라가 저널리스트 복귀를 꿈꾸었으나 실패하였을 때, 자녀는 대학 입시 준비 중이었다. 대부분의 부모는 자녀의 대학 입학으로 안도감과 자유를 만끽하지만, 동시에 빈 둥지 증후군을 경험하며 상실감을 느끼기도 한다.

20년 동안 사라는 자녀와 거의 매일 상호작용을 해 왔다. 매일 아침 자녀를 깨우고, 음식을 준비하며, 학교와 사회 활동을 점검하고, 안내를 해 주었다. 그리고 규칙 준수를 독려하고, 자녀의 발자취와 목소리, 음악을 귀담아들으며, 일상생활에서의 기쁨과 슬픔을 공유해 왔다. 현재 사라는 이러한 것들을 잃고 있는 과정에서 슬픔을 느낀다. 이러한 슬픔에 더해서 저널리스트로 일할 수 없게 되자 사라는 더 큰 스트레스를 경험하게 된다.

이러한 스트레스의 중첩으로 인해 사라의 경우울증이 유발되었지만 이것이 사라의 모든 인지적 손상을 설명하지는 않는다. 경우울증은 종종 주의 집중 문제를 유발하지만 일반적으로 기억, 조직화, 우선순위 등의 더 큰 문제를 유발하지는 않기 때문이다.

smart but stuck 폐경기 및 중년기에서의 ADHD 증상

사라의 학교, 직장, 기타 생활에 대해 사라와 남편에게 물었을 때, 그들은 이전에는 ADHD 주요 증상을 보이지 않았다고 했다. 주의 집중, 계획, 기억하는 것에 종종 문제를 보였지만 다른 사람과 마찬가지 수준이었다. 필자에게 상담을 의뢰한 시점인 50세가 되기 2년 전까지만 해도 만성적이거나 심각한 정도가 아니었다. 사라의 실행 기능 장애는 중년에 시작된 것이다.

주의 집중과 기억력 문제로 인해 필자의 사무실을 찾은 중년 여성은 비단 사라뿐만이 아니었다. 자신감 넘치고 성공적이고 고학력자인 의사, 변호사, 과학자, 교수, CEO 여성들이 40대 중후반과 50대 초반에 시작된 인지적 어려움 문제로 인해 필자에게 상담을 요청하였다. 이들은 사라가 보인 걱정과 동일한 걱정을 내비치며, "ADHD인가요? 아니면 노인성 치매 초기 증상인가요?"라고 물었다. 대부분은 주요 정신 기능이 영구적으로 손상되는 것은 아닌지에 대해 좌절감과 두려움을 내비쳤다.

이들은 폐경기를 겪고 있거나 더 이상 월경을 하지 않는 여성들이다. 외과수술로 인해 폐경을 경험한 일부 젊은 여성도 이와 유사 증상을 보였다.

smart but stuck 에스트로겐이 폐경기 인지 손상에 미치는 영향

2000년, ADHD인이 통상적으로 보이는 인지 장애 증상이 폐경 직전과 폐경기 여성에게서 관찰된다는 보고서가 출간되었다.[8] 이 보고서에서는 폐경으로 인한 에스트로겐의 감소가 만성적인 인지적 어려움을 초래했을 가능성이 언급되었다. 에스트로겐 호르몬은 여성의 뇌에서 도파민을 방출하는 촉진제 역할을 한다. 도파민은 뇌 신경 전달 화학 물질로, 뇌 실행 기능에 이바지하는 신경계 네트워크의 의사소통을 촉진하는 주요한 역할을 한다. 신경과학 기초 연구에 따르면, 여성의 뇌에서 에스트로겐은 도파민을, 특히 실행 기능과 연관된 뇌 영역에 관계된 부분을 다양하고 복잡한 방법으로 촉진하고 조절하는 역할을 한다.[9] 따라서 에스트로겐 호르몬 양이 많이 감소하거나 비일관적으로 배출될 경우 ADHD 증상을 초래하거나 악화시킬 수 있다.

에스트로겐이 인지 기능에 미치는 영향력은 여성의 구어적 기억력에 관한 연구에서도 나타났다. 한 연구에 따르면, 외과적 수술이나 화학적 요법으로 인해서 에스트로겐 수치를 낮추기 전과 후에 2~3단락으로 구성된 두 개의 이야기를 들려준 뒤 회상 능력을 검사하였다. 연구 결과, 에스트로겐 수치가 낮아진 이후의 회상 능력이 그 전보다 훨씬 낮은 것으로 나타났다. 하지만 에스트로겐 수치를 다시 높인 후에는 회상 능력이 다시 유의미하게 향상된 것으로 나타났다.[10]

fMRI를 사용한 또 다른 연구에 따르면, 폐경기 이후 여성에게 에스트로겐 수치를 높이면 구어와 비구어 작업 기업 과제를 담당하는 특정 뇌 영역이 활성화된다.[11] 연구 결과가 상반되게 나타나기도 하지만, 에스트로겐 수치 증가에 따른 효과성에는 중요한 시기가 있다고 보고한다. 에스트로겐 치료는 폐경기 이전 여성의 인지적 손상을 경감하는 데 효과가 있을 수 있지만 효과성 정도가 크지 않을 수 있으며, 폐경기 이후 여성에게는 오히려 해가 될 수도 있다.[12] 연구 결과가 모호하고 일부 여성과 의사들은 에스트로겐 양을 늘리는 것을 우려하기 때문에, 폐경 전과 후 여성의 인지적 손상을 경감하는 다른 대안적 방법을 모색하는 것이 필요하다. 일례로 ADHD 치료제가 그 대안이 될 수 있다.

지난 10년 동안 에스트로겐이 인지 기능에 미치는 영향력에 대한 연구가 유방암, 림프종 치료를 위해서 화학 요법을 경험한 여성을 대상으로 이루어졌다. 모든 여성은 아니지만 많은 여성이 에스트로겐 억제 약물 치료를 경험했고, 이로 인해 '케모포그(Chemofog)', 인지 기능, 특히 작업 기억, 실행 기능, 처리 속도에 있어서의 손상을 경험했다.[13] 유전적 요인으로 인해 일부 여성은 그러한 손상을 더 많이 경험할 수 있다.[14] 예비 연구에 따르면, ADHD 치료에 사용되는 자극 치료제인 덱스메틸페니데이트(Dexmethylphenidate)는 화학 치료를 경험한 여성의 인지 손상을 개선하는 데 효과적일 수 있다.[15]

사라는 암 수술이나 화학 치료를 받지 않았지만 주의 집중, 작업 기억, 일상생활 과제의 조직화에 어려움을 경험하였다. 이 시기에 사라는 월경이 불규칙하게 되다가 끊기는 폐경기였다. 그러나 월경 중단으로 인해서 건망증이 생긴다거나 조직화에 어려움을 경험한다고 생각하지 못했다. 사라는 폐경기로 인한 일과성 열감을 경험했고 밤중에는 잠에서 자주 깨어났다. 에스트로겐 감소로 이러한 문제를 경험한다고 생각했지만, 인지적 어려움을 경험한다고는 생각하지 못했다.

사라는 알츠하이머로 인해서 인지 문제가 생긴 것으로 생각하여 두려움에 휩싸였다. 사라의 어머니가 9년 동안 알츠하이머로 고생하다가 돌아가셨기 때문이다. 사라는 어머니의 오랜 고통에 대해 이야기하면서 울기 시작하였다. 사라는 "죽기 전에 그렇게 오랫동안 서서히 죽어 가는 과정을 경험하고 싶지 않아요. 내 자신뿐만 아니라 가족에게도 너무 고통스러운 과정이에요."라고 말했다. 주의 집중 문제일 거라는 친구의 이야기에 안도감을 느꼈지만, 사라 자신은 어머니와 유사한 인지 장애 문제일 수 있다고 생각했다.

smart but stuck 중년기 인지 손상 치료 방법

필자와 동료들은 사라처럼 중년기에 인지 손상을 경험하는 여성을 상대로 예일 대학교에서 연구를 실시하였다.[16] 아동기와 청소년기에 ADHD를 경험하지 않았으나 중년기에 주의력, 집중력, 기억력 손상이 나타난 소규모의 여성 집단을 모집하였다. 초반에는 그러한 문제를 진단하는 신경심리 검사를 실시하였고, ADHD와 관련한 실행 기능을 평가하는 척도에 대한 반응을 보았다. 각각의 지원 여성에게 6주 동안 ADHD 치료제인 아토목세틴(Atomoxetine)을 투약하였고, 다음 6주 동안 위약제를 투여하였다. 위약제를 먹는 환자와 스태프는 모두 위약제가 아닌 치료제 약을 복용한다고 생각하였다. 각 단계가 끝나면 신경심리학적 검사와 실행 기능 검사를 실시하였다.

아토목세틴과 위약제를 복용할 때의 반응을 비교해 본 결과, 아토목세틴을 복용할 때 평가 척도에서 향상이 나타났다. 작업 기억력과 주의 집중력이 유의미하게 개선되었고, 신경심리 검사 점수에서는 유의미한 변화가 나타나지 않았다. 이러한 예비 연구는 소규모로 이루어졌으며 방법론적 제한점을 갖고 있어서 연구 결과를 확정적으로 받아들이기보다는 제한적으로 받아들여야 하겠다. 이와 동일한 약물 치료법에 관한 대규모 연구가 현재 진행 중이다.

앞서 언급했듯이, 연구에 참여한 여성들은 평가 척도상 인지 기능이 개선되었다고 보고했지만, 신경심리 검사에서 유의미한 변화가 나타나지 않았다. 이 결과는 놀랍지 않다. 왜냐하면 폐경으로 인한 인지 손상에 관한 다른 연구에서는 '실행 기능 검사'로 불리는 이러한 검사가 손상이나 개선을 포착하는 데 매우 일관적이지 않기 때문이다. 이러한 실행 기능 검사는 일반적으로 낯선 심리학자가 치료실에서 다른 종류의 카드 분류하기, 다른 색의 글자 읽기, 복잡한 디자인 그리기 등과 같은 작업으로 구성된다. 비평가들은 이러한 검사가 주의 집중력, 작업 기억력, 계획력, 일상생활 능력과 같은 복잡성을 타당하게 측정하지 못한다고 말한다.[17] 이와 대조적으로 ADHD와 관련한 실행 기능에 손상이 있는 아동 · 청소년 · 성인을 대상으로 한 연구를 보면, ADHD 평가 척도에서 실행 기능에서의 기능적 어려움이 정확하게 나타난다. 일부 평가 척도는 ADHD 약물 치료 결과로 인한 실행 기능에서의 변화를 민감하게 감지할 수 있다. 향후에는 폐경 전 또는 후의 여성을 대상으로 이러한 연구를 실시해야 할 것이다.

사라는 이 예비 연구에 참여하지 않았지만 약물 치료를 실시하였다. 사라는 의사의 지원을 받아 저용량의 덱스메틸페니데이트를 길게 투약할 수 있었다. 이 책 초반에 언급하였듯이, 효과적인 복용량은 연령, 몸무게, 증상의 심각성에 따라서가 아니라 개인의 신체가 특정 약물에 얼마나 민감하게 반응하느냐에 달려 있다. 따라서 처음에는 약물을 저용량으로 복용하는 것이 중요하며, 점차적으로 복용량을 증가하는 것이 필요하다.

약물을 복용한 후 예상하지 못했던 효과가 나타났다. 사라는 약물 복용 후 걱정과 비판을 과도하게 하지 않았다.

몇 주 후, 10mg을 복용한 사라는 과제 집중력과 유지력이 향상되었지만, 과제 처리 속도에는 별다른 변화가 없었다고 보고하였다. 복용량을 15mg으로 증가하자 생기가 넘치기는 하였지만 혈압이 약간 상승하여서 복용량을 10mg으로 다시 줄였다. 몇 개월이 지나 복용량을 15mg으로 늘리자 기분과 혈압이 변화하지 않고 효과가 나타났다. 치료 초반에는 아침에 먹은 약의 효과가 오후경에 없어지면서 몇 시간 동안 신경과민과 피곤함을 느끼며 좌절감을 맛보았다. 이를 개선하기 위해서 이러한 증상을 느끼기 전인 오후 4시 즈음에 약물 5mg을 더 복용하였다. 약물을 복용한 후 예상하지 못했던 효과가 나타났다. 사라는 약물 복용 후 걱정과 비판을 과도하게 하지 않게 되었고, 좀 더 침착해졌다.

지속 시간이 긴 약물이라도 보통 오후 중반이 되면 그 효과가 없어지게 마련이다. 대부분 환자의 경우 저용량의 약물을 추가적으로 복용하도록 함으로써 이러한 문제를 해결할 수 있다. 환자의 반응을 최적화하기 위해서 약물 복용량과 투여 시간에 대한 고려가 민감하게 이루어져야 한다.[18]

약물 치료에 안정된 사라는 인지 기능이 상당히 향상되었다. ADHD 약물은 ADHD를 치료하지는 못하지만 약물을 복용하는 동안 ADHD 증상을 완화할 수 있다. 이는 안경을 착용함으로써 시력의 영구적 손상을 치료하지는 못하지만 안경을 착용하고 있는 동안 시력이 향상되는 원리와 유사하다.

사라는 약물을 복용하는 동안 과제를 더 잘 완수하고 과도한 주의 산만함을 줄일 수 있었다. 사라는 자신이 들은 것, 말하고 싶은 것, 하고 싶은 것을 보다 쉽게 회상할 수 있었다. 그리고 과제를 완수하기 위해 노력하고 정해진 시간 안에 과제를 완수하기가 보다 쉬워졌다. 사라는 일 처리를 효과적으로 하던 20년 전 모습은 아니더라도, 폐경기가 오기 전에 효과적으로 일하던 자신의 모습을 보는 것 같다고 하였다.

약물 복용 한 달이 지났지만, 사라는 필자를 찾아오기 몇 년 전부터 있었던 걱정과 우울감이 여전히 남아 있으며 직업을 구하는 데 어려움이 있다고 하였다. 사라의 주치의에게 우울감과 근심을 줄여 줄 수 있는 플루옥세틴 약물을 처방해 줄 것을 요청했다. 약물 효과는 6개월 동안 지속되었으나, 그 이후 효과가 점차적으로 줄어들었다. 그 무렵 사라는 또 다른 신문사에 취직하였고 아침과 오후에 약물을 복용함으로써 직장 생활을 꽤 잘할 수 있었다. 새로운 일에 대한 스트레스가 있었지만, 약물의 도움으로 정서적 어려움을 줄일 수 있었고 더 이상 플루옥세틴을 복용하지 않을 수 있게 되었다.

이 책에 소개된 다른 사람들과 달리 사라는 아동기 · 청소년기 · 성인기 초기에 ADHD 증상을 보이지 않았다. 그러나 중년기에 들어서면서 인지적인 측면에서 자기 관리 손상이 나타났고 이는 ADHD 진단 기준에 정확하게 부합되었다.

다른 연구에서처럼 사라의 사례는 ADHD 약물이 중년기에 시작된 ADHD 증상, 즉 실행 기능 손상을 완화할 수 있음을 지지한다. 부작용 문제로 인해서 많은 여성이 폐경기 이후 에스트로겐 복용을 주저한다. 그리고 에스트로겐을 복용한다고 실행 기능이 항상 개선되는 것도 아니다. 많은 여성이 폐경기 동안 이러한 실행 기능으로 고생하고 있기 때문에, 이에 관한 추후 연구가 필요하겠다.

사라에게 도움이 된 것

- 빈 둥지 증후군으로 인한 슬픔과 손쉽게 할 수 있었던 과제를 잘하지 못하는 데서 오는 당혹감에 대한 이야기 치료 및 지원
- 중년에 발생하는 ADHD 관련 실행 기능 손상과 본연의 인지적 강점을 판별하는 동시에 치매 초기 증상을 완화하기 위해서 현재의 인지적 강약점을 평가하는 척도와 면담을 실시
- 폐경과 에스트로겐 호르몬 양의 감소로 인한 중년기 실행 기능 손상에 대해 알림
- ADHD 관련 증상을 완화하기 위한 섬세한 약물 치료
- 우울감과 근심을 완화하기 위한 약물 치료

06 마이크

"아버지는 제게 똑똑하지만 게으르다고 항상 말씀하셨어요. 이 말이 맞을 수 있어요. 근신 중이었는데 결국 퇴학을 당했어요. 저는 항상 멍하게 있다가 마지막 순간에서야 일을 시작할 수 있었어요. 친구의 ADHD 약물을 복용하자 도움이 많이 되었지만, 아버지는 약물은 스테로이드와 같다고 말하시며 제가 ADHD로 진단받는 것을 원하지 않으셨어요."

– 21세 대학생

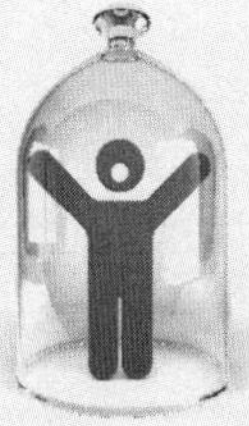

마이크(Mike)는 굵은 검정색 머릿결에 호탕하게 웃는 호리호리한 청년이었다. 첫 상담에서 마이크와 부모에게 내원 이유에 대해 물었다. 아버지는 다소 비협조적이었고, 아들이 낮은 학점으로 주립 대학에서 정학을 당했다고 말했다.

> 무례하게 들릴 수 있겠지만 솔직히 말해야겠어요. 저는 ADHD 같은 걸 믿지 않아요. 마이크는 정말 똑똑하고 잠재력이 매우 높아요. 큰 심리 문제도 없었어요. 약물 치료도 필요 없어요. 아직 자신이 하고 싶지 않은 일을 어떻게 해야 하는지 배우지 못했을 뿐이에요.

마이크는 풀이 죽어 대답했다.

> 하고 싶지 않은 일을 어떻게 해야 하는지 배우지 못했다는 것은 맞아요. 교

수님이 정말 재미있으시거나 제가 좋아하는 과목이면, 고등학교 때 A를 받았던 것처럼 좋은 성적을 받을 수 있어요! 하지만 수업이 지루하면 출석도 힘들고 읽기와 과제를 할 수 없어서, D와 F를 받아요.

마이크의 어머니도 말했다.

등록금을 더 이상 줄 수 없다고 했어요. 4학기 동안 이런 일이 지속되었고 지금까지 단 한 번만 학점을 받았어요. 학점 취득이 안 되는 과목에까지 쓸 돈이 없어요. 마이크는 똑똑하지만 아직 대학 생활을 할 준비가 안 된 것 같아요. 먼저 일을 해 보고 성숙해진 후에 공부할 필요가 있을 것 같아요.

마이크가 응답했다.

부모님은 제가 똑똑하다고 항상 말씀하세요. 그런데 저는 왜 일을 끝내고 학점을 따는 게 힘들까요? 제 자신이 전혀 똑똑하지 않다는 생각이 들어요. 대학 생활과 정규 직장 생활을 포기해야 할까 봐요.

마이크의 부모는 그가 능력이 있음에도 불구하고 학점을 따지 못한다고 생각하여 좌절감을 느꼈다. 마이크도 부모와 교사의 기대치만큼 능력을 보이지 못하는 자신의 모습에 수치심과 절망감을 느꼈다.

이들과의 상담에서 제일 먼저 필자는 모두의 좌절감과 점점 높아가는 실망감을 인정해야 했다. 다음으로 고등학교를 우등으로 졸업한 마이크가 왜 2년간의 대학 생활 중에 좌절감과 실망감을 느꼈는지를 이해해야 했다. 필자는 마이크의 문제를 미성숙함이나 ADHD 때문이라고 단정 짓기 전에 더 많은 정보를 수집할 필요가 있다고 부모에게 말했다. 마이크의 강점과 약점을 자세하게 살펴본 후, 표준화된 평정 척도를 실시하면서 마이크와 부모에게

ADHD와 관련한 기능에 얼마나 큰 어려움이 있어 왔는지 평가하도록 부탁했다. 필자는 마이크의 문제가 무엇인지 정확하게 이해하기 전에는 치료 방법에 대해 논의하는 것이 아무런 의미가 없음을 강조했다. 그리고 필자는 IQ 검사를 통해서 마이크의 실제 인지 능력을 알아보자고 했다. 마이크와 부모는 이에 동의했다.

1주일 후, 마이크는 IQ 검사를 받기 위해서 왔다. 마이크는 검사를 시작할 때 부모와 교사의 생각과 달리 평균에 미치지 못하는 결과가 나와 '지체된' 아이로 판명되는 것이 두렵다고 말하며 농담을 건넸다. 마이크는 언어와 시각-공간 능력 모두에서 꽤 높은 점수가 나왔다. 부모도 함께 와서 검사 결과를 알게 되었다. 검사 점수 체계에 대해 설명을 해 준 뒤 마이크에게 자신의 점수를 예측해 보라고 했고, 그는 평균보다 약간 높게 나올 것 같다고 머뭇거리며 말했다. 99.9% 최상위 범주에 속하는 IQ 검사 결과를 보여 주자 마이크와 부모는 몹시 놀랐다. 그리고 "마이크가 대부분의 또래 아이들보다 똑똑하다면서, 대부분의 학생들이 수강할 수 있는 대학교 강좌를 왜 이수할 수가 없는 거죠?"라고 물었다.

이 질문에 답하기 위해서 마이크와 부모가 함께 작성한 ADHD 평정 척도 검사 결과를 보여 주었다. 검사 결과, ADHD 진단 기준에 완전히 부합하고 'ADHD 가능성이 매우 높음'으로 나타났다. 표준화된 언어 기억력 검사 결과는 다음과 같았다. 25개의 단어로 구성된 두 개의 짧은 이야기를 각각 읽어 준 뒤 가능한 한 그대로 이야기를 말해 보게 한 결과(이것은 5장에 나온 사라에게 실시했던 검사와 동일한 것), 9퍼센타일이 나왔다. 이는 마이크보다 높은 점수를 받은 또래 아이들이 91%나 더 있음을 의미한다.

이러한 검사 결과와 최근 ADHD 이론에 대한 설명을 들은 마이크와 부모는 영리한 사람도 실행 기능의 주요 기능이 손상되면 ADHD로 고통받을 수 있음을 이해하게 되었다. 마이크의 아버지는 자신이 보였던 회의론이 ADHD에 대한 잘못된 이해에서 비롯된 것임을 인정했다.

ADHD 아동과 성인에 대한 연구를 보면, 높은 지능 지수를 가진 사람도 ADHD가 있을 수 있을 뿐만 아니라, ADHD 장애가 인지되고 진단되어 치료를 받기 전까지는 다른 사람보다 훨씬 오랫동안 학교생활을 힘들어할 수 있다.

부모와 교사들은 매우 영리한 학생이 특히 별다른 문제를 일으키지 않는 학생일 경우, ADHD로 고통받을 수 있음을 믿기 어려워한다. 대신에 사람들은 매우 영리한 사람은 어려움을 회피하기 위해서 높은 지능을 활용(조직화하기, 우선 순위화하기, 작업 기억 사용하기, 과제 완수를 철저히 하기, 성공하기 위해 기타 실행 기능 따르기)한다고 추측한다. 그러나 연구에 따르면, 실행 기능이란 광범위한 인지 기능 내에서 별도의 영역이다. 다시 말해 실행 기능과 지능 지수 점수 간 관계는 통계적으로 유의하지 않다. ADHD 아동을 대상으로 한 대규모 실험 통제 집단 연구에 따르면, 지능 지수에 따라서 실행 기능에 차이가 나타나지 않았으며, 그와 반대로 실행 기능에 따라서 지능 지수에 차이가 나타나지 않았다. 개별 아동을 살펴보았을 때도, 실행 기능과 지능 지수가 상대적으로 독립적인 것으로 나타났다.[1] ADHD 아동과 성인에 대한 연구를 보면, 높은 지능 지수를 가진 사람도 ADHD가 있을 수 있을 뿐만 아니라, ADHD 장애가 인지되고 진단되어 치료를 받기 전까지는 다른 사람들보다 훨씬 오랫동안 학교생활을 힘들어할 수 있다.[2]

마이크와 부모에게 ADHD와 뇌의 화학적 문제에 대한 설명을 한 뒤, ADHD 증상을 완화할 수 있는 약물 복용에 대해 어떻게 생각하는지에 대해 물어보았다. 필자는 약물 복용으로 인한 잠재적 부작용과 효능에 대해 설명해 주었다. 그리고 약물 복용이 반드시 효과적일 수는 없지만 10명 중에 8명은 최소한 어느 정도 도움을 받을 수 있다고 말해 주었다.

마이크는 약물 복용을 시도해 보고 싶다고 말했지만, 아버지는 마이크의 약물 복용을 불편해하며 생각할 시간을 달라고 했다. 마이크는 부모에게 예전에 한 번 친구로부터 ADHD 치료약인 애더럴을 복용한 적이 있다고 말하였다. 약물을 복용한 날 학교생활을 하는 데 커다란 도움이 되었다고 말했다. 하지만 마이크의 아버지는 약물 처방을 받기 전에 이 문제에 대해 잠시 생각해 보자고 하였다.

마이크의 이야기에서도 알 수 있듯이, 많은 대학생과 고등학생들은 친구로부터 ADHD 치료약을 빌리거나 돈을 주고 구입한다. 마이크처럼 일회성으로 그치기도 하지만 지속적으로 복용하는 경우도 있다. 대중 매체에서는 자신에게 처방되지 않은 ADHD 약물을 과다 복용하는 학생들이 있다고 보고하기도 한다. 그러나 많은 연구에서는 약물 남용을 하는 대다수 학생들은 즐기기 위한 목적에서가 아니라, 밤새 과제를 하거나 시험 준비를 하기 위해서 약물을 복용한다고 보고하고 있다.[3]

다음 상담에 마이크는 혼자 왔다. 마이크의 아버지는 약물 치료란 스테로이드를 복용하는 야구 선수와 같은 것으로 생각하여 여전히 약물 치료에 대해 회의적인 입장을 보였지만, 자녀가 원한다면 말리지는 않는다고 했다. 어머니도 마지못해 약물 치료에 동의했다.

마이크와 필자는 약물 치료가 반드시 효과적이지 않을 수 있고 자신에게 적합한 약물이 적절하게 처방되었을 경우에 한해서 약 80%만 효과가 있을 수 있음에 대해 이야기를 나누었다. 그리고 약물의 효과적인 복용량이 연령, 몸무게, 증상의 심각성과 관련이 없으며, 대신에 약물에 대한 신체 민감성과 관련이 있다고 설명해 주었다. 또한 약물을 과도하게 복용하였을 경우와 너무 적게 복용하였을 경우에 나타나는 증상에 대해 살펴보았다.

이와 같은 논의 후에, 마이크는 약물 치료에 대한 마음을 굳혔다. 하지만 마이크의 주치의에게 약물 처방에 대한 의뢰서를 작성하기 전 갑자기 약물 치료 중단 의사를 밝혔다.

곰곰이 생각해 보니, 제가 학교로 되돌아갈 것이 아니라면 약물 치료가 굳이 필요한지 확신할 수 없었어요. 먼저 학교에 대한 결정을 내려야 했어요. 등

> 록금이 싸고 좋은 학점을 얻을 수 있는 지역 사회 대학에 입학해서 다시 다닐 것인지, 아니면 대학에 가지 않고 직장을 구하는 것이 좋을지를 결정해야 했어요. IQ 검사에서의 높은 점수가 대학에서의 좋은 결과와 연관된다고 생각하지 않아요. 부모님 말이 맞을 수 있을 것 같아요. 제가 대학을 다닐 수 있는 사람인지 잘 모르겠어요.

약물 치료 전 마이크는 훨씬 근본적인 문제에 의문을 가졌다. 즉, 성공적인 대학 생활을 꿈꾸는 것이 자신에게 가능한 일인지에 대한 의문을 품었다.

smart but stuck 상반된 희망과 공포

마이크는 필자에게 자신이 어떤 결정을 내리면 좋을지 물었다. 마이크는 두 가지 선택의 기로에서 고민 중이라고 하였다. 마이크가 상상하는 하나는, 대학에 돌아가서 ADHD 약물에 의존하여 공부를 마친 후 당당하게 학위를 받는 것이다. 이렇게 되면 마이크는 뒤늦더라도 부모와 자신의 꿈을 이루게 되는 것이다.

심리학자들에 따르면, 대부분의 사람이 다양한 자아상을 가지고 있다. 우리가 되기를 원하는 상상의 옷장에는 우리가 꿈꾸는 모습과 우리가 두려워하는 모습 모두가 있다.

하지만 마이크는 학교로, 심지어 저렴한 등록금을 내는 지역 사회 학교에서 ADHD 약물을 복용하며 공부하는 것을 주저하였다. 왜냐하면 슬롯머신에 마지막 돈까지 탈탈 털려 버린 도박 중독자로 자신을 생각했기 때문이었다.

마이크는 부모가 자신에게 계속해서 경고했던 '잠재력은 있지만 게으른 실패자'로 살아갈 수 있다고 생각하고 있었다. 마이크는 대학을 여러 차례 다녀 보려고 했지만 결코 학위를 따지 못했던 삼촌 이야기를 필자에게 들려주었다. 삼촌은 초등학교 청소부로, 매우 영리하였지만 가족과 교사들의 기대에 부응해서 살아가지 못하고 있다고 했다. 삼촌의 모습이 마이크의 대안적 자아상이기도 하였다.

smart but stuck 가능한 자아상들

심리학자들에 따르면, 대부분의 사람이 다양한 자아상을 가지고 있다. 우리가 되기를 원하는 상상의 옷장에는 우리가 꿈꾸는 모습과 우리가 두려워하는 모습 모두가 있다. 이러한 자아상은 우리가 과거나 현재에 알고 있거나 다른 사람에게서 들었거나 대중 매체에서 보아 온 특정인에 대한 이미지에 기초한다. 그러한 이미지는 매력적이고 신체적으로 건장한 운동인일 수 있다. 또는 자신감 넘치고 유명한 공인이거나 돈에 대한 걱정 없는 억만장자일 수도 있다. 물리적으로 맞서는 단호한 사람이거나 부러운 파트너와 결혼한 사람일 수 있다. 동시에 우리는 부정적인 자아상을 가질 수도 있다. 매력적이지 않거나 신체 조건이 절망적인 운동선수일 수 있다. 수줍음이 많고 친구가 없으며 고립된 사람일 수 있으며, 기초 생활비도 없는 가난한 사람일 수 있다. 무례한 행동을 하는 친구에게, "하지 마라."라고 큰 소리로 말할 수 없는 왕따를 당하는 사람이거나 파트너가 없거나 탐탁하지 않은 파트너를 가진 외로운 사람일 수 있다.

가능한 자아상 개념에 대해 개척한 심리학자 모임에서는 다음과 같은 입장을 표명했다.

개인의 자아상 목록이란 지속적인 목표, 열망, 동기, 두려움, 위협을 인지적으로 표상한 것으로 볼 수 있다. 가능한 자아상은 이러한 역할에 대한 자기 관련 형식, 의미, 구성, 방향성을 제공한다. 따라서 그들은 자기 개념과 동기 사이에 필수적인 연결 고리를 제공한다.[4]

마이크는 충돌하는 자아상에 대해 수차례 상담을 했다. 필자는 '현재'의 중요성을 강조하면서도, 고등학교 이후 낮은 학점이 미래의 마지막 모습이 될 수 없음을 기억하도록 도왔다. 우리는 마이크의 높은 지능 지수 및 삼촌과의 유사성에 대해 이야기를 나누었다.

smart but stuck 지속적인 사회적 불안감

필자는 마이크의 대학 생활을 방해하는 다른 요인에 대해 궁금해졌다. 마이크는 친구들과 마리화나를 피웠다고 수줍게 이야기했고, 이 사실을 마리화나에 대해 강한 거부감을 보이는 부모에게는 비밀로 하고 싶어 했다. 그는 초기 상담 중 일대일 상담이었음에도 불구하고, 필자가 알코올과 약물 복용에 대해 질문했을 때 솔직하게 말하는 것을 꺼려했다. 마이크는 마리화나를 지속적으로 피우지는 않았지만, 한 학기에 두세 차례 마리화나를 피웠다고 했다. 그리고 마리화나를 피우게 되면 일주일 동안 계속해서 피웠는데, 이때가 시험과 과제 기간일 때도 있었다고 했다.

필자는 어떠한 비판도 하지 않고, 마리화나를 피우거나 피우지 않는 것을 어떻게 결정하는지 물었다. 그는 "기분이 나빠지면 마리화나를 피웠어요."라고 답했다. 그리고 부모를 포함하여 자신을 생각하는 친구와 선생님 등을 떠올리며 마리화나를 끊으려고 노력했다고 말했다.

구체적인 예를 들어 달라고 하자, 마이크는 고등학교 시절 초반에 키가 작고 신체가 약하다고 계속해서 놀림을 당하던 때를 회상하였다. 그는 2학년이 될 때까지 사춘기가 완전히 오지 않았고, 거의 모든 다른 친구들이 사춘기를 경험하고 몇 년 후에야 사춘기를 경험했다고 했다. 17세 생일 이후에 급격한 성장기를 거쳐서 6피트까지 성장하였지만, 여전히 키 작은 자신이 학교 복도를 걸어가다가 사물함에 밀쳐지거나 책과 노트북을 떨어뜨리는 꿈을 꾼다고 했다. 그리고 탈의실에 가서 자신보다 신체적으로 성숙한 친구들 앞에서 탈의하는 것을 매우 싫어했다고 했다.

불편한 과거에 대해 이야기하던 마이크는 자신이 왜 수줍음이 많은지 말해 주었다.

> 단지 중고생일 때 키가 작아서가 아니에요. 저는 정말 수줍음이 많았어요. 심지어 초등학생일 때에도 수줍음이 많았어요. 잘 모르는 사람에게는 어떻게 이야기해야 할지 잘 몰랐어요. 너무 작아서 놀거나 운동을 할 수 없었어요. 쿨하게 행동하는 방법을 잘 알지 못했어요. 다른 아이들보다 답을 더 잘 작성할 수 있더라도 자원해서 발표하지 못했고, 선생님이 호명할 경우에만 발표했어요. 어색함을 느꼈고 모든 사람이 저를 멍청한 겁쟁이로 볼 거라 생각했어요. 사람들이 저를 아첨꾼으로 볼까 봐 많은 말을 하지 않았어요.

smart but stuck 투명성에 대한 환상

다른 사람이 자신의 약점을 알 거라고 생각하는 것을 심리학 용어로 '투명성에 대한 환상(illusion of transparency)' 또는 '관심 효과(spotlight effect)'라고 한다.[5] 여러 연구에 따르면 많은 사람들, 특히 사회적 불안 장애를 가진 사람들은 타인들이 내적으로 불안한 자신의 마음 상태를 실제보다 더 잘 알고 있다고 생각한다.

국가에서 실시한 ADHD 역학 조사에 따르면, 사회적 불안은 ADHD와 동반해서 발생하는 가장 통상적인 심리 장애이다. 거의 30%의 성인 ADHD인이 사회적 불안 증상을 보인다.

타인이 자신을 어떻게 볼 것인지에 대한 과도한 사회적 불안감은 ADHD인에게서 많이 나타난다. 국가에서 실시한 ADHD 역학 조사에 따르면, 사회적 불안은 ADHD와 동반해서 발생하는 가장 통상적인 심리 장애이다. 거의 30%의 성인 ADHD인이 사회적 불안 증상을 보인다. 일반인에게서는 사회적 불안 출현율이 13%로 나타나는 것에 비해서 ADHD인의 사회적 불안 출현율은 30%로 높게 나타난다.[6] ADHD인에게서 사회적 불안 출현율이 높게 나타나는 이유는 ADHD인의 부주의 문제가 다른 사람들에게 발견되어 부끄러움을 초래할 수 있다는 두려움을 종종 보이기 때문이다.

마이크는 당황함에 대한 강한 공포감으로 수업에 출석하지 못했다고 했다. 늦잠을 자다가 아침 수업에 늦거나, 제출해야 할 과제를 완성하지 못했거나, 퀴즈나 시험을 준비하지 못했다고 생각하면 수업에 참석하는 것을 두려워했다.

해야 할 일을 하지 못하는 행동은 교수에게 맞서는 행동이라고 생각하였다. 이렇게 한 차례 수업을 빠지고 나면 다음 수업도 빠지게 되었고, 급기야는 수업을 들으러 가서 굴욕감을 느끼는 대신에 수업을 철회하는 것이 덜 창피하겠다는 생각까지 하게 되었다.

smart but stuck 불안, 마리화나, 약물

불안을 줄이기 위해 마리화나를 피웠던 문제에 대해 수차례 상담을 한 후, 마이크는 마리화나를 끊겠다고 했다. 필자는 스트레스를 최소화하기 위해서 마리화나 피우는 것을 점진적으로 줄여 나가는 것이 좋겠다고 주의를 주었다. 2주 후 상담을 하러 온 마이크는 필자의 충고에도 불구하고 마리화나를 완전히 끊었다고 말했고, 그로 인해 매일 밤 잠을 설치고 불안감을 느낀다고 하였다.

마이크는 마리화나를 끊은 것을 자랑스러워했고 이러한 금욕 생활을 지속할 수 있을 거라고 꽤 확신했다. 격렬한 운동 프로그램으로 불면증 문제가 해결될 것으로 생각했다. 그러나 태양 아래 모든 것이 있듯이 사람들이 자신을 너무 잘 알 것이라는 과도한 걱정을 줄이기 위해서 약을 복용하고 싶다고 했다. 그래서 필자는 마이크 주치의에게 연락하여 걱정을 줄이기 위한 플루옥세틴을 처방해 달라고 부탁했다. 그리고 마이크에게는 최소 몇 주 동안 지속적으로 약을 복용해야 효과가 있을 것이라고 말해 주었다.

몇 주가 지나자, 마이크는 걱정이 많이 줄었다고 했지만 데이트에 대한 걱정이 가장 크다고 말했다. 수업 시간이나 친구들과 만나는 중에 여성들과 담소를 나누는 것은 가능했지만, 데이트 경험이 매우 적었다. 자신은 여성에게 친구가 될 수 있지만 좋은 애인은 될 수 없다고 생각하였다. 고등학교 1학년 때에는 여자 친구와 6개월 동안 데이트를 하기도 하였지만, 여자 친구에게 새 남자 친구가 생겨서 차였다. 여자 친구는 마이크보다도 연애 경험이 풍부했고, 마이크보다 연애에 능숙한 남자 친구를 원했다.

다음 상담에서 마이크는 소파에 털썩 앉아 카펫을 뚫어지게 응시하며, "제가 게이인가 싶어요. 정말 게이가 아니기를 바라고 게이가 아니라고 생각하기는 하지만, 가끔은 게이인지 의심이 들기도 해요."라고 머뭇거리며 말했다. 필자는 마이크에게 게이라면 뭐가 문제인지 물었다. 마이크는 "부모님이 잠시 충격을 받으시는 것 외에는 아무 일도 없을 거예요. 게이 친구 몇 명을 아는데, 괜찮아 보이거든요."라고 답했다. 필자는 마이크에게 왜 본인이 게이일 거라고 생각하는지, 다른 남자들과 관계를 가졌거나 혹은 남자들과의 관계를 상상하는지 물었다. 많은 남성들이 그러한 경험을 하는데, 그들 중 일부는 자신이 게이임을 알게 되고 또 일부는 게이가 아닌 것을 알게 된다고 말해 주었다. 필자의 질문에 마이크는, "아니요. 남성들과 관계를 가진 적이 없고요. 항상 남성과 여성의 관계를 상상했어요."라고 망설임 없이 말했다.

그러면 왜 자신이 게이라고 생각하는지 물었다. 이에 마이크는 다음과 같이 말했다.

> 여성에게 데이트 신청을 하고 친밀한 관계를 맺기가 어려워요. 예쁘고 다정한 여성들에게 눈길이 가긴 하지만, 그 여성들에게 데이트 신청을 하고 서로를 알아가는 것을 잘하지 못해요. 거절당할 것을 두려워하는 것 같아요.

이야기를 나누면서 마이크의 두려움은 게이일지도 모른다는 동성애에 기초한 것이 아님이 명백해졌다. 여성과의 관계를 맺고 발전시켜 나가는 데 능숙하지 못한 것의 원인이 단순한 수줍음의 문제가 아니라 동성애에 기인한 것일 수 있지만, 마이크 스스로 본인을 불완전한 남성으로 생각하는 것이 더 큰 문제였다. 필자는 일부 게이들은 여성과의 친밀한 관계에 공포감을 갖기는 하지만, 그것으로 인해 게이가 되는 것은 아니라고 말해 주었다. 동성애라는 것은 흥분을 느끼는 것에 관한 문제이지, 무언가 하기를 두려워하는 것의 문제가 아니라는 것을 알려 주었다. 친밀한 관계와 관련한 수줍음은 모든 사람에게서 나타날 수 있고, 많은 사람이 서둘러서 관계를 맺기보다는 잠재적 애인과 우정 관계를 맺음으로써 그것을 점차 극복해 간다.

몇 주 후 상담을 하러 온 마이크는, "예전 같으면 괴로워했을 일에 더 이상 괴롭지 않아요."라고 하며 자신이 복용한 플루옥세틴의 효능에 대해 말해 주었다. 그리고 동네 주유소에서 기름을 넣고 자동차 정비 일을 하고 있다고 활짝 웃으며 말했다. 한편 주유소에 자주 들르는 바바라(Babara)라는 매력적인 여성에게 용기를 내어 말을 걸게 되었고 대화 시간도 점차적으로 길어졌다고 했다. 마이크는 다음 주 토요일에 점심을 먹고 영화를 보기로 했다며, "이렇게 하는데 심장 박동이 빨라지거나 심장이 터질 것 같은 느낌이 들지 않았어요."라고 말했다.

마이크는 자신이 어떻게 이런 일을 할 수 있었는지 의아해하며, "아마 약 때문이거나 매일 연습했기 때문일 거예요. 아니면 치료 덕분일 수 있고, 다른 사람들도 저처럼 긴장한다는 것을 알았기 때문일 수도 있어요. 그녀도 제게 자신도 긴장을 하며 다른 많은 아이들도 우리와 마찬가지로 긴장한다는 것을 알려 주었어요."라고 말했다.

2주 후 상담을 하러 온 마이크는 플루옥세틴과 함께 ADHD 치료제를 복용하고 싶다며 의사에게 의뢰서를 써 줄 것을 부탁했다. 가을 학기부터 여러 강좌를 수강하기로 했다고 하며, "최근 몇 주간 훨씬 좋아졌어요. 너무 의식하지 않게 되었고 다른 사람들과 편하게 대화할 수 있게 되었어요. 스스로를 너무 감추려고 할 필요가 없어요."라고 말했다.

이러한 변화에 기여한 요인이 무엇이든지 간에 마이크는 성공의 필요성을 느끼게 되었고, 이러한 마음 자세로 인해 낙담의 늪에서 벗어날 수 있었다. 그리고 긍정적인 자아상을 갖고 성취할 수 있다는 생각을 하게 되었다.

smart but stuck 직업 목표 검토하기

1주일 후 상담을 온 마이크는 대학에서 나누어 준 유인물을 들고 와서 어떤 강좌를 들어야 할지 모르겠다고 말했다. 마이크의 고등학교 수학 성적은 매우 좋았고, 대학에서는 회계를 전공하여 재무사가 되려고 계획하였다. 그러나 대학 성적표를 보니, 역사와 영어 성적이 좋게 나온 반면에 수학, 경제, 회계 과목 성적이 나빴다. 마이크는 전공을 역사로 바꾸고 싶어 했다. 하지만 아버지는 졸업 후 취직을 위해서는 회계를 전공하는 것이 좋겠고, 전공을 바꾸기보다는 한번 시작한 전공을 끝내는 것이 중요하다고 말했다.

마이크는 항상 역사에 관심을 보여 왔고, 역사 채널을 시청하거나 역사책을 읽어 왔다. 특히, 그는 베트남과 이라크 전쟁의 복잡한 원인에 흥미가 있다고 했다. 대학 졸업 후 어떤 직업을 가질 것인지에 대한 필자의 질문에 그는, "고등학교 역사 선생님이 되고 싶어요. 저는 살아 숨 쉬는 역사를 만들 수 있을 것 같아요."라고 웃으며 답했다. 그런 후, 다음 학기에는 역사 과목을 몇 개 더 수강 신청할 것이라고 하며 아버지가 바라는 것을 하지 않을 것이라고 했다.

그 학기에 두 개의 역사 과목에서 A를 받았고, 다른 두 개의 역사 과목에서는 B를 받았다. 존경하는 한 역사 교수와는 강의 시간 외에도 역사 이야기를 많이 나누었다. 학기말 무렵 전공을 역사로 바꾸었다. 그 다음 학기에는 한 번의 수업만 놓쳤고 모든 과제를 제출하였으며, 평균 B^+를 받았다.

마이크는 자신의 학점과 바바라와의 지속적인 관계에 자신감을 보였다. 바바라 가족과 주말 여행을 한 마이크는 그녀의 부모가 자신을 얼마나 좋아하는지, 자신과 바바라가 연인이 될 것임을 알 수 있었다. 바바라와 마이크는 거의 매일 만났고, 매우 가까운 친구가 되었으며, 만족스러운 연인 관계를 가졌다.

바바라와 보내지 않는 시간에는 학점을 꽉 채워 들었고, 자동차 정비소에서 아르바이트를 하며 꽤 바쁘고 행복한 나날을 보냈다. 어느 날 마이크는 필자에게 치료를 줄일 때가 되었다고 하며 다음과 같이 말했다.

> 정기적으로 상담하는 것을 그만두기 전에 선생님과 해결해야 할 한 가지 일이 더 있어요. 제가 고등학교 졸업 직후 집에서 멀리 떨어진 대학을 가지 않았던 이유를 정말 모르겠어요. 저는 고등학교를 우등생으로 졸업하였고, 졸업 후 바로 집에서 멀리 떨어진 대학을 간 다른 학생들보다 더 좋은 학점을 받았어요. 하지만 저는 그런 대학에 지원조차 하지 않았어요. 저는 집에 살면서 동네 대학을 통학했어요.

smart but stuck 가족에 대한 은밀한 구속력

필자는 그 무렵의 상황에 대해 좀 더 이야기해 달라고 부탁했다. 마이크의 부모는 동네에서 멀리 떨어진 학교를 가기에는 그가 아직 성숙하지 못하다고 말했고, 통학 요금만을 지원해 줄 것이라고 했다고 한다. 마이크는 어깨를 들썩이고 한숨을 쉬며, “저는 부모님의 의견을 받아들였고, 거의 매일 피자 가게에서 그릇 씻는 일을 하면서 동네 대학에서 강의를 들었어요.”라고 말했다. 그리고 “동네에서 멀리 떨어진 대학을 가지 않은 마리화나를 피는 친구들과 어울렸어요. 그 친구 대부분은 똑똑하지 않았고 그런 것에 신경 쓰지 않았어요.”라고 말했다.

필자는 다른 기억에 대해서도 물었다. 마이크는 “맞아요. 엄마가 매우 우울해하던 때도 있었어요. 엄마는 몇 주 동안 병원에서 심리 보호를 받은 뒤 집에 오셔서는 많은 약을 드셨어요. 우울 증세가 매우 심하셨어요. 직장을 그만두셔야 했고, 대부분의 시간을 멍하니 앉아서 벽을 보거나, 울고, 잠을 주무시고 계셨어요.”라고 말했다. 엄마의 우울증에 대해 이야기한 것은 처음이었다. 마이크와 부모는 지난 몇 년간 가족이 받았던 스트레스에 대해 이야기해 달라는 필자의 요청에 이러한 이야기를 하지 않았었다. 아버지가 어머니의 우울증에 어떻게 반응하셨는지 물었고, 마이크는 다음과 같이 말했다.

> 말씀이 없으셨어요. 밤이 되면 여섯 팩의 술을 드신 후 텔레비전을 보며 잠이 드셨어요. 아빠는 무엇을 해야 하는지, 엄마와 내게 무슨 말을 해야 하는지 잘 모르시는 것 같았어요. 그래서 제가 엄마와 이야기를 나누거나 음식과 약을 챙겨 드렸어요.

마이크가 졸업 후 먼 지역으로 대학을 지원하지 않았던 수수께끼가 풀렸다. 고등학교 졸업 후 동네에서 멀리 떨어진 대학을 가진 않은 이유 중 하나는 어머니의 우울증과 아버지의 무기력 증상 때문이었다. 마이크는 심각한 우울증상을 보이는 어머니를 돌보고 지지해 주어야 한다는 생각을 하였고, 비록 대학에 바로 가지 못하여 자신의 계획에 차질이 생길 수 있더라도 집에 머물러 어머니를 돌보아야 할 의무감을 느꼈다. 마이크와 부모는 명확한 이유를 모른 채 마이크가 미성숙하여 집에 머문다고 생각했다. 하지만 사실 마이크는 가족에 대한 충성심과 강점을 가진 아이였다.

소수의 가족 치료사는 청소년과 젊은 성인 일부는 부모 곁을 떠나지 못할 만큼 유약해서가 아니라, 의식적이든 아니면 무의식적이든 자신의 보호가 필요한 부모를 돌보아야 할 것을 느끼기 때문에 마지못해 집에 머물게 되는 것이라고 보고하였다.

대부분의 심리학자들은 일부 청소년이나 젊은 성인들이 성인기로의 삶을 거부하는 원인으로 가족에 대한 충성심을 언급하지 않는다. 그러나 무의식적인 가족에 대한 충성심으로 인해서 성인으로의 성장이 늦추어질 수 있다. 소수의 가족 치료사는 일부 청소년과 젊은 성인은 부모 곁을 떠나지 못할 만큼 유약해서가 아니라, 의식적이든 아니면 무의식적이든 자신의 보호가 필요한 부모를 돌보아야 할 것을 느끼기 때문에 마지못해 집에 머물게 되는 것이라고 했다.[7]

집에 머물러서 도움이 필요한 부모나 형제자매를 돌보려는 바람과 가정을 떠나서 교육을 받고 보다 독립적인 삶을 살고자 하는 바람을 의식하고 이 둘 사이에서 갈등을 느끼는 경우, 갈등을 조정하는 것은 매우 어렵다. 가족 구성원들이 이러한 갈등을 알지 못할 경우 더욱 문제가 된다.

마이크 가족의 사례에서는 도움이 필요한 부모의 존재가 인식되거나 논의되는 대신에, 마이크가 유약하고 미성숙하며 부모로부터 지속적인 도움이 필요하여 집에 머무르는 것으로 인식되었다. 가족에 대한 충성심은 눈에 보이지 않을 뿐더러 변화하기가 매우 어렵다. 이러한 가족에 대한 결속력 때문에, 그리고 자신에게 무의식적으로 오랜 기간 동안 의지하는 가족 구성원으로 인해서, 한 개인은 유약하며 또래 및 다른 성인들과 효과적으로 관계를 맺을 수 없는 존재로 비춰진다.

마이크의 어머니가 깊은 우울감을 경험하고, 마이크의 아버지는 어머니에게 도움이 될 수 없었던 상황에 대해 여러 차례 상담을 하였다. 그리고 자신이 성숙하지 못해서 대학에 가지 못했다는 생각을 어떻게 하기 시작했는지에 대해서도 이야기를 나누었다. 또한 가족의 말처럼 어떻게 미성숙하고 무책임한 학생으로 행동하기 시작했는지에 대해 이야기를 나누었다.

마이크가 바바라와 관계를 지속하고 학점도 잘 받게 되면서 마지막 달에는 상담 횟수를 줄였다. 2년 후, 마이크는 바바라와 연인 관계를 여전히 지속하고 있었으며, 대학을 우등생으로 졸업한 뒤 9월부터 고등학교 역사 교사로 근무할 것이라는 편지를 보내왔다.

마이크에게 도움이 된 것

- 사회적 불안감, 불안 해소를 위해 피웠던 마리화나, 직업 목표 점검, 성 정체성, 가족에 대한 충성심에 관한 이야기 치료
- 가족 상담 중 대학 생활의 어려움은 마이크의 게으름과 미성숙함 때문이 아니라, ADHD 증상으로 인한 것임을 알림
- 인지적 강약점을 알기 위해 평가 척도와 임상적 평가를 실시하고, 마이크와 부모에게 영리한 사람도 ADHD 증상을 보일 수 있음을 알림
- 충돌되는 자아상과 미래에 대한 희망을 명확하게 하기 위한 치료
- 과도한 불안 증세를 잠재우기 위한 약물 치료
- ADHD 약물에 대한 모순된 감정을 탐구하고 적절한 약물 처방 및 섬세한 조절

Smart But Stuck

07 리사

"친구들은 제 농담을 이해하지 못하고 제가 누구인지 관심이 없었어요. 친구를 사귀려고 했지만 아무도 저를 찾지 않았어요. 부모님께 상의하고 싶었지만, 아버지는 아이들을 이해하지 못하셨고 어머니는 항상 소리를 지르셨어요. ADHD 약물을 복용한 뒤로 학교 과제를 끝낼 수 있었지만, 친구 관계 문제는 해결되지 않았어요."

– 15세 고등학생

15세 고등학생 리사(Lisa)는 부모와 함께 필자의 사무실을 방문했다. 또래보다 체구가 작아서 원래 나이보다 어려 보였다. 양손에는 〈심슨〉 만화 영화에 나오는 호머와 마기(Homer & Marge) 인형을 들고 있었다. 필자가 두 인형을 알아채자 리사는 활짝 웃으며, "그래서 뭐 어쩌라고요?"라는 뉘앙스로 머리를 치켜들었다. 아버지는 장난감을 치우라고 말했지만 리사는 이 말을 무시했다. 어머니가 단호하게 쳐다보며, "장난감을 지금 당장 치우라고 말했잖아."라고 했다. 리사는 눈을 아래로 내리깔고 한숨을 쉬며 인형을 옆에 내려놓았다. 리사에게 부모님이 왜 리사를 여기에 데려왔다고 생각하는지 묻자, "부모님은 제가 적대적 반항 장애와 주의력 결핍 과잉행동 장애가 있다고 생각하셔서, 지난해에 아동 심리학자를 만나 보러 다녔어요. 심리 치료실을 다녔던 것처럼 이번에도 시간 낭비일 거예요."라고 말했다. 그리고 "여기서 무엇을 해 주었으면 좋겠니?"라고 묻자, "부모님이 싸움을 하지 않게 해 주시고, 제 성적도 높여 주시고, 모든 아이들이 저를 나환자처럼 대하지 않게 해 주세요."라고 답했다.

smart but stuck 가족 간 삼각 갈등

리사 어머니는 "네가 해야 할 일을 제대로 한다면 우리는 그렇게 많이 싸우지 않겠지."라고 빠르게 말을 이었다. 그리고 리사 아버지는 리사에게, "존경심을 갖고 엄마를 대할 필요가 있단다."라고 말했다. 짧은 시간 동안, 리사 가족은 서로 다투었다. 이러한 다툼으로 인해서 부부의 결혼 생활, 리사의 학업 성취, 친구 관계 문제가 악화되었다.

상담 결과, 리사 어머니는 남편이 리사의 과제를 확실하게 도와주지 못하면서 자녀가 요구하는 모든 것을 들어주는 것에 불만을 갖고 있었다. 리사는 종종 방과 후 맥도날드 햄버거를 먹기 위해서 아버지를 밀치거나 때렸다. 아버지는 오랜 시간을 참는 대신에 바로 리사의 요구를 들어주는 것이 훨씬 쉽다고 인정했다. 리사는 "엄마는 내 부탁을 들어준 아빠에게 화를 내고 소리를 질러요."라고 말했다.

언뜻 보면 리사는 무례한 외동딸로 보인다. 그리고 부모는 자녀의 만성적인 반항심과 학교 과제를 열심히 하지 않으려고 하는 거부감 때문에 고군분투하고 있는 것으로 보인다. 하지만 내면을 잘 살펴보면, 세 사람 모두 힘들어하고 있다. 부모는 똑똑하지만 서로 간에 거리감이 있고, 리사뿐만 아니라 서로에게 실망하고 있다. 리사에 대한 필자의 첫 인상은 영리하지만 화를 잘 내는 성미로 인해서 약간 풀이 죽은 듯했고, 친구들과 만족스러운 관계를 갖지 못하고, 고등학교 1학년이 되는데 학업 성과를 높게 내지 못하는 것에 대해 괴로워하는 듯 보였다.

smart but stuck 약물 치료 반향 현상 및 과민반응

1년 전, 리사는 치료사에게서 ADHD 약을 처방받아 복용한 적이 있다. 약물 지속 시간이 길어서 주의 집중을 하고 학교 과제를 하는 데 도움이 되었다. 하지만 이 약을 복용하는 많은 학생들과 마찬가지로, 리사는 학교가 끝날 즈음 약효가 떨어지는 것을 느꼈다. 리사는 약의 반향 작용으로 피곤해했고 매우 예민해졌으며, 이는 저녁까지 지속되었다. 안타깝게도 이 약을 처방한 의사는 이 문제를 인지하고 적절한 치료 방법을 제공하지 못했다.[1]

ADHD 약이 기분 전환용으로 팔리는 것이 아니라 할지라도, 많은 환자들은 약을 통해서 하향식 정서 조절이 향상되어서 좌절감과 짜증감에 쉽게 빠지지 않게 된다. 그러나 일부 환자의 경우 약 효과가 갑작스럽게 떨어져서 과도한 우울감에 빠지게 된다. 이 증상은 앞서 먹은 약 효과가 떨어지기 전에 동일한 약을 소량으로 추가 복용함으로써 완화될 수 있다. 환자는 약의 반향 효과를 점진적으로 느끼면서 정서적 급변으로 인한 부작용을 최소화할 수 있다.

첫 번째 중재로, 리사의 의사에게 방과 후 먹을 수 있는 촉진제 역할을 하는 소량의 약을 처방해 줄 것을 부탁했다. 그래서 늦은 오후와 이른 저녁 시간에도 리사가 부모와 상호작용을 하고 과제를 할 수 있도록 하였다. 다행히도 오후에 동일한 약을 소량으로 추가 복용함으로써 리사는 부모와 마찰 없이 과제를 마칠 수 있었다.

smart but stuck 가족 간 대립 및 갈등

가족 간의 만성적인 갈등에 대해 이야기를 나누다가 양육 방법에 대립이 있음을 알게 되었다. 반항 장애 자녀를 둔 다른 많은 가족과 마찬가지로, 한 부모는 강경한 입장을 취하는 반면에 다른 부모는 온건한 입장을 취한다.[2] 어머니는 리사가 무례하거나 규칙을 지키지 않거나 느리게 행동할 경우, 바로 나무랐다. 소리를 지르고 리사의 특권을 빼앗거나 벌을 주기도 하였으며, 딸이 보인 것과 마찬가지로 자신도 딸에게 무례하고 증오에 찬 반응을 보이기도 했다. 이에 비해 아버지는 리사가 벅찬 요구를 하거나 무례한 행동을 하더라도 좀처럼 나무라지 않았고 벌을 주지도 않았다. 심지어 리사는 아버지에게 소리를 지르거나 밀치기도 하였고, 결국 아버지는 마음이 약해져서 리사가 원하는 것을 들어주었다. 이런 일이 있은 후, 아버지는 아내가 리사를 꾸짖어 주기를 기대하며 이 사건에 대해 이야기하였다. 하지만 리사 어머니는 아버지가 유약하고 무능하다며 리사와 함께 아버지 흉을 보았다.

반항 장애 자녀를 둔 다른 많은 가족과 마찬가지로, 한 부모는 강경한 입장을 취하는 반면 다른 부모는 온건한 입장을 취한다.

부모 모두 딸을 사랑하였고 잘 성장하기를 원했지만, 여러 해 동안 최선의 양육 방법에 대해 갈등하고 있었다. 아버지는 아내가 리사와 너무 자주 부딪친다고 생각하고 있었다. 어머니는 남편이 훈육과 관련한 모든 것을 자신에게 떠넘기고 자녀를 제대로 훈육하지 못하는 남편에게 오랫동안 화가 나 있었다. 리사가 태어나기 훨씬 전부터 부부는 행복하지 않은 많은 징조를 보였다. 리사는 부모의 결혼 생활 갈등에 휩싸여 있었다.

상담 초기에 알 수 있었듯이, 리사는 아버지에게 거친 행동을 보였고 이를 본 리사 어머니는 딸과 남편에게 화를 냈다. 리사와 아버지는 어머니의 만성적인 분노의 희생자로 보이기도 한다. 리사가 부모의 갈등 사이에 빠져 있는 듯이 보였고, 때때로 리사 부모는 서로에게 화를 내거나 자신의 화를 딸에게 쏟기도 하였다.

이러한 가족 간 문제를 해결하기 위해 리사 부모와의 상담 모임은 가끔, 리사와의 상담 모임은 좀 더 자주 계획하였다. 가족 모임의 초점은 리사의 부적절하고 무례한 행동을 다루는 훈육 방법을 일치시킴으로써 부모가 리사와 상호작용하는 방법에 변화를 주는 것이었다. 그리고 부부 간 갈등에 자신을 투영하는 대신에 그 갈등으로부터 벗어날 수 있는 전략에 대해 논의하였다. 부모가 팀으로 협력하여 리사가 부모 및 또래와 좀 더 원만하게 상호작용하면서 잘 성장할 수 있도록 돕는 것을 목표로 했다.

smart but stuck 사회 부적응 스트레스

개별 상담에서 리사는 남녀 동급생에 대한 불만을 늘어놓았다. 동급생들이 자신을 무시하고, 관계를 맺고자 하는 자신의 행동에 반응하지 않는다고 불평했다. 일례로 최근 놀이 공원을 갔을 때를 이야기했다. 공원에서 돌아오는 버스 안에서 리사는 학생들에게 매우 인기가 많은 한 학생 뒤에서 이상한 행동을 보였다. 이를 본 다른 학생이 인기 있는 학생에게 알려서 갈등이 생겼다. 리사는 처음에는 자신의 행동을 부인했지만, 곧 이를 인정했다.

친구 무리는 버스에서 내리자마자 재빠르게 도망가서 리사를 따돌리고 리사가 하루 종일 공원을 혼자서 배회하게 만들었다고 했다. 리사는 그날을 인생에서 최악의 순간으로 회고했다. 필자는 인기 많은 학생 뒤에서 왜 그러한 몸짓을 했냐고 물었고 리사는, "권위에 도전하고 싶었어요. 청소년들은 그런 행동을 하잖아요."라고 말했다. 리사는 친구 무리에서 따돌림을 당하기 전까지, 친구들이 자신의 행동을 재미있어할 것이라고 생각했다. 왜냐하면 대부분의 성인들이 자신의 행동을 좋아한다고 생각했기 때문이다.

다음 달 상담 시간에는, 리사 본인은 재미있다고 생각했지만 친구들은 그렇게 생각하지 않아서 상처를 받았거나 놀랐던 경험에 대해 이야기를 나누었다. 때때로 리사의 유머는 기괴했지만 꽤 재미있기도 하였으며, 어떤 경우에는 확실히 부적절하기도 하였다. 이 문제를 해결하기 위해서 우리는 많은 예를 통해서 어떠한 종류의 유머가 타인에게 재미있는지 또는 부정적 감정을 초래하는지 알아볼 필요가 있었다. 이러한 판단력을 가르치는 것은 어려울 수 있다. 많은 복잡한 상황을 고려해야 하고 직관적으로 판단이 이루어지는 것이기 때문에, 오히려 8세 아동에게 2차 방정식을 가르치는 것이 더 쉬울 수 있다.

여러 연구에 따르면, ADHD 아동은 일반 아동보다 친구와 어울리는 데 더 많은 어려움을 경험하게 된다. 새로운 친구들과 만나서 상호작용을 하게 되는 여름 캠프 기간 동안 서로에 대한 편견 없이 새로운 시작을 할 수 있지만, ADHD 아동은 또래에게 거부당할 수 있는 행동을 하는 경향이 있다. 종종 그들은 주의를 끌기 위해 자신을 지나치게 들이밀거나 또래의 관심사를 공유하지 않는다. 그래서 또래의 거부 행동이 매우 빨리 나타날 수 있다.

한 연구에 따르면, 또래의 거부 행동은 여름 캠프 첫날부터 나타났고 이러한 현상은 캠프 마지막 날까지 지속되었다. ADHD 아동은 지나치게 요구를 하거나 또래 간 상호작용을 하는 데 필요한 비공식적인 규칙을 지키지 않음으로써 또래를 성가시게 했다. 또래로부터 거부를 당해 고통을 받는 아동은 가족 사이에서 더 고립되며, 살아가는 데 필수적인 협력, 협상, 갈등 해결의 기술을 배우도록 돕는 또래 관계 기술을 놓치게 된다. 일부 연구자들은 이러한 사회 문제가 실행 기능 손상으로 인한 것이라고 한다.[3]

smart but stuck ADHD-아스퍼거 증후군 문제

또래와의 관계에 대한 이야기를 들은 후, 필자는 리사의 사회성 문제가 다른 ADHD 아동보다 심각하다고 생각했다. 리사는 자신의 유머에 사람들, 특히 친구들이 어떻게 반응할 것인지에 대해 잘 알지 못했고, 나중에서야 자신의 유머가 문제였음을 알았다. 리사는 "내게 사람을 쫓는 무언가 있는 것 같아요. … 전 이상한가 봐요. 저는 재미있는데 사람들은 기막혀해요. 많은 것들이 〈심슨〉 프로그램에 나온 것과 같은데 말이죠. 리사는 자신이 재미있어 하는 것에 다른 사람들이 왜 흥미를 보이지 않는지 진심으로 궁금해했다.

리사는 필자에게 더 많은 예를 들려 주었는데, 이로 인해 필자는 리사의 친구 문제는 〈심슨〉과 같은 유형의 과장된 풍자 시리즈를 지나치게 많이 시청함에서 기인된 것임을 알게 되었다. 리사는 프로그램 시청 후 부모와 또래와의 상호작용에서 이를 흉내 내었는데, 이러한 리사의 행동은 또래에게 엉뚱해 보였다. 부모는 리사의 유머에 화를 내었지만, 친구들을 언짢게 하거나 친구들에게 불쌍해 보일 그녀를 도울 수 없었다.

리사의 또래 의사소통 문제는 다른 대부분의 ADHD 아동과 달랐다. 리사의 행동은 친구들과 친하게 지내고 싶지만 어떻게 구체적으로 상호작용을 해야 하는지 모르는 아스퍼거 증후군 아동과 유사하였다.

ADHD 아동의 20~50%는 자폐성 장애 진단 기준에 부합한다. 이들은 사회적 상황을 적절하게 판단하고, 타인이 그들에게 어떻게 반응하고, 타인의 입장에서 생각하고, 또래와 상호작용하면서 자신의 역할과 행동을 융통성 있게 변화하는 능력에 심각한 결함을 보인다.

많은 ADHD 아동이 또래 관계에서 어려움을 보이긴 하지만, 일부 ADHD 아동은 아스퍼거 증후군처럼 사회적 의사소통 능력에 심각한 결함을 보인다. ADHD 아동의 20~50%는 자폐성 장애 진단 기준에 부합한다.[4] 이들은 사회적 상황을 적절하게 판단하고, 타인이 그들에게 어떻게 반응하고, 타인의 입장에서 생각하며, 또래와 상호작용하면서 자신의 역할과 행동을 융통성 있게 변화하는 능력에 심각한 결함을 보인다.

영리하더라도 사회적 기술에 심각한 결함을 보이는 ADHD 아동은, 대부분의 아동이 타인을 관찰함으로써 쉽게 배우는 비형식적인 상호작용 기술을 습득하는 데 실패한다. 자신의 사회적 행동이 부적절하다는 이야기를 듣더라도, 자신의 행동이 왜 이상한지 이해하지 못하며 대안 행동을 쉽게 보이지도 못한다. 많은 노력을 필요로 하며, 대부분의 또래가 직관적으로 배울 수 있는 사회성 기술을 인지하고 적용하는 것을 고통스러워한다. 리사는 자폐성 장애 진단 기준을 완전히 충족하지는 않았지만, 사회관계 문제가 심각하였다.

사춘기 성장 지연

리사는 키가 작고 신체 발달이 늦어서 사회적 어려움을 경험하였다. 또래보다 몇 살은 더 어려 보였다. 리사 자신도 이것을 알고 부끄럽게 생각하고 있었으나, 부모는 이를 언급하지 않았다. 대부분 아이들이 자신의 조숙함 정도를 정확하게 이해하는 시점이 되면, 리사는 신체적 · 사회적 미성숙함으로 인해서 또래에게 희생될 위험이 있다. 어떤 친구는 〈심슨〉에 빠진 리사를 그 만화에 나오는 아기인 메기로 불렀다. 어떤 친구는 리사를 꼬마 또는 괴짜라고 불렀다. 특히, 일부 중 · 고등학생들은 자신보다 어려 보이는 반 친구를 무자비하게 조롱한다.

리사의 신체 발달이 뒤늦음을 안 의사는 전문가와의 상담 후 리사의 뼈 나이가 신체 나이보다 3년 정도 뒤늦음을 알게 되었다. 하지만 성장 호르몬 치료를 통해서 점진적으로 신체 성장을 따라잡을 수 있었다. 1년 내 4인치 이상 성장한 리사는 또래 여학생보다 약간만 작아 보였다.

신체적으로 성장했고 또래에게 유치한 농담하기를 줄였음에도 불구하고, 리사는 자신이 포위된 포로 같다고 느꼈다. '이상한 아이'라는 명성이 자자했고, 과한 풍자로 친구들을 괴롭혔기 때문에 희생양이 계속 생겨났다. 이러한 어려움에도 리사는 좋은 대학에 가고 싶어 했다. 리사의 부모 모두 대학을 졸업하였는데, 리사 아버지는 매우 좋은 대학을 졸업했으며 리사 어머니는 대학원 졸업 후 시간제 근무를 하고 있었다. 리사는 고등학교 입학 후 2년 동안 평균 C 학점이었으나 부모와 유사한 길을 가고 싶었다. 리사의 인지적 강약점을 정확하게 파악하고 보다 객관적인 정보를 얻기 위해서 IQ 검사와 표준화된 학업 성취도 검사를 하자고 제안했다.

리사는 IQ 검사의 언어 이해력과 지각 추리력에서 높은 점수를 받았다. 많은 영리한 ADHD 아동처럼, ADHD 아동의 주요 손상 영역인 작업 기억력과 처리 속도 문제에서 평균이기는 하지만 대체로 낮은 점수를 기록했다. 읽기와 쓰기 학업 성취도 결과도 평균으로 나왔다. 수학 성취도 결과는 평균 끝자락에 속해 있었다. 이러한 검사 결과는 높은 언어 이해력과 지각 추리력에 비해 볼 때 예상했던 점수보다 낮은 것이다. ADHD 약을 복용하기 전 리사가 교사, 부모, 또래와 경험하고 있는 어려움에 비추어 볼 때, 이러한 결과는 당연한 것일 수 있다.

smart but stuck 강점 인식하고 희망 키우기

리사와 부모에게 IQ 검사와 성취도 검사 결과를 보여 주자, 리사는 자신의 높은 언어 이해력과 지각 추리력 점수를 자랑스러워했다. 리사는 활짝 웃으며, "희망이 있는 것 같아요."라고 했다. 높은 점수는 잠재성이 높음을 의미한다고 강조했다. 그리고 약물 복용에도 불구하고 여전히 작업 기억력과 처리 속도에서 어려움이 나타나고 있다고 말하며 일부 학업 영역에서의 주요 약점을 설명해 주었다. 객관적인 인지 능력에 대한 정보는 리사에게 중요한 정보가 되었다. 리사는 언젠가는 지금보다 훨씬 더 잘할 수 있는 총명한 사람으로 자신을 인식하기 시작하였다. 긍정적 자아상으로 인해서 리사는 비록 자신이 원하는 것보다 더 낮은 성취를 해 오긴 했지만, 미래에 대한 희망을 품을 수 있게 되었다.

많은 영리한 ADHD 아동은 높은 인지 능력에도 불구하고, IQ 검사에서 쉽게 볼 수 있는 작업 기억력과 처리 속도 문제로 고군분투를 한다.

예일 대학교 ADHD 연구팀에서는 ADHD 아동 · 청소년 · 성인의 높은 IQ, 그리고 높은 IQ에도 불구하고 작업 기억력과 처리 속도에 문제가 있다는 연구 결과를 발표하였다.[5] 이 결과는 ADHD인의 강점과 약점을 동시에 알려 주어 도움이 된다. 검사 결과를 보여 주면서, 친구들에게 검사 결과를 자랑하지 말라고 주의를 주었고, 총명한 것이 반드시 성공을 이끄는 것이 아니라고 말해 주었다. 상당한 양의 노력을 일관적으로 기울이는 것이 필요하다. 때때로 높은 IQ를 가졌지만 낮은 사회성을 보이는 ADHD 아동이 또래의 신망을 얻기 위해 자신의 높은 IQ를 자랑했다가 원하는 바의 반대 결과를 얻는다.

smart but stuck 새 학교에서 새 출발

계속적인 학업 부진과 사기 저하로 인하여 리사 아버지는 딸에게 기숙사 생활을 제안했다. 리사 아버지 자신이 기숙사 학교를 다닐 때 사회성과 학업 능력 향상에 도움을 받았기 때문이었다. 리사는 부모와 멀리 떨어지는 것을 두려워했지만, 기숙사 학교에서 친구들과 새롭게 관계를 맺고 공부를 열심히 하면 부모와의 갈등 관계에서 벗어날 것이라는 기대감도 가졌다.

여러 학교를 방문한 리사는 집에서 몇 시간 거리의 기숙사 학교에 지원했다. 학교에서는 리사가 10학년을 다닐 필요가 있다고 하며 입학을 허가해 주었다. 리사는 10학년을 다시 다녀야 한다는 이야기에 머뭇거렸지만, 이에 동의하고 학교에 다니기로 했다.

새 학교에서 2주 동안 생활을 한 리사는 필자를 보러 왔고 새 학교, 교육과정, 학생, 교사에 대해 열정을 보였다. 룸메이트와 필수 체육 활동을 좋아했다. 대부분 친구들이 다정하고 자신을 환영해 주었다고 하며 다음과 같이 말했다.

> 항상 주위에 이야기를 나누고 함께할 수 있는 친구들이 있다는 것은 정말 좋은 일이에요. 사이가 별로 좋지 않았던 부모님 외에는 이야기할 친구가 없었던 집보다 훨씬 좋은 것 같아요.

그리고 리사는 부모님 사이가 안 좋은 사람이 자신만이 아니라고 했다. 친구들과 이야기를 나누면서 이혼한 가정의 친구도 있음을 알게 되었다.

다음 해가 되자 리사는 수업 준비도 하고, 시험공부도 하며, 토의에도 참여할 수 있다고 했다. 조직화하여 쓰기, 제시간에 과제하기에 여전히 어려움을 보였지만 교사는, "리사는 미국사를 가르치는 데 큰 즐거움을 준다. 유머가 뛰어나고 유쾌한 태도를 지니고 있다." "화학 시험과 퀴즈에서 평균 92%로 학급에서 최상위권에 속한다."라고 평가했다.

여러 교사들이 리사의 노력과 열정에 대해 칭찬했다. 예를 들어, "리사는 훌륭한 학생이다. 열정적이고 목표 지향적이어서 최고의 영화와 최상의 프로젝트를 만들었다."라고 칭찬해 주었다. 크로스컨트리 경기 팀 코치도 다음과 같이 말했다.

> 리사는 잘 준비된 학생으로, 여름에 달리기를 많이 하였다. 기준치 이상을 성취하였고, 훌륭한 달리기 선수로서의 역할을 하였다. 달리기 선수로 성공한 리사는 자신의 팀 내 다른 선수를 종종 격려하였고, 매일 노력하는 자세는 다른 친구들에게 귀감이 된다.

리사의 학점은 전반적으로 매우 높아서 우등상을 받을 정도가 되었다.

smart but stuck 수치심, 분노, 자해 행동

성탄절 연휴가 끝나고 돌아온 뒤, 성공적인 학교생활이 갑자기 흐트러졌다. 성탄절 연휴 바로 직전, 남학생들이 리사에게 깔보는 말을 하고 거짓 소문을 퍼뜨렸다. 리사는 이 남학생 중 두 명을 좋아하고 있었고 그들도 자신을 좋아한다고 생각하고 있었기 때문에 상처와 화가 컸다. 리사는 자신의 컴퓨터 화면 보호기에 이 소년들의 이름을 올리고 음탕한 명칭으로 불렀다.

이를 본 한 여학생이 성탄절 연휴를 마치고 돌아온 남학생들에게 이를 말했다. 남학생과 리사는 싸움이 붙었고, 그들은 리사에 대해 안 좋은 거짓 소문을 더 많이 퍼뜨렸다. 학생 수가 많지 않았기 때문에 소문이 빨리 퍼져 나갔다. 친구들은 리사에게서 등을 돌렸고, 리사는 이전 학교에서와 마찬가지로 또 다시 친구에게서 거부당했다. 상처를 받고 당혹감과 화가 난 리사는 다리에 자해 행동을 하였다. 다행히 출혈이 심하거나 꿰맬 필요는 없었지만, 상처를 남기기에는 충분하였다.

자해 행동을 한 뒤 이틀이 지나, 리사는 필자에게 전화를 걸어 다시 자해 행동 충동을 느낀다며 병원에 입원시켜 달라고 요청했다. 필자는 리사 부모에게 연락을 하여 학교에 곧장 가서 리사를 데려오라고 하였다. 리사와 상담을 한 후, 자해 행동을 멈추고 안정을 취할 수 있도록 며칠 동안 병원에 입원할 필요가 있다고 판단했다. 그래야 학교에 돌아가서 예측할 수 없는 학업과 사회 문제를 안전하게 다룰 것으로 보였다.

자해 행동을 진단하고 치료하는 것은 쉽지 않다. 일부 부모, 교사, 임상가들은 자해 행동이 자살 행위의 전조라고 생각하기 때문에 매우 놀라지만, 보통 그렇지는 않다. 12~18세 청소년을 대상으로 한 설문 연구에 따르면, 약 17%

의 학생들이 최소 한 번 자살이 아닌 자해 행동을 했다. 가장 높은 빈도로 나타난 자해 행동으로는 신체 부위를 칼로 긋기, 할퀴기, 때리기, 약물 과다 복용이 있었다. 이러한 행동을 하는 평균 연령은 15세였다. 일반 청소년과 젊은 성인을 대상으로 한 또 다른 연구에서도 유사한 출현율이 나타났다.[6] 자해 행동을 할 때 항상 심각한 정신과 증후군이 동반되거나 자살 행위가 동반되지는 않는다. 그러나 일부는 정신과적 스트레스를 상당하게 받으며 심각한 자해 행위를 하거나 자살을 하기도 한다. 자해 행위의 심각성과 위험 수준을 평가하는 것은 쉽지 않으며 신중한 임상적 판단이 필요하다.[7]

리사는 병원에서 퇴원한 뒤 집에서 며칠 머무른 후 기숙 학교로 되돌아갔다. 우리는 여러 차례 만나서 입원, 자해 행동, 또래와의 갈등에 관련하여 친구, 교사, 직원들에게 어떻게 반응하면 좋을지에 대해 논의하였다. 필자는 학교 근처에 있는 상담가를 자주 만날 수 있도록 해 주었지만, 이를 어려워했다.

학교로 되돌아간 리사는 학업에 집중하고 과제를 제시간에 제출하는 것에 어려움을 보였다. 성적은 계속해서 떨어졌고, 교사들은 학생들에게 대학 입학 지원처에 좋은 인상을 남기기 위해서는 지금 성적이 매우 중요하다고 했다. 몇 달이 흐른 뒤 친구 관계가 회복되었지만, 일부 친구들은 리사와 멀어졌다.

smart but stuck 학교 행정가의 거절 극복하기

봄 학기 끝 무렵, 리사와 부모는 다음 학년도에 리사가 학교를 다닐 수 없다는 편지 한 통을 받았다. 리사 학점이 다소 떨어지긴 하였지만, 그 이유 때문은 아니었다. 학교장은 리사가 자해 행동을 하고도 다른 사람들에게 도움을 구하지 않는 등 불편한 일이 이만저만 아니며, 입원 후 리사를 만나 본 학교 상담가가 리사는 조울증 또는 아스퍼거 증후군으로 진단했다고 말했다.

이에 리사는 필자에게 결정을 재고해 달라는 편지 쓰기를 도와 달라고 부탁했다. 자신이 입학 후 얼마나 많은 혜택을 받았다고 느끼는지, 자해 행동을 하기 전에 성공적이었던 경험이 얼마나 많았는지에 대해 신중하고 논리 정연하게 편지를 썼다. 리사는 더 이상 자해 행동을 하지 않을 것이며, 재입학이 된다면 최선을 다해서 학교 공부를 할 것이라고 맹세했다. 나도 리사의 입장을 지지하며, 한 소녀를 이해하는 데 학교 상담가의 진단은 불충분할 수 있다는 내용을 적었다.

리사, 부모 그리고 행정가 간에 일련의 협상을 한 뒤, 리사는 학교에 기숙하는 대신에 통학을 하기로 했다. 학교 수업을 듣고 팀 스포츠에 참여할 수 있게 되었지만 기숙사 생활은 하지 못하게 되었다. 물론 통학하는 데 많은 시간이 걸렸지만, 친한 친척이 학교 근처에 살고 있어서 다음날 수업이 있을 경우 전날 밤 잠을 자도록 도와주었다. 주말이 되면 집으로 가서 부모와 함께 지냈기 때문에 필자를 만날 기회가 더 많아졌고, 친구와의 상호작용을 스스로 되돌아보는 시간도 가질 수 있었다. 그래서 학교 규칙을 준수하는 데 도움이 되었다.

그 해를 무사히 보내고, 고등학교 졸업 후 입학할 대학교를 물색해 보아야 하는 시간이 왔다. 진학 상담가는 리사에게 4년제 대학이 아닌 2년제 특수학교를 추천했지만, 리사는 4년제 대학을 가기로 결정하였고 필자는 리사의 결심을 응원했다.

smart but stuck 리사의 장점을 살리기 위한 결정

리사는 입원하기 전보다 운동과 공부를 더 열심히 잘할 수 있다는 것을 학교에 보여 주고 싶어 했다. 여름 동안 열정적으로 운동하여서 크로스컨트리 팀 선수로 활약하였고 팀장이 되었다. 그리고 친구들과 보다 성숙한 관계를 맺기로 다짐했다.

그해 리사는 기숙 학교를 우등으로 졸업하였다. 학장은 학교생활 중 이렇게 극적인 성장을 보인 학생은 없었다고 했다. 몇몇 교사의 강력한 추천서와 면접을 통해서 리사는 매우 좋은 대학에 들어갈 수 있었다. 대학에서 공부도 꽤 잘했으며 많은 친구들과 만족스러운 관계도 가질 수 있었다. 대학은 필자의 사무실에서 상당히 멀리 떨어져 있었기 때문에 리사를 자주 볼 수는 없었지만, 첫 학기가 끝난 후 리사와 만날 수 있었다. 리사는 학교생활이 너무 재미있다고 했다. 첫 학기 모든 과목에서 A를 받았고, 자유 시간을 함께 보내는 여러 친구들에 대해 자랑스럽게 이야기했다.

> 인기 없는 이상한 여학생이라는 이미지를 완전히 벗었어요. 때로는 나 자신을 사회 규범에 맞게 순응하는 것이 필요하다는 것을 배웠어요. 이제는 말을 적게 하고 잘 들어요. 사람들은 제가 침착하고 여유로우며 재미있다고 생각해요. 진짜 친구도 사귀었고, 재미있게 지내며, 제 할 일도 잘하고 있어요.

4년 후 리사에게 편지 한 통을 받았다. 리사는 우등상을 받고 대학을 졸업하여 교사가 되어 꽤 잘 지내고 있다고 했다. 그 일 직후 리사는 학위를 보여주려고 필자의 사무실에 들렀다.

리사에게 도움이 된 것

- 부부 문제, 가족 간 삼각 갈등을 인지하고 그것을 줄이기 위해서 가족 간에 상호작용 패턴을 변화시킬 필요가 있음을 깨닫게 한 가족 치료
- 약물의 반향 효과로 나타난 짜증을 줄이기 위해서 늦은 오후에 소량의 촉진 약물 복용
- 교우 관계 문제를 이해하고, 사회적 단서에 대한 인식을 높이고, 사회적 상호작용 기술을 향상시키기 위해 실시한 개별 이야기 치료
- IQ 검사 및 학교생활로는 알 수 없는 인지적 강점 발견
- 사춘기 성장 지연에 대한 성장 호르몬 치료
- 교우 관계를 향상시키고, 새로운 출발을 도우며, 가족 간 갈등으로부터 벗어날 수 있도록 한 기숙사 학교생활
- 자해 행동에 대한 위기 중재: 학교장의 과잉 행정에 잘 대처하고, 학업, 운동, 교우 관계에서 이룬 훌륭한 성과

08 스티브

"ADHD 때문에 3개월 전 이혼을 했고 한 달 전 회사에서 해고당했어요. 약물 복용으로 약간의 도움을 받았지만 효과가 충분하지는 못했어요. 한 가지 일에 빠지면 정말 중요한 일을 하지 못해요. 일 처리를 꾸물거리며 하기 때문에 많은 시간이 걸려요. 컴퓨터를 잘 하기는 하지만 제 자신을 프로그래밍하지는 못해요."

– 32세 컴퓨터 프로그래머

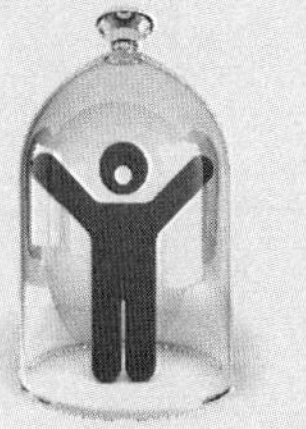

소프트웨어 엔지니어인 32세 스티브(Steve)는 최근 직장을 잃고 아내와 이혼한 것에 대해 좌절과 분노를 느꼈다. ADHD 때문에 직장과 아내를 잃어버린 것으로 생각하였고, 의사가 처방해 준 약이 ADHD를 고쳐서 이러한 결과를 막아 주지 못한 것에 화가 나 있었다. ADHD가 있음에도 엔지니어링 분야에서 학사를 받고, 컴퓨터 공학 석사 학위를 취득했다. ADHD 약물이 학교생활에 도움을 주긴 했지만, 스티브의 행동을 변화시켜 이혼과 해고를 막지는 못했다.

ADHD가 고용에 미친 영향

많은 사람이 ADHD가 학업, 부모-자녀 관계에 부정적인 영향을 미친다는 것을 알지만, 고용에 어떠한 영향을 미치는지 잘 알지 못한다. ADHD와 고용에 관한 연구 결과에 따르면, 성인 ADHD인은 해고를 당하거나 결근을 과도하게 하거나 성과가 미약하거나 동료들과 관계를 좋게 하지 못하거나 충동적으로 직장을 바꾸거나 만성적인 고용 문제를 보임으로써, 실업 상태인 경우가 많다.[1] 물론 모든 ADHD인이 낮은 성과로 인해 고생한다는 의미는 아니다. 많은 사람이 꽤 일관적이고 생산적인 직장인이며, 일부는 정말 뛰어난 피고용인이다. 하지만 ADHD인은 실행 기능 장애로 인해서 고용과 관련하여 위험에 처하게 된다.

스티브와 처음 만났을 때, 그는 아내와의 이혼보다 직장에서 해고된 것에 대한 걱정을 더 많이 했다. 스티브의 말에 따르면, 직장 상사는 자신의 프로그래밍 작업에 꽤 만족해하며, 종종 도전적인 과제를 주었다. 하지만 상사는 출근 시간 준수하기, 매주 비용 청구서 제출하기 등 회사 규율을 지키지 못하는 스티브의 행동에 실망했다.

smart but stuck 타인의 감정 인식을 어려워함

스티브의 만성적 문제에 경고가 주어졌지만, 그의 행동은 변하지 않았다. 매일 아침 9시에 일을 시작하는데 스티브는 10시 30분 이전에 출근한 경우가 거의 드물었다. 종종 6시 전에 기상하더라도 특정 음악을 한 시간 이상 반복해서 들은 후 이메일을 읽고 답하기 때문에 지각을 하였다. 스티브는 퇴근 후 두세 시간의 추가 근무를 하기 때문에 지각이 문제가 되지 않을 것이라고 생각했지만, 상사는 그렇게 생각하지 않았다.

회사에서는 적절한 기록을 남기기 위해서, 그리고 다른 도시에서 몇 주간 일하는 동안 사용한 비용을 보상해 주기 위해서 매주 비용 청구서를 제출하도록 요구한다. 스티브는 마감일이 한두 달 지난 후에 비용 청구서를 제출하여 상사와 몇 차례 갈등이 있었다. 이 일로 인해서 상사의 분노가 커지고 있음을 이해하지 못하고 있다가, 피해를 당했다. 회사에서는 비용 청구서가 이전 회계 연도에 해당하거나 회사의 경고를 반복적으로 무시하였기 때문에, 15,000달러 정도의 돈을 상환하지 않겠다고 했다.

해고에 대해 말할 때, 스티브는 설령 자신이 많은 돈을 내더라도 상사의 지시를 따를 원동력이 생기지 않는다고 말했다. 스티브는 자신이 그런 것처럼 이러한 무기력한 감정을 타인이 이해해 줄 것이라고 생각했다. 상사의 경고에도 기본 규칙을 지속적으로 어긴 것은 변명의 여지가 없는 반항적이고 도전적인 태도이다. 스티브는 직업 기술이 부족해서가 아니라, 최근 임용된 상사가 그의 고질적인 반항 행위를 참지 못해서 해고된 것이다.

스티브는 쉽게 주의가 흐트러지는 ADHD의 특성에서 자신의 문제가 기인한 것으로 보았다. 그는 특정 활동에 빠져서 필요할 때 주의를 다른 데로 전환하지 못하는 것에 대해 이야기했다. 정시에 출근하기 위해서 8시에 아파트 문을 열고 나오지만 이내 다양한 활동에 빠져 지각을 하게 된다고 했다.

첫 평가 결과, 필자는 그가 확실히 ADHD로 고통받고 있으며 의사가 처방해 준 약물의 도움을 받고 있다고 판단했다. 스티브는 약물을 복용하여 주의 집중력이 향상되었고 작업 기억력이 향상되었다고 말했지만, 정시 출근 행동을 돕지는 못했다고 했다. 필자는 약물 복용 시간에 대해서 물었고, 그는 집을 나와 직장으로 가는 길에 약을 먹는다고 했다. 필자는 스티브와 의사에게 아침에 기상하자마자 약을 먹는 것이 도움이 될 것이라고 말하며, 그렇게 함으로써 기상 후 출근 준비 이외의 활동에 과도하게 빠져서 지각하는 문제에서 빠져나올 수 있는지 살펴보자고 했다. 스티브는 다음날 의사를 만났고 3일 후부터 약물 복용 시간을 바꾸었다.

smart but stuck 강박에서 오는 합병증

자신이 비용을 지불해야 할지언정, 스티브는 다른 활동으로의 전이를 매우 어려워하였다. 이에 스티브는 기본적인 회사 규칙 준수를 완고하게 거부하였다. 예상대로, 스티브는 과도한 산만함 혹은 시간 계획의 어려움을 갖고 있었다. 스티브는 자신이 하고 있는 활동을 계속하려는 강박 충동, 즉 강박 장애(Obsessive-Compulsive Disorder: OCD)가 있었다. 강박 장애는 일부 ADHD인들이 말하는 '과도한 주의 집중'의 과장된 형태이다.

강박 장애 문제 중 하나는 인지적 비융통성이다. 즉, 상황이 요구할 때 자신의 마음을 변화시키지 못하는 것이다. 이것은 채널 선택기가 붙어 있는 텔레비전과 같은데, 다른 채널로 돌리고 싶더라도 그러지 못하는 것이다. 이미징 연구에 따르면, 강박 증상을 보이는 아동은 심적인 이동이 필요한 과제를 할 때 이러한 문제를 보이는 것으로 나타났다. 이는 전두엽이 불충분하게 활성화되어 발생한다.[2]

스티브는 다른 활동으로의 전이를 매우 어려워하였다. 이에 스티브는 기본적인 회사 규칙 준수를 완고하게 거부하였다. 스티브는 자신이 하고 있는 활동을 계속하려는 강박 충동, 즉 강박 장애(Obsessive-Compulsive Disorder: OCD)가 있었다.

하나에 몰두하려는 스티브의 문제는 타인의 정서를 이해하지 못하는 것(예: 상사에게 느끼는 좌절감과 분노)과 맞물려 더욱 복잡해졌다. 이에 대한 기저는 조용하지만 강하게 타인의 기대를 저버리려는 것처럼 보인다. 필자의 관찰 결과를 스티브에게 말하자, 그는 아버지도 타인에게 규칙을 지킬 것을 강요하는 경찰관으로 평생 일하면서도 가정이나 직장에서 자신과 유사하게 해야 할 일을 종종 하지 않았다고 회상했다.

아내가 왜 이혼을 요구했는지 묻자, 자신에게 관심이 없어졌고 다른 남자가 생겼다고 했다.

> 제 아내는 총명하고 열심히 일하지만 자신에게 충분한 관심을 쏟지 않고 다른 일에 늘 몰두해 있는 제게 불만이 많았어요. 불평을 질리게 들었던 저는 아내가 자신이 원하는 것을 충족할 수 있는 남자를 찾았다고 했을 때 기뻤어요.

처음에는 스티브가 이혼에 대해 겉으로 보이는 것보다 더 슬퍼하는지, 또는 불행했던 결혼 생활을 끝내서 불행이 경감했다고 생각하는지 분간하기 힘들었다. 이에 대해 묻자, 그는 아내가 고지서 비용을 내지 않는 자신에게 계속적으로 불만을 털어놓았다고 했다. 결국 아내는 부부 공동 계좌에서 모든 고지서 비용을 냈다고 했다.

스티브는 고지서에 청구된 비용을 내거나 다른 실생활 과제를 제때에 하지 않고 미루는 습관이 있다고 말했다. 1년 전에는 수입에 대한 세금을 3년 연달아 내지 않았기 때문에 연방국세청으로부터 심한 처벌을 받았다. 그리고 최근에는 차량 등록이 1년이 지나 운전 중 경찰의 저지를 받기도 했다. 또한 의사에게 처방전을 받으러 가지 않아서 종종 ADHD 약을 몇 주 동안 복용하지 않기도 한다. 이러한 예에서 알 수 있듯이, 스티브의 행동은 비합리적이고 자신에게 해가 된다. 하지만 잘하겠다고 반복해서 결심하더라도 동기 유발이 잘 되지 않고 무기력하다. 지속적이고 과도하게 꾸물거리고 다른 활동으로 전환이 어렵다는 이야기를 들은 필자는 ADHD 약물에 더하여 강박 장애 약을 복용할 것을 권했다. 스티브가 이에 동의하여, 필자는 의사에게 강박 장애 증상을 개선할 약으로 선택적 세로토닌 재흡수 억제제(a selective serotonin reuptake inhibitor: SSRI) 계열의 플루복사민말테이트(Fluvoxamine)를 스티브에게 처방해 줄 것을 부탁했다.

어느 정도 예상했지만, 강박 장애 처방약의 효과는 즉각적으로 나타나지 않았다. 두 달이 지나고 복용량을 늘리자 보다 중요한 과제나 활동을 하기 위해 지금 하고 있는 것을 멈출 수 있게 되었다. 그리고 매일 해야 할 일의 목록을 만들고 그것의 대부분을 끝내는 자신에 대해 자부심을 느낀다고 했다.

smart but stuck 약물 효과의 상실

불행히도 SSRI 약물의 효과는 오랫동안 지속되지 않았다. 약 6개월의 시간이 지나자 스티브는 약효가 떨어진 것 같다고 말했다. 다소 무기력하고 동기유발이 잘 되지 않는 것 같다고 했다. 더 나아가 강박 장애 증상이 재발하여 특정 활동을 반복적으로 하고, 해야 할 일을 하지 못하는 것 같다고 했다. 몇 주 동안 SSRI 약물을 점차적으로 줄여가면서 SSRI 약물이 비효과적일 때 사용하는 클로미프라민(Clomipramine) 약물을 사용해 보자고 했다. 한 달 동안 새로운 약물을 복용한 스티브는 무기력감을 덜 느끼고 밤잠을 잘 자게 되었다. 그리고 해야 하는 일과 상관없는 특정한 활동을 계속해서 반복하고자 하는 욕구를 잘 통제할 수 있게 되었다. 동시에 함께 복용하고 있는 ADHD 약물의 효과가 지속해서 나타났다.

smart but stuck 결혼 생활 중 공감의 부족

결혼 생활에서의 어려운 점을 이야기할 때, 아내는 남편이 실제적인 일을 잘하지 못하고 롤러블레이드를 타거나 친구들과 배구를 하거나 아내가 흥미 있어 하지도 않는 활동을 함으로써 부부간에 충분한 시간을 보내지 못하는 것에 불만을 가졌다고 했다. 그리고 밤늦게까지 컴퓨터를 하는 것에 불만을 가졌다. 스티브는 인터넷 서핑, 컴퓨터 게임 등을 하면서 컴퓨터에 몰두하게 된다고 했다.

스티브는 짜증과 원망 섞인 어조로 아내가 자신에 대해 가졌던 불만 사항을 이야기했다. 아내가 자신에 대해 느꼈을 좌절감에 대해서는 공감을 하지 못했다. 아내의 좌절에 제대로 대처하지 못한 자신에게만 집중하며, "어떤 사람이 저에 대해 항상 비난을 한다면 결국 모든 걸 멈추고 싶다는 생각이 들게 돼요."라고 말했다. 이혼 후 찾아온 외로움과 상실감을 드러내기도 했지만, 불만스러운 결혼 생활이 끝난 것에 기쁨을 느끼는 것처럼 보였다. 그리고 "서로 좀 더 잘 소통하기 위한 방법을 찾아내지 못한 것이 안 좋았던 것 같아요." 라고 생각에 잠긴 듯 말했다.

보다 효과적으로 소통했던 경험에 대한 필자의 질문에 스티브는 그런 경험이 전혀 없었다고 했다. 부모들끼리 친구여서 어렸을 때부터 보아 왔던 사이라고 했다. 학교를 마치고 모두 결혼을 해야겠다는 생각을 했고, 부모들도 결혼을 미루지 말고 서둘러 할 것을 권했다고 했다. 이에 결혼을 해야겠다는 강렬한 마음에서가 아니라 부모를 실망시키지 않기 위해서 한 결혼으로 판단되었다. 스티브는 아내도 결혼에 대한 강렬한 열정을 가진 것이 아니었지만, 자신들의 관계가 개선되기를 오랫동안 희망해 왔다고 생각했다.

smart but stuck ADHD 장애로 인한 좌절감

ADHD 아동의 양육 방법에 대한 연구가 다소 있지만, ADHD가 연애와 결혼 생활에 미치는 영향에 대한 연구는 많지 않다.

ADHD 성인과 일반 성인의 연인 관계를 비교한 결과, ADHD 성인의 경우 연인 관계에서의 안정성이 유의미하게 떨어지는 것으로 나타났다.[3] 30대

ADHD 성인에 대한 또 다른 연구를 살펴보면, 40% 미만이 파트너와 살고 있거나 살았던 경험이 있었고, 그중 7% 미만이 지역 사회에서 평범하게 살고 있었다.[4]

연구자들은 연구에 참여한 개별 대상자와 임상 면담을 실시하였다. ADHD 성인들은 정서적 · 사회적 성숙도가 다소 지체되었고, 30대 초중반이 되어서야 남자 친구나 여자 친구를 사귈 준비가 되었다. 연구자의 기본 가정은 지속적이고 친밀한 관계를 갖는 것이 정상적이라는 것이다. 하지만 그러한 가정은 ADHD 여부와 상관없이 많은 사람이 친밀한 애인 없이도 적절하고 만족스러운 삶을 살아간다는 점에서 의문의 여지가 있다.

ADHD 성인과 일반 성인을 비교한 한 연구에 따르면, ADHD 성인은 안정적인 연인 관계를 맺지 못하고 높은 이혼율을 보였다.

ADHD 성인의 결혼 생활에 대한 연구 중 하나를 살펴보면, ADHD 배우자들은 흔히 다음과 같은 문제를 보여서 남편이나 아내의 불만을 샀다.[5]

- 집을 정리하고 집안일을 하는 데 서투르며, 해야 할 일을 자주 잊는다.
- 잦은 말다툼과 논쟁, 의견 차이가 있었으며, 상대 배우자로서 역할을 못하거나 지원적이지 않다.
- 무질서하고 게으르며, 자신감이 결여되어 있고, 융통성이 없다.
- 가정 경제에 기여하지 않으며, 자산 운용을 잘하지 못한다.
- 성질이 급하고 예측이 불가능하며, 우울감이 있고, 참을성이 없으며, 쉽게 좌절한다.

이러한 문제는 비단 ADHD 성인에게만 나타나는 것이 아니지만, 스티브와 아내의 관계에서 이런 문제가 모두 나타났다. 필자가 스티브를 처음 만났을 때 그는 누군가와, 특히 아내와 친밀한 관계를 맺는 것에 흥미를 보이지 않았다. 그리고 상호 만족스러운 친밀한 관계를 맺는 데 필수적인 일부 성격 요인이 부족해 보였다. 자신은 여성을 좋아하는 이성애자라고 하였지만, 아내에게 여성적 매력을 포함하여 다른 매력을 느끼지 못한다고 하였다. 청소년기와 대학 시절, 많은 여성들과 짧은 관계를 맺었지만 오랜 기간 사귀는 데는 흥미를 보이지는 않았다.

둘째, 아내와 상사와의 관계에서 스티브는 공감 능력, 즉 다른 사람이 어떻게 느끼고 왜 그렇게 행동하는지를 인식하는 능력이 부족한 것처럼 보였다. 그리고 다른 사람의 감정과 욕구를 고려하고자 하는 의욕이나 능력을 보여주지 못했다.

smart but stuck ADHD와 자폐성 장애의 중복

최근 연구에 따르면, 상당수의 ADHD 성인이 아스퍼거 및 자폐성 장애와 유사하게 상호작용 문제를 만성적으로 보인다. 그들은 나이에 적절한 공감 능력이 부족하고 사회적 의사소통 및 상호작용에서의 어려움을 지속적으로 보인다. 한 최근 기사에 따르면, 자폐성 장애와 ADHD가 '하나의 포괄적인 장애가 다르게 발현된 것(different manifestations of one overarching disorder)' 인지 의문을 제기하였다.[6] 그리고 유전 연구에 따르면, 자폐 특성과 ADHD 특성 간에 유사성이 있다고 하였는데 이는 주로 유전 요인에 의해 설명되는 것으로 보인다.[7]

최근 연구에 따르면, 상당수의 ADHD 성인이 아스퍼거 및 자폐성 장애와 유사하게 상호작용 문제를 만성적으로 보인다. 그들은 나이에 적절한 공감 능력이 부족하고 사회적 의사소통 및 상호작용에서의 어려움을 지속적으로 보인다.

스티브와 이야기를 할 때 필자와의 상호작용을 싫어한다는 느낌이 들지 않았다. 필자에게 자문을 구했고 눈 맞춤도 잘했으며 대화 중 온정을 비추기도 했다. 필자는 왜 스티브의 아내와 상사가 계속해서 그에게 화를 내고 실망했는지를 이해하기 위해서 부족한 점을 주의 깊게 보려고 했다. 아내와 상사와의 관계 맺기 능력에 있어서의 부족함에 주목했다. 사회성 능력의 부족이 가장 심했고 눈에 띄었는데, 이로 인해 스티브는 지속적인 상호 관계를 오랜 기간 동안 만족스럽게 맺지 못한 것처럼 보였다.

스티브는 친구들과 야외에서 활동하는 것을 즐긴다고 했다. 그는 몇몇 친구들과 롤러블레이딩이나 배구를 한다고 말할 때 열정을 보였다. 그러나 활동 중 친구들과 많은 이야기를 나누지는 않았다. 즉, 집단 활동에 협력적으로 참여하고 친밀한 우정 관계를 형성하는 데 있어서는 상호작용이 충분해 보이지 않았다. 결혼 생활, 직장 생활, 친구들과 활동을 할 때 스티브는 매우 고독한 사람인 것 같았다. 그들과의 관계는 유아가 협동 및 상호작용 활동에 필요한 기술을 배우고 즐거움을 알게 되기 전까지는 서로 옆에서 놀지만 상호작용을 하지 않는 평행 놀이 단계와 같았다.

smart but stuck 지속적인 친밀감 추구 능력의 부족

매우 유명한 저널리스트이자 음악 평론가인 팀 페이지(Tim Page)는 『평행놀이(parallel play)』라는 유명한 책을 썼다. 그 책에서 진단받지는 않았지만 아스퍼거 증후군을 갖고 성장했던 자신의 경험에 대해 썼다. 팀 페이지가 경험한 결혼 생활에서의 어려움은 스티브의 결혼 생활과 유사했다.

> 29세가 되자 결혼을 해야 할 때라고 생각했다. 유감스럽게도 냉혹하고도 현실적인 결정이다. 나는 총명하고 직관적인 친구와 결혼을 했다. … 그러나 친밀감을 추구하는 능력의 부족으로 결혼 생활을 오랫동안 지속할 수 없었다. 아내는 사랑 서약을 원했고 나를 손에 넣고자 했다. … 그런 후 갑자기 경고도 없이 떠났다. 아내는 너무 후회스러웠거나 너무 외로웠거나 너무 동정심이 많아 내게 이유를 말해 줄 수 없었을 것이다.[8]

팀 페이지는 아내가 자신을 떠나자 매우 놀랐다. 아무런 준비도 없었고 갑작스러운 이별로 당황했다. 중년이 된 그는 자신이 아스퍼거 증후군의 장점과 약점을 갖고 있음을 알게 되었다. 어느 날 의학 전문가가 쓴 아스퍼거 증후군 책을 읽다가, 그는 다음과 같은 느낌이 들었다.

> 내 전기를 읽는 것 같다는 느낌이 문득 들었다. 컴퓨터와 같은 기억력, 신체적 둔감성, 또래 및 애인과의 관계에서의 어려움, 일과 반복의 필요성, 지엽적이고 특별한 흥미…. 내가 혼자가 아니라는 것을 배운 나이는 45세였다.[9]

팀 페이지는 아스퍼거 증후군의 특성을 다음과 같이 묘사하였다.

> 조숙, 방대한 양의 정보를 유지할 수 있는 능력, 연령에 적절한 사회성 부족, 사회적 규범 무시, 전이에서의 어려움, 높은 지능 지수, 사소한 것에 집중하기 등.[10]

이 목록에 공감 능력의 부족이 없음에 주목하라.
스티브는 ADHD와 강박 장애에 더해서 이러한 아스퍼거 증후군의 많은 특성을 갖고 있었다. 그러나 심각한 자폐는 아니었고, 사회적 상호작용을 보면 다소 내성적이거나 수줍음이 많은 것으로 보였다. 그러나 스티브의 ADHD 성향, 강박 장애와 관련된 다른 활동으로 집중을 옮기는 데 있어서의 어려움, 아스퍼거와 관련된 타인의 생각과 감정을 읽는 데 있어서의 어려움이 복합적으로 작용하면서 상사 및 아내와의 관계에 문제가 초래되었다.

smart but stuck 상실 이후의 삶

직장과 아내를 잃고 약 6개월이 지난 후, 스티브는 이전 직장에서 하던 일과 유사한 컴퓨터 프로그래밍과 관련한 새 직장을 구해서 성공적으로 생활하고 있었다. 그러나 새 직장을 다니기 위해서는 이사를 해야 했고, 그곳은 필자의 사무실과 멀리 떨어져 있어서 계속해서 치료를 받기 어려웠다. 6개월이 지난 뒤 추후 치료를 받기 위해 몇 차례 방문했다. 그는 ADHD 증상 완화를 위해서 약물을 지속적으로 복용하고 있었으며, 강박 행동을 피하기 위해 클로미프라민을 복용하고 있다고 했다. 마지막 치료에서 그는, 새 직장에서 효과적으로 일하고 있으며 상사가 원하는 바를 충족시키기 위해 주의를 기울이고 있고, 비용 청구서를 제시간에 작성하고 있다고 했다. 하지만 재혼 생각은 없다고 했다. 친구들과 모여 배구를 하는데 현재의 삶이 충분하다고 했다. 삶을 살아가는 데에는 여러 가지 방법이 있다고 생각하므로, 필자는 본인이 원하지 않는다면 친밀한 관계를 맺으라고 강요할 필요가 없다고 생각했다.

스티브에게 도움이 된 것

- 직장과 사회생활에서 적절한 적응 행동과 태도를 보이기 위해서 필요한 것을 알아보고, 방어적인 분노와 변명하기를 개선하기 위한 이야기 치료
- 아침에 발생하는 행동 문제를 교정하기 위한 약물 투여 시간 변경
- ADHD 장애 외에 인지적 비융통성, 활동 간 전이의 어려움과 관련한 강박 증상을 알아냄
- ADHD 약물 이외 강박증 치료를 위한 SSRI 약물을 추가하고 SSRI가 효과가 없자 다른 약물로 대체
- 자폐성 장애로 인해 공감 능력에 문제가 있으며, 이로 인해 직장 및 가정생활에서 문제가 있었음을 알림
- 친밀한 관계를 형성하고 유지하는 데 흥미와 능력이 없기 때문에 재혼에 대한 스티브의 결정을 존중하면서 새 직장을 구하고 유지하려는 노력을 지원

Smart But Stuck

09 수

"중학교 입학 전에는 항상 좋은 성적을 받았고 문제도 일으키지 않았지만, 지금은 무법자처럼 옷을 입고 다니며 학교 공부에 신경 쓰지 않아요. 부모님과 선생님은 제 친구에 대해 잘 알지도 못하면서, 어울리는 친구들을 보며 저를 업신여겨요!"

– 14세 고등학생

어머니와 함께 첫 상담을 하러 온 수(Sue)는 검정색 립스틱을 바르고 검정색 바지, 검정색 셔츠, 검정색 가죽 재킷을 입고 있었다. '무법자'처럼 보이고 싶어 하는 것 같았다. 무슨 일로 왔는지 묻자 수는, "집중을 하고 싶어도 집중을 할 수가 없어요. 산만해져서요. 저는 질서가 없고 항상 지각을 해요. 기억력도 나빠요."라고 말했다.

수는 우리 상담의 의제를 설정하는 데 시간을 낭비하지 않았다. ADHD 문제에 도움을 요청하고 있는 것처럼 보였다.

수는 9학년 중반의 학생으로, 7학년 이후 학교 성적이 급격하게 하락하였다고 말했다.

초등학교 시절 내내 우등생이었어요. 항상 A를 받았고 선생님에게 좋은 평가를 받았어요. 그 당시 선생님의 애완동물과 같았어요. 하지만 중학교에 들어간 후 모든 것이 변했어요. 선생님 말씀을 더 이상 잘 듣지 않고, 학교 공부도 어려워졌지만 이전처럼 공부를 열심히 하지 않았어요. 그리고 이전 친구들보다 더 재미있고 진실한 새 친구들을 만났어요.

과잉행동을 보이지 않는 총명한 ADHD 아동이 초등학교 시절 우등생으로 지내는 것은 보편적인 일이다. 초등학교에서는 한 명의 교사가 학생들에게 구조화되고 안정된 환경을 제공해 줄 수 있기 때문이다. 교사와 학생들은 서로에 대해 잘 알 수 있어서 적절한 학업적 지원을 제공해 주고 친구 사이의 문제를 잘 해결해 줄 수 있다.

smart but stuck 중학교 진학 후에 나타난 문제

중학교로 진학 후, 대부분 학생들은 어려워진 학업과 복잡한 하루 일과를 경험하게 된다. 한 명이 아닌 여러 명의 교사가 있고, 여러 자료들을 조직화하고 여러 과제를 수행해야 한다. 매 시간마다 교실을 이동해야 하고, 교사나 부모의 감독 없이 보다 자율적으로 생활해야 한다.

연구에 따르면, ADHD 아동은 중학교 진학 후 특히 더 많은 어려움을 경험한다.

연구에 따르면, ADHD 아동은 중학교 진학 후 특히 더 많은 어려움을 경험한다. 비록 아동기 중・후반에 ADHD 성향이 점차적으로 감소하기는 하더라도, 중학교 진학 후 많은 어려움을 경험하며 기능 손상이 증가한다.[1]

중학교 진학 과정 중, 대부분 아동은 사춘기로 인해 커다란 신체 변화를 겪게 되거나 반대로 왜 아직도 신체적 성숙이 나타나지 않는지에 대해 의문을 가지기도 한다. 사춘기 변화와 함께 부모로부터 자율성을 갖게 되고 친구 관계에 있어서도 변화를 갖게 된다. 그리고 많은 경우 가정과 학교에서 새로운 생각, 대화, 행동을 보인다. 이러한 변동성을 강조하고자 청소년 연구자들은 여러 시간대 다양한 활동 중에 나타나는 변화를 점검하도록 경험 샘플링(experience-sampling) 방법을 사용한다.

> 청소년은 자기중심적이면서도 감동적인 이타주의 행동을 보이기도 한다. 주의 집중력은 나비처럼 너울거리기는 하지만 외관상으로는 무의미한 것에 오래 집중할 수 있다. 게으르거나 무례하기도 하지만, 기대치를 낮춘다면 사랑스럽거나 도움이 되기도 한다. 이러한 예측 불가능성이 청소년의 특성이다. 12~19세가 특히 그러하다. 왜냐하면 그 기간 동안 다른 자아상에 대해 실험할 기회가 주어지기 때문이다.[2]

smart but stuck 부모의 걱정과 좌절

첫 모임에서 수의 어머니는 몇 년 전과 현재 딸의 모습이 얼마나 다른지를 강조했다. 어머니는 수가 요새 어울리는 새로운 친구를 좋아하지 않았으며, 새로운 친구와 자신에 대한 비밀과 짜증이 늘어나는 것에 대해 걱정했다. 최근에는 지갑에서 마리화나를 발견했고, 첫 모임에서 이를 이야기하자 수는 단호하게 말하였다.

> 제가 아니라고 했잖아요. 친구가 위험에 처하지 않도록 하기 위해서 대신 보관해 주고 있었을 뿐이에요. 검사를 통해서 제가 마리화나를 피우지 않았음을 증명해 보일 수 있어요! 일부 친구들이 마리화나를 피우는 것은 사실이지만, 저는 아니에요. 저는 담배만 피웠고 그것도 자주 피운 게 아니에요. 무엇이 문제인가요? 아빠도 담배를 피우고 엄마도 피웠었잖아요! 엄마는 항상 나와 다른 사람들의 최악의 상황만을 떠올려요!

어머니는 필자 쪽으로 몸을 돌려 어깨를 으쓱하고 머리를 흔들며 다음과 같이 말했다.

우리가 어떤 논쟁을 하는지 아실 수 있을 거예요. 저는 제 딸에게 어떻게 해야 할지 잘 모르겠어요. 가장 걱정되는 것은 수가 공부에 관심을 잃고 있다는 거예요. 과거에는 학교 과제에 신경을 썼지만, 최근 몇 년 동안에는 성적이 많이 떨어졌어요.

어머니는 필자에게 7, 8, 9학년 성적표를 보여 주며 성적 하락을 강조했다. 나는 성적표를 보기 전에 수에게, "성적표에서 무엇을 볼 것 같니?"라고 물었고 수는 다음과 같이 답했다.

6, 7, 8학년도 성적표를 보시면 A가 많고 몇 과목에서만 B가 있을 거예요. 9학년 성적표를 보시면 B 하나, C 하나, C^- 하나, D가 세 개일 거예요. 영어, 역사, 과학 기말 시험을 통과하지 못했기 때문에 D를 받았어요. 기하학과 불어는 가까스로 통과했어요. 부모님은 과거에 선생님을 좋아해서 좋은 성적을 받았던 것을 생각하시면서, 제가 매우 똑똑하다고 생각해요. 하지만 모든 주요 과목에서 실패했어요. 저는 부모님이 생각하시는 것처럼 똑똑하지 않아요!

smart but stuck 사람과 행동 구분하기

어머니는 고등학교 훈육 보고서와 같은 자료를 보여 주면서 말했다.

학점만이 문제가 아니라 태도와 행동도 문제예요. 수업 시간에 종종 지각을 하기도 하고 결석을 하기도 해요. 수업 시간에 큰 소리로 이야기하거나 욕을 하기도 하며, 선생님에게 무례하게 굴기도 해요. 집에서 우리에게 무례한 행동을 보이더라도 이전에는 학교에서는 그러지 않았거든요.

교사와 부모에게 어떤 종류의 말을 하여서 문제가 생기는지 묻자 수는, "저는 선생님이 멍청해 보일 때 멍청하다고 이야기해요. 그러면 아이들이 웃어요."라고 말했다. 그리고 "저를 정말 나쁜 아이라고 생각해요."라고 웃으며 말했다. "그것에 대해 어떻게 생각하니?"라고 묻자, "어떤 경우 선생님이 정말 멍청하지만 제 자신도 멍청하다고 생각해요."라고 조용하게 답했다.

필자는 상담 초반에 수가 세운 상담 목표에 감명을 받았던 것처럼, 자신의 어려움을 인식하고 있는 수의 모습에 좋은 인상을 받았다. 그래서 필자는 다음과 같이 말했다.

너의 말을 들으면 학교나 집에서 가끔 멍청한 행동을 하는 것처럼 보이지만, 내가 볼 때 너는 멍청한 사람이 아닌 것 같구나. 나는 네가 학교생활, 때로는 행동 문제 때문에 곤란함을 겪고 있지만 꽤 영리한 사람으로 보인다. 네가 멍청하기 때문이라고 생각하지 않아. 너는 자신의 문제에 대해 굉장히 솔직하고 분명하게 이야기했어. 나는 네가 왜 많은 어려움을 경험하는지 잘 이해가 되지 않는구나. 지난 몇 년 동안 무슨 일이 있었니?

smart but stuck 논의되지 않았던 가족의 스트레스원

순간 수는 반응이 없었다. 그녀는 중학교보다 고등학교 생활이 더 힘들다고 중얼거렸다. 이에 동의는 했지만, 그것이 주요 원인이 되어 수가 어려움을 경험하는 것은 아닐 거라고 했다. 친구들이 수에게 ADHD가 있을 거라고 말했다고 했다. 필자는 정말 ADHD가 있을 수도 있지만 또 다른 무엇인가가 있지 않은지 물었다. 그때 수는 눈물이 가득 고이며 말을 잇지 못했다. 필자가 왜 그런 슬픈 표정을 짓는지 말해 줄 수 있냐고 묻자, "아빠가 예전에는 다정했지만, 지금은 거의 매번 저와 모든 사람에게 화를 내세요."라고 말했다. 필자는 아버지가 왜 변했는지 물었다. 수는 "아빠는 파킨슨병이 심해지면서 예전만큼 걷지 못하셔요."라고 말하며 눈물을 훔쳤다.

수는 아버지의 병에 대해 매우 걱정하고 있었지만 친한 친구 몇 명을 제외하고 어머니와 아버지, 다른 사람들에게는 그러한 걱정을 내비치지 않았다. 수의 검은 의상은 한 가지 이상의 의미를 내포한다.

이전에 수와 어머니에게 가족에 대해 몇 가지 질문을 했지만, 수의 아버지가 파킨슨병이 있다는 것은 처음 알았다. 아버지는 7년 전에 파킨슨병을 진단받았지만, 전일제로 일해 왔고 최근까지도 꽤 잘 움직였다고 했다. 비록 쉽게 피곤해지기는 하였지만 말이다. 하지만 최근 몇 년 동안 행동, 특히 걷는 행동이 많이 뻣뻣해지고 느려졌으며, 불안정하게 되었다. 짜증도 많아졌다. 수는 아버지가 얼마나 더 악화될지 모르겠다고 하며, 인터넷에서 파킨슨병은 치료 방법이 없으며 이 병으로 사람들이 죽게 된다는 것을 알게 되었다고 했다. 수는 아버지의 병에 대해 매우 걱정하고 있었지만 친한 친구 몇 명을 제외하고 어머니와 아버지, 다른 사람들에게는 그러한 걱정을 내비치지 않았다. 수의 검은 의상은 한 가지 이상의 의미를 내포한다.

면담, ADHD 평정 척도 검사 결과 및 학교 성적표 검토, 작업 기억력 및 동반 장애에 대한 검사를 한 뒤, 현재 수는 중증 ADHD로 고생하고 있으며, 아버지의 병, 내재된 불안감으로 ADHD 증세가 심해지고 있다고 했다. 필자는 의사에게 ADHD 증상을 완화하기 위한 자극제 약물을 처방해 달라고 요구했다.

필자는 약물 복용만으로 수와 부모가 겪고 있는 모든 문제가 해결되지는 않는다고 설명하면서, 추가적인 개별 치료와 부모가 함께하는 연대 치료를 지속하자고 했다. 다음 모임에는 아버지도 초대할 것을 제안했고, 수는 마지못해 동의했다.

smart but stuck 실망스러운 약물 효과

2주 후, 가족과 함께 상담을 진행했다. 수는 자극성 약물을 복용하였지만 별로 효과가 없는 것 같고 심지어 기분이 더 나빠지는 것 같다고 했다. 집중해서 학교 과제를 하는 데 별다른 개선이 나타나지 않았다. 필자가 제안한 대로 약물을 소량으로 복용했지만, 그럼에도 불구하고 행동이 더뎠고, 짜증이 났으며, 수면 문제가 생겼다. 부모는 수의 말에 동의하며, "좀비같이 보였어요."라고 말했다. 약 효과가 없었기 때문에 필자는 즉시 의사에게 전화를 걸어 현재 자극성 약물을 중단하고 부작용을 최소화하기 위해서 비자극성 약물을 처방해 달라고 부탁했다. 의사는 이에 동의하였고, 수는 바로 다음 날부터 새 약을 복용하였다.

smart but stuck 사랑의 재확인

약물 문제를 해결한 뒤 우리는 아버지의 파킨슨병에 대해 허심탄회하게 이야기를 나누었다. 최근 신체 움직임과 감정 상태에 어떤 어려움이 있는지 물었다. 아버지는 예전보다 가족에게 참을성 없이 화를 더 잘 낸다고 하였다. 그리고 자신의 우울감에 대해 사과하면서, 딸이 아내와 교사에게 무례한 행동을 하는 것에 낙담했고 화가 났다고 말했다. 또한 딸이 공부에 흥미를 잃어가며 학점이 하락하고 있는 것을 걱정했다.

아버지의 말을 듣고 수는 파킨슨병마와 싸우느라 힘드실 텐데 자기가 걱정거리를 더 만들어 드린다며 울먹이며 말했다. 아버지는 수를 안으며, "아빠는 수가 더 잘하는 것을 보고 싶긴 하지만, 여전히 지금의 너를 사랑한다."라고 말했다.

3일이 지나 어머니로부터, 아버지가 수의 과제를 도와준다는 연락을 받았다. 자신의 감정에 대한 방어막을 치운 수는 아버지에게, "저는 완벽한 실패자 같아요. 옳은 일을 하지도 않고 잘하는 것도 없어요."라고 말했고, 아버지는 딸이 앞으로 더 잘할 것이라는 확신이 든다고 말했다. 이에 수는 자신이 정말 똑똑한지 의심이 든다고 했다.

smart but stuck 강점과 약점에 대한 증거 수집

어머니의 말을 들은 필자는 다음 주에 수가 IQ 검사를 받아 볼 것을 제안했다. 또래와 비교하여 인지능력을 객관적으로 볼 수 있는 기회인 것처럼 보였다. 필자는 수가 꽤 총명한 아이라는 인상을 받았기 때문에 검사 결과가 수의 자존감을 향상시키는 데 도움이 될 것이라는 확신이 들었다.

IQ 검사를 받기 위해 도착했을 때, 수는 약간 긴장한 듯 보였지만 동시에 흥분을 하며, "약간 걱정되기는 하지만 또래와 비교해서 얼마나 잘하는지 보고 싶어요."라고 말했다. 수의 점수는 또래 집단에서 상위 9%에 드는 것으로 나타났다. 많은 ADHD인과 마찬가지로, 수의 인지 처리 속도는 인지 능력에 비해 다소 낮게 나왔다. 언어 기억력은 IQ 검사에서 다루어지지 않았다. 수는 자신이 91%의 아이들보다 뛰어나다는 사실에 기뻐하고 놀라워했다. 이 결과로 수는 미래에 대한 희망을 갖게 된 것처럼 보였다.

다행히도 새로운 비자극성 약물은 효과적이었다. 몇 주 후 수는 차분해지고, 짜증이 덜 났으며, 학업에 좀 더 집중할 수 있었고, 처음 복용했던 자극성 약물에 대한 부작용을 경험하지 않았다. 수는 “친구들이 제가 이 약을 먹고 나서 예전만큼 소란스럽거나 흥분하지 않는다고 했어요. 집에서 학교 과제를 할 때도 커다란 어려움 없이 잘하고 있고요.”라고 말했다.

smart but stuck 과제에 대한 부모 개입 줄이기

과제와 관련한 또 다른 문제는 부모의 개입이었다. 필자는 부모에게 수의 과제를 면밀하게 점검하고 세심하게 개입하려는 것을 그만두라고 충고했다. 많은 ADHD 학생은 과제를 하는 데 부모로부터 꽤 많은 도움과 지원을 필요로 하지만, 일부 청소년은 부모의 도움으로 문제가 해결되는 대신에 더 많은 문제가 양산된다. 어떤 청소년의 경우, 과제의 우선순위를 정하는 데 부모가 개입함으로써 부모와 학생 간의 관계가 만성적으로 나빠졌다. 부모의 개입은 학생의 자율성을 떨어뜨리고, 과제를 마치고자 하는 바람 및 과제를 미루고 싶은 바람 사이의 내적 갈등을 표면화시킨다. 수는 시간 내에 과제를 적절하게 하는 데 자신이 온전한 책임을 질 필요가 있다고 생각하는 것처럼 보였다. 다행히 수의 부모는 딸의 과제를 조정하려는 충동을 제어할 수 있을 만큼 강했다. 그래서 수는 자신에 대해 책임질 기회를 가질 수 있었고, 그러할 준비가 되었다.

smart but stuck 학교에서의 조정 지원

수의 학점은 급격하고 완전하게 향상되지 않았다. 학기 마지막 2개월 동안 수의 학점은 롤러코스터처럼 오르락내리락했지만, 전반적으로는 상승세를 타고 있었다. 학교 교사들이 커다란 도움이 되었다. 필자와의 첫 상담 직후,

수의 부모는 필자와의 상담 기록을 학교에 제출했다. 학교장은 수에게 504 계획안을 적용하기로 했다. 연방정부의 지원을 받아 504 계획안을 제공하는 학교는 특별한 요구를 보이는 학생에게 통합 환경에서 배울 수 있는 공평한 기회를 제공해야 할 의무를 갖는다. 일례로, 학생은 필요에 따라서 시험 시간을 추가적으로 가질 수 있으며, 학생의 진보 사항을 자주 점검하고 보고하며, 수정된 과제를 하게 된다. 필자의 보고서를 토대로 학교에서는 수에게 모든 시험을 볼 때 추가 시간을 제공하기로 하였다. 그리고 손 글씨가 엉성하더라도 벌을 주지 않기로 하였으며, 매일 감독관이 있는 공부방을 이용할 수 있도록 하였고, 훈련된 교사가 자신의 할 일을 조직화하고 학업 기술을 익힐 수 있도록 도와주게 했다. 수는 학업 기술을 도와주는 교사를 좋아하였고, 학교 과제를 잘하기 위해서 매일 가는 공부방을 잘 활용했다. 1학년 마지막 학기에 이러한 지원을 받은 수는 대부분의 과제를 성공적으로 할 수 있었고, D와 F를 받아 왔던 주요 과목에서도 잘할 수 있었다.

학교생활 1년을 마치고 난 여름 방학 기간 동안, 필자는 여러 다른 나라에 있는 워크숍에 참석하기 위해서 여행을 떠나야 했다. 그래서 이 기간 동안 수와 부모를 지원해 줄 수 있는 집에서 가까운 심리학자를 소개해 주었다. 그들은 여름 방학 기간 동안 필자가 소개해 준 심리학자에게서 수차례 치료 상담을 받았고, 효과적이라고 했다.

smart but stuck 외모와 태도에서의 변화

9월 학교 개강에 맞추어 필자를 보러 온 수는 더 이상 무법자처럼 옷을 입지 않았고 학교생활에 잘 적응하고 있었다. 웃으며 들어온 그녀는, "교복 스타일의 프레피 룩을 완전히 입고 다니지는 않지만 그렇다고 더 이상 무법자처럼 입고 다니지도 않아요."라고 말했다. 수는 여름 방학에도 계속해서 약을 복용했고 감정 상태가 개선되었다고 느꼈다. 하지만 어려워진 2학년 과목을 수강하는 데 필요한 만큼의 집중력을 발휘하도록 도와주지는 못한다고 했다. 부모는 한 시간 이내 또는 길어야 1~2일이면 가라앉는 전형적인 부모-자녀 간의 사소한 다툼이 한 차례 있었지만, 수의 감정 상태와 행동이 여름 동안 많이 개선되었다고 했다. 하지만 부모는 학교 과목 수강을 어려워하는 수를 걱정하여 이에 대한 약물 처방을 원했다.

smart but stuck ADHD 약물 혼합 복용하기

수 가족과 이야기를 나눈 후, 필자는 의사에게 전화를 걸어 집중력 향상을 위해 현재 복용하고 있는 약물에 더하여 아침과 늦은 오후 시간에 자극성 약물을 추가적으로 복용할 수 있는지 물었다. 의사는 필자의 의견에 동의하였고, 수는 비자극성 약물과 자극성 약물을 함께 복용하게 되었다. 수는 약물 부작용 없이 학교에서 집중을 더 잘하였고, 학교 과제를 더 잘할 수 있게 되었다. 공부방과 교사의 추가 지원은 매우 도움이 된다고 했다. 수가 학교생활도 잘하고 심리학자와도 잘 지내는 것으로 판단한 필자는 해당 치료사와 치료를 지속하되 필요한 경우에만 필자를 보기로 결정했다.

smart but stuck 점진적 개선

첫 번째 성적표를 받을 무렵, 부모는 수와 함께 성적표를 가지고 필자를 방문했다. 수는 말없이 필자에게 성적표를 건넸다. 모든 과목에서 B를 받았고 한 과목에서만 C를 받았다. 교사는 '긍정적인 태도를 보인다. 내적 동기가 매우 높으며 열정적이다. 노력을 많이 하고 과제를 잘해 온다. 정기적으로 수업에 참여하여 학업 기술에 향상을 보였다.'와 같은 평을 했다. 부모는 수의 노력에 대해 칭찬을 했고, 자신들의 도움을 거의 받지 않고 수 혼자서 이러한 성취를 일구어 냈음을 강조했다. 수가 도움을 요청할 때에는 도움을 주었지만, 그 빈도는 매우 낮았다.

두 번째 성적표를 받을 무렵, 추후 상담을 위해 필자를 다시 방문했다. 수는 슬픈 표정으로 들어와 성적표를 내밀었다. 필자가 우등생 성적표를 보고 깜짝 놀라 환호를 하자 수가 크게 웃었다. 모든 과목에서 A 또는 B를 받은 수는 필자에게 '이 달의 학생'으로 선정된 상장을 보여 주었다. "이 학생이 보인 성취와 공헌은 개인적인 성공일 뿐만 아니라 학교 모든 학생에게 귀감이 되는 모범적인 기준이 될 것입니다."라는 문구가 적힌 교장의 글귀도 있었다. 불과 1년 사이에 나타난 성장이 매우 인상적이지 않은가!

"장애 진단을 받기 전 나는 학업적으로나 사회적으로 취약했습니다. 하지만 진단 이후 약물을 복용하고 치료를 받음으로써 내 삶은 변화했습니다. 이것이 내 인생에 얼마나 많은 영향을 주었는지 완전히 깨달을 수 있다고는 생각하지 않아요."

그 후로 거의 7년이 지나서야 수로부터 소식을 들었다. 어머니가 먼저 전화를 걸어서 수가 유명 대학을 졸업한 뒤 심리학자가 되기 위해 대학원에 진학했다고 전해 주었다. 그 후 필자는 좋은 대학의 심리학 프로그램에 합격했음을 알리는 수의 편지를 받았는데, 그 내용은 다음과 같았다.

거의 7년 전에 상담을 했었죠. 그 당시 저는 ADHD로 진단받았어요. 장애 진단을 받기 전에 학업적으로나 사회적으로 취약했지만, 진단 이후 약물을 복용하고 치료를 받음으로써 저와 가족의 삶이 얼마나 크게 변했는지 몰라요. 제게 베풀어 주신 모든 은혜에 깊이 감사드립니다. 저는 지금 심리학 공부를 하고 있어요. 졸업 후 심리학자가 되어서 절실하게 도움이 필요한 사람들에게 내가 받았던 도움과 지원을 똑같이 주고 싶어요.

smart but stuck 강점과 상호작용하는 문제 판별의 이점

수가 편지에서 말했듯이, 필자는 ADHD 진단이 중요하다고 생각한다. 필자는 수와 부모가 하락하는 성적과 상승하는 적대적 행동이 치료가 가능한 장애와 관련이 있다는 우리의 임상적 평가 결과를 믿고 따른 것이 꽤 도움이 되었다고 생각한다.

ADHD 아동과 청소년이 과도한 적대감과 비판을 받고 부모나 양육자로부터의 따뜻한 온정을 거의 받지 못한다면, 가족의 스트레스는 증가하고 아동의 적대적인 태도와 반항적인 행동도 증가할 것이다.

첫 모임에서 어머니는 자녀에 대해 매우 좌절하고 분노했으며 걱정이 많았다. 어머니는 자녀의 문제 행동을 잘 다룰 수 없을 것 같다고 느끼며 당황함을 감추지 못했다. 궁극적으로 학업과 사회적 실패를 초래하게 될 수의 반항 및 적대 행동에 대해 두려워했다. 그 당시 수와의 상호작용은 거의 매일 대립적이었으며, 상대에 대해 비판하고 불평하며 걱정하는 형태로 나타났다. 이러한 상호작용은 아버지의 파킨슨병 및 수의 고등학교 입학과 맞물려 더욱 복잡해졌다.

갈등 없는 지원의 이점

많은 연구에 따르면, ADHD 아동과 청소년이 과도한 적대감과 비판을 받고 부모나 양육자로부터의 따뜻한 온정을 거의 받지 못한다면, 가족의 스트레스는 증가하고 아동의 적대적인 태도와 반항적인 행동도 증가할 것이라고 한다. 그리고 부모가 자녀의 적대적인 태도와 반항적 행동에 부정적인 정서를 표현하면서 악순환의 고리가 형성된다고 하였다. 대조적으로 부모의 온정과 지원은 반항적인 태도와 행동을 줄이는 것으로 나타났다.[3]

ADHD가 수에 미치는 영향력에 대해 명확하게 이해를 하게 된 부모는 딸과의 과도한 대립적 접근을 줄이고 지원과 확신을 더 많이 주었다. 이로 인해 수의 적대적 태도와 행동은 감소했다. 이는 아버지의 행동에서 명확하게 관찰될 수 있었다. 아버지는 자신이 짜증을 낸 것에 대해 사과를 하였지만, 그러한 불편함은 일부 교사와 어머니를 향한 수의 적대적이고 반항적인 태도에서 기인한 것임을 명확하게 말해 주었다. 그런 후 수를 안아 주며, 어떠한 어려움에도 수를 사랑하며 수가 앞으로 점차적으로 잘할 것임을 상기시켜 주었다. 필자와의 모임에서도 부모는 종종 딸을 지원해 주었다.

희망 키우기

치료에 도움이 된 부모의 또 다른 태도는 수의 미래에 대한 현실적인 기대이다. 부모는 딸의 ADHD와 예후에 대해 완전히 이해를 하였고, 실패에 대해 반복적으로 주의 주는 것을 줄여 나갔다. 수가 앞으로 잘할 수 있을 것이라는 부모의 자신감은 증가하였다. 그렇다고 "네가 정말 하고 싶다면 어떤 것도 할 수 있어."라는 상투적인 말을 하며 비현실적인 기대를 한 것은 아니었다. 부모는 성공적인 생활을 하려면 학교와 타인에 대한 수의 태도를 변화할 필요가 있음을 알았고, 동시에 수가 그렇게 변화할 수 있을 것이라는 자신감을 보였다.

이에 영향을 미친 주요 요인 중 하나는 수의 높은 IQ 검사 결과였다. 종종 부모는 수에게 상위 9%에 속하는 인지 능력에 대해 상기시켜 주었다. 그리고 높은 지능을 가지고 있더라도 진정한 헌신과 노력이 없이는 아무것도 이룰 수 없음을 이야기해 주었다. 동시에 수가 자신에게 희망(성취를 위한 지속적인 노력에 필요한 중요한 정서)을 가질 수 있도록 양육했다.

수에게 도움이 된 것

- 수의 장점, 현재 어려움에 대한 인지, 아버지의 파킨슨병이 전체 가족에 미친 영향력에 대해 인정하게 한 가족 치료
- 수의 강점을 인식시켜 준 지능 및 성취 검사
- 504 계획안에 필요한 문서 작성을 통한 도움 제공
- 사랑과 지원을 지속적으로 제공한 부모
- 부작용을 줄이고 효능을 최대화한 약물 치료
- 부모의 과제 개입을 최소화하고 현실적인 희망을 갖도록 격려

Smart But Stuck

10 / 맷

" 고등학교 시절에는 친구를 사귈 수 있었지만, 대학 입학 후 수줍음이 너무 많아서 친구를 사귀지 못했어요. 수업을 들으러 가거나 음식을 먹으러 가는 것이 아니고서는 방에서 혼자 지냈어요. 우울함을 느꼈고 수면 문제가 생겼어요. 수업에도 결석하기 시작했어요. "

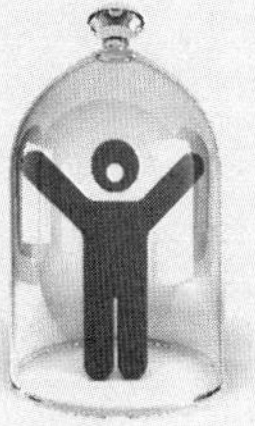

– 18세 대학생

사무실 가죽 의자에 어머니와 앉은 맷(Matt)은 대학 생활에 대해 이야기했다. 그는 원하던 유명 대학에 입학하였지만, 8개월 동안 매우 고통스러운 경험을 하여 휴학을 할 수밖에 없었다.

smart but stuck

대학으로의 전이 스트레스

청년들이 가족 구성원들에게 말하는 것과는 달리, 많은 ADHD 학생이 고등학교에서 대학교로의 전이에서 어려움을 경험한다. 집과 떨어진 곳에서 대학 생활을 하는 경우, 사는 장소와 함께 지내는 사람이 바뀔 뿐만 아니라 약 20년 동안 지속되었던 생활 패턴이 변화하게 된다.

많은 청년이 기상 및 취침, 식사, 알코올과 약물 복용, 옷 입기, 과제, 약속 시간 준수, 놀이 친구, 컴퓨터 사용, 학점, 방 정돈, 예의범절 등에 대해 과도하게 걱정하고 개입하는 부모로부터 자유롭고 싶어 한다.

대학 생활을 시작하면 자신을 구속해 왔던 규율과 지시가 없어지게 된다. 학생들은 이러한 자유에 환호하며 잘 대처해 나간다. 하지만 시간 관리, 우선순위 과제 정하기, 자기 관리를 잘하지 못하는 학생은 갑작스러운 가족의 부재에 공허함을 느끼며 생활 중 어려움을 많이 경험하게 된다.

청년에게 가족과의 분리는 커다란 도전이 된다. 가장 고통스러운 것은 매일 얼굴을 보며 상호작용을 해 오던 친구(예: 함께 자라고 많은 대화와 모험, 기쁨과 실망감, 희망과 꿈을 나누던 친구)와 멀어지는 것이다. 물론 문자 메시지, 이메일, 전화, 영상통화 등으로 연락을 하고 연휴 동안 만남을 지속하지만, 같은 학교와 동네에서 많은 일상을 공유했던 예전만큼 친밀한 관계를 유지할 수는 없다.

대학 첫 해 동안 맷은 매일 친밀한 관계를 유지하던 가족과 친구들을 보지 못하게 되면서 많은 낯선 사람과의 상호작용에서 오는 공포와 좌절감에 취약해졌다. 어떤 이들은 이로 인해 무능력해질 수 있다.

대학 첫 해 동안 맷은 매일 친밀한 관계를 유지하던 가족과 친구들을 보지 못하게 되면서 많은 낯선 사람과의 상호작용에서 오는 공포와 좌절감에 취약해졌다. '어울리고 싶은 친구를 찾을 수 있을까? 나를 좋아해 주고 시간을 보내고 싶어 하는 사람이 있을까? 운동과 학업 능력이 다른 사람보다 뛰어나거나 뒤떨어지게 될까?'와 같은 의문이 들 수 있다. 일부 청년들, 특히 타인이 자신을 어떻게 볼 것인지에 대해 확신하지 못하는 청년은 무능력해질 수 있다.

맷은 대학 생활 중 경험했던 학업 문제를 강조하여 말했다. 예를 들어, 맷은 수업 중 집중하지 못했고, 많은 읽기 과제를 하지 못했으며, 과제물을 제출하지 못했다. 고등학교 시절에도 이와 같은 어려움을 경험했지만, 어머니의 도움으로 다른 친구와 마찬가지로 고등학교를 우등 졸업할 수 있었다. 필자가 "대학생이 되자 원하지는 않았지만 필요했던 지원을 받지 못하게 되었고, 친구들도 사라졌군요."라고 말하자, 이에 동의했다.

맷에게 취미 생활에 대해 물었고, 그는 여덟 살 때부터 배워 온 피아노를 매일 연주해서 긴장감을 해소한다고 했다. 대학생이 되어서도 피아노 개인 레슨을 받았는데, 이것이 대학 생활 중 유일하게 주의를 기울인 것이라고 했다. 그리고 독서를 즐기며, 특히 공상 과학 소설 읽는 것을 좋아하여 대학 입학 후에는 〈World of War craft and Call of Duty〉 게임을 하는 데 많은 시간을 쏟았다고 했다. 인터넷 게임을 하느라 새벽 4~5시까지 깨어 있기 일쑤였고, 웹에서 만나 함께 게임을 하는 친구가 유일한 지인이었다.

smart but stuck 수면 문제

건강한 수면 습관을 유지하는 것은 ADHD 청년과 성인에게 매우 어려운 일이다. 특히, 반드시 아침에 기상하고 낮에 일을 하며 다음날을 위해서 밤에 휴식을 취해야 하는 규율이 없는 이들에게는 더욱 그러하다. 대학 생활 초반에 맷은 아침에 기상하여 강의를 들으러 갔지만, 외롭고 우울함을 느끼면서 읽기와 다른 과제를 할 수 없게 되었다. 그러면서 수업에 빠지게 되었다. 결석을 하면 준비가 안 된 퀴즈 시험을 볼 필요가 없고, 미제출 과제에 대해 물어볼 교수와 마주하지 않아도 되기 때문이다. 하지만 잦은 결석으로 인한 문제를 두려워하여 강의실로 돌아가는 것을 지나치게 걱정하였다. 곧 모든 아침 강의를 듣는 것을 포기하였고, 정오 전에 일어날 필요를 느끼지 못했다. 이로 인해 충전된 에너지를 아침 해가 뜰 때까지 비디오 게임을 하는 데 사용하였다. 동료 게이머들 때문에 외롭지도 않았다.

이 또래의 ADHD인은 자신이 깨어 있고 싶거나 깨어 있어야 하는 시간보다 더 늦게까지 깨어 있는다. 왜냐하면 완전하게 지치기 전까지는 계속해서 많은 생각을 하기 때문이다.

ADHD 청년과 성인의 수면에 대한 연구에 따르면, 그들은 동일 연령 집단 정상인에 비해서 두 배 정도 수면 문제를 보인다(26% 대 12%). 많은 ADHD인은 자신이 깨어 있고 싶거나 깨어 있어야 하는 시간보다 더 늦게까지 깨어 있는다.[1] 왜냐하면 완전하게 지치기 전까지는 계속해서 많은 생각을 하기 때문이다. 그들은 일단 잠이 들기만 하면 수면 시간과는 무관하게 잠이 깊이 들어 알람 시계 소리를 듣고 깨지 못한다. 그래서 아침 기상 시간에 맞추어 일어나지 못하기도 한다. 많은 청년과 성인들에게도 수면과 기상을 조절하는 것은 어려운 문제이지만, ADHD인에게 더 큰 문제가 된다.

세 시간 동안의 상담을 하면서 맷의 강점과 약점을 면밀하게 살폈고, 작업기억력을 점검했다. 그리고 표준화된 ADHD 평정 척도 검사를 사용하여 정보를 수집하였고, ADHD에 대한 새로운 학설에 대해 설명을 해 주면서 맷에게 부합되는 점과 부합되지 않는 점을 물었다. 이러한 자료에 기초해 볼 때, 필자는 맷이 ADHD 증상을 보일 뿐만 아니라 중증의 사회적 불안 장애와 중도 우울증을 보인다고 했다. 맷과 어머니는 ADHD와 우울 증상에 대해서는 동의하였지만, 불안함을 심각하게 느끼지 않음에도 불구하고 사회적 불안 장애로 진단된 것에 대해서는 의아해했다. 그는 많은 대중 앞에서 피아노 연주를 할 때에도 편안하게 보였으며 초조함을 느끼거나 초조해 보이는 행동을 하지 않았기 때문이다. 약간 수줍어하는 듯 보여도 불안 문제가 있는 것처럼은 보이지 않았다.

내재된 사회적 불안감

사회적 불안은 공포증(phobia)의 한 유형으로 매우 강한 형태의 수줍음이라고 설명해 주었다. 사회적 불안을 가진 사람은 많은 다른 것들에 대해 걱정하지는 않으나 낯선 사람과 상호작용 하는 데 강한 불안을 보이며 가능한 한 이를 피하려고 한다. 이들은 자신이 타인에게 멍청하거나 서툴러 보이는 것을 매우 걱정한다. 그래서 가급적이면 불가피하게 겪어야 하는 당혹감을 피하기 위해서 그러한 상호작용을 피하고자 한다. 그들은 자신이 두려워하는 사회적 상황에 강제적으로 내몰리지 않으면, 불안을 보이지 않게 된다. 마치 개 공포증이 있는 사람이 주변에 개가 없으면 공포감을 보이지 않는 것처럼 말이다.

이러한 설명을 듣자 맷은 가족과 친구와 있을 때에는 편안하지만 대학 생활을 할 때에는 방에서 나오는 것도 무서워했다고 말했다. 수업을 듣거나 화장실이나 식당을 가야 할 때에만 방에서 나왔다고 했다. 기숙사에 있는 다른 친구들에게 밥 먹자고 말하는 것을 불편해하여 혼자 밥을 서둘러 먹고 급하게 컴퓨터와 비디오 게임을 하는 방으로 되돌아오기 일쑤였다. 맷의 어머니는 아들이 수개월 동안 얼마나 고립되어 생활하고 있는지를 알고 충격을 받았다. 2학기 중반까지도 이메일과 전화에서 자신은 잘 지내고 있으며 친구들도 많이 사귀었다고 말했기 때문이다.

ADHD, 불안, 우울 약물의 복용

심리 치료를 통해서 사회적 불안 문제를 보다 잘 이해하고 이를 해결하기 위해 더 나은 전략을 생각해 보기로 했다. 그리고 ADHD 치료를 위한 중추신경 자극제 약물을 복용할 것을 권했다. ADHD 약물 복용이 안정된 후에는 세로토닌 재흡수 억제제(SSRI) 복용을 권했다. SSRI를 복용하면 우울 및 불안 증상을 완화시킬 수 있다.

필자는 여름과 가을 학기 계획에 대해 물었고, 맷은 여름에는 집에 머물며 근처 대학에서 두세 개의 과목을 들으며 친구들과도 어울릴 것이라고 하였다. 그런 뒤 가을 학기에 원래 대학으로 돌아갈 것이라고 하였다. 자신은 약을 복용할 의지가 있으며 심리 치료도 받고 싶다고 했다. 사실 필자는 맷이 치료를 몇 개월만 받고도 원래 대학으로 돌아가서 생활할 수 있을지 의아한 마음이 들었지만, 희망을 꺾고 싶은 생각이 없어서 가만히 있었다. 우리는 그 다음 주부터 치료를 시작하기로 하였다.

첫 심리 치료에서 필자는 맷에게 친구 관계와 여름에 수강할 과목에 대해 물었다. 그는 언제 수업이 시작되는지도 몰랐다. 그래서 온라인에서 수강 조건과 수강 마감 기간이 나와 있는 목록을 뽑아 보도록 했다. 그 목록을 보면서, 여름 학기 과목을 수강하면 새로운 사람과 상호작용할 수 있는 기회를 만들 수 있고 학점 수를 보충할 수 있음을 설명하고, 그럼에도 불구하고 과목을 수강하려는 열정이 부족한 맷의 태도에 대해 이야기를 나누었다.

smart but stuck 부끄러움을 감추려고 함

필자는 맷에게 여름 학기 수강 중에 만난 친구들과 어떠한 이야기를 주고받았는지 물었다. 이를 통해 다양한 대학에서 온 친구들의 첫 대학 생활에 대해 알 수 있기 때문이다. 대부분의 친구들은 생각했던 것보다 학교 공부가 어렵다고 했지만 학교생활을 즐겼다고 했다. 맷에게 본인의 대학 생활을 친구들에게 어떻게 말했는지를 묻자 당황하며 머뭇거리다가 대학 생활이 힘들다고 말하긴 했지만, 치료를 받았고 2학기에 한 학점도 취득하지 못했음을 숨졌다고 했다. 우리는 친구들이 그의 학교생활을 안다면 어떻게 생각하고 말할 것인지에 대해 논의했다. 맷 스스로는 자신의 실패에 대해 강한 수치심을 느끼고 있었다.

필자와 함께 실패를 숨기고 싶어 하는 이유에 대해 합리적으로 생각해 본 후, 맷은 친한 친구들이 자신의 대학 생활에 대해 깜짝 놀랄 것이지만 비난하지는 않을 것이라고 추측했다. 친구들은 자신을 지지하고 늘 그래 왔듯이 함께 어울려 놀 것이라고 했다. 그럼에도 불구하고 맷은 친구들에게 자신의 학교생활을 자세하게 말하고 싶어 하지 않았으며 생활이 힘들었다며 두루뭉술하게 이야기하고자 하였다.

필자는 맷의 회피성을 다루기 위해서 친구들에게 '이야기할 것이 있어.'라고 문자를 보내도록 했다. 마지못해 필자의 의견에 동의한 맷은 친구들에게 보낼 문자를 쓴 후 필자의 확인을 거쳐서 친구들에게 보냈다. 다음 심리 치료에서 맷은 자신의 문제를 친구들에게 이야기했고, 자신의 예상대로 친구들은 자신을 걱정하긴 했지만 언제나처럼 자신과 상호작용을 했다고 말해 주었다.

맷은 여름 학기 동안 두 개의 과목을 등록하였지만 같은 수업을 듣는 친구들에게 먼저 말 거는 것을 어려워했다. 그래서 우리는 수업 전과 중에 친구들과 나눌 수 있는 대화에 대한 역할극을 했다. 이러한 연습은 어느 정도 효과를 발휘해서 맷은 두 학생의 이름과 그들에 대해 알게 되었다. 피상적이더라도 낯선 사람과 이러한 담소를 나누는 것은 맷에게 꽤 힘든 일이었다.

smart but stuck 무의미한 회피 전략의 실패

여름 학기 학점 취득도 맷에게는 쉽지 않았다. 한 강좌는 주제가 재미있었고 교수가 수업과 토론을 잘 진행하였기 때문에 수강이 괜찮았다고 하였다.

그러나 매주 쓰기 과제를 제출해야 했던 다른 강좌 수강에는 어려움을 경험하였다. 강의 주제도 흥미롭지 못했고 교수는 매우 지루했다. ADHD 약물 복용이 다소 도움은 되었지만, 매주 읽기와 에세이 작성을 완성하는 능력을 향상시켜 주지는 못했다. 그리고 준비를 제대로 하지 않은 맷은 발표 수업에 빠졌고, 그 후로는 강의를 들으러 가는 것을 두려워하였다.

부모는 맷이 수강을 어려워하는 것을 알고 있었다. 어머니는 비록 그것이 현재 생활에 맞지 않더라도 매일 그에게 고등학교 시절에 사용해 온 전략을 사용하여 아들을 격려하고자 했다. 맷은 어머니의 끊임없는 잔소리 때문에 수강을 피하게 된다고 하였지만, 다른 이유로 인해서 학점 이수가 안 되고 있는 상황을 이야기하자 이에 동의하였다. 필자는 맷이 여름 학기 두 과목을 이수하지 못하면 부모가 등록금을 주지 않을 것이라는 사실을 상기시켜 주었다. 그리고 한 과목만을 실패하더라도 다음 학기에 원래 대학으로 복학하는 것이 힘들 것임을 말해 주었다.

필자는 맷에게 계획한 대로 가을 학기에 대학에 복학하는 것에 대해 어떻게 생각하는지 물었고, 그는 가을 학기에 복학하고 싶은 마음이 45% 정도 되고, 내년 봄 학기에 복학하고 싶은 마음이 55% 정도라고 했다. 가을 학기 복학과 봄 학기 복학에 대한 장단점을 살펴보면서, 맷이 대학 생활 1년을 얼마나 불행하고 부끄럽게 생각하는지 알 수 있었다. 그는 좀 더 일찍 이러한 어려움을 해결하고자 하지 않았던 자신에 대한 혐오감과 공포감을 드러냈다.

우리는 가을 학기 복학 대신에 할 수 있는 대안에 대해 이야기를 나누었다. 맷은 자신이 학교를 얼마나 좋아하며 얼마나 복학을 원하는지를 피력하였지만, 사회적 불안과 수치심의 감정 때문에 학업 및 친구 관계를 포함한 학교생활을 성공적으로 하지 못할 것이라는 공포심을 강하게 느끼고 있었다. 그리고 원래 대학으로 복학하는 대신에 집에 머물면서 근처 대학에서 수강하는 것도 어려울 것 같다고 말했다. 왜냐하면 친구들은 대학으로 돌아갈 것이고 자신은 홀로 남아 잘 알지 못하는 친구들과 지내야 하기 때문이다. 어떠한 대책도 딱히 마음에 드는 것이 없었다.

깊은 토론 끝에 맷은 자신이 아직 대학에 복학할 준비가 되지 않은 것 같다고 말하며 심리 치료를 더 많이 받기로 결정했다. 격주로 두 시간 치료를 받는 대신에 매주 한 시간 치료를 받고자 했다. 부모는 맷이 집에 머물면서 근처 대학에서 학점 이수를 하도록 돕는 것에 동의하였고, 1년 후 원래 대학에 복학하는 것을 목표로 했다.

맷은 학년 중간에 복학하면 대학 생활이 더 어려울 것이라고 생각했고, 부모도 이에 동의했다. 그리고 부모는 수업을 듣는 동시에 시간제 아르바이트를 하면서 직업 경험을 쌓을 것을 권했다. 또한 원래 대학으로 복학하기 전에 근처 대학에서 네 과목을 성공적으로 수강해야만 등록금을 주겠다고 했다. 맷도 부모의 제안이 합리적이라고 생각하여 동의했다.

집 근처의 대학에서 가을 학기 두 과목의 수강을 시작한 맷은 재미있는 교수에 대해 열정적으로 이야기했다. 그리고 한 교수는 너무 지루해서 불면증 치료에 효과가 있을 것이라 이야기하며 불만을 토로했다. 그리고 고등학교 때 알던 친구와 같은 수업을 듣는다고 하며 학내 역사 동아리에도 함께 참여하고 있다고 말했다.

smart but stuck 사회적 불안 극복을 위한 미흡한 노력

일주일 후, 맷은 같은 수업을 듣는 조안(Joanne)이라는 매력적인 여인에 대해 이야기했다. 쉬는 시간 15분 동안 용기를 내어 말을 걸려고 했다고 말했다. 필자는 과거 여성과의 데이트에 대해 물었고, 자신과 친구들은 고등학교 때 여성에게 관심이 없었다고 했다. "우리 모두는 게이가 아니었고 여성에게 관심이 있었지만, 어느 누구도 데이트 신청을 할 만큼 자신감이 넘치지는 않았어요. 수줍음이 많은 남자들이었죠. 파티를 가 본 적도 없고, 춤출 수 있는 사람도 없어요."라고 말한 맷은 춤을 배워 보려고 한 적이 있느냐 묻자, "전혀!"라고 답했다.

몇 주 후, 맷은 낙담한 표정으로 필자에게 왔다. 소파에 털썩 앉은 맷은 용기를 내어 조안에게 점심을 먹고 시험공부를 같이 하자고 했지만, 그 주에는 시간이 없다는 답변을 들었다고 했다. 다른 시간을 제안해 보지 그랬냐는 질문에, 그녀는 자신을 밖에서 만나길 원치 않으며 한심하게 생각하여 데이트나 심지어 식사나 공부도 함께하고 싶어 하지 않을 것이라고 꽤나 확신했다. 이 사건으로 맷은 '드디어 여자 친구와 데이트를 할 수 있다고 생각했는데, 아주 오랜 시간이 걸리겠구나. 나는 사회성이 너무 부족해.'라고 생각하게 되었다. 그는 자신의 외향과 성격에 대해 수치심과 무능함을 느끼며 고통스러워했다.

그 무렵 맷은 어머니에게, 자신에게 '공부해라, 일해라.'와 같은 잔소리를 하지 말 것을 부탁했다. 잔소리를 들으면 그 일을 더 하기 싫게 된다고 말했다. 어머니는 매일 잔소리를 하지 않겠다고 했지만, 매주 그에게 어울릴 만한 직장 목록을 주었다. 맷이 공부를 하거나 직업을 구하지 않고 게임을 하며 시간을 낭비하는 것을 보면서 아무 말도 하지 않는 것은 매우 어려운 일이었다.

smart but stuck 다소 위협적인 환경

1~2일 후, 맷은 일을 구하기 위해서 집 근처 카페에 들어가 일손이 필요한지 물었다. 카페 주인은 지금 당장은 일손이 필요 없지만 자리가 생기면 연락하겠다며 양식을 작성해 달라고 했다. 그는 "이렇게 구직 작업이 끝났어요."라고 웃으며 말했다. 하지만 매주 2~3일 동안 선거 운동 자원봉사에 참여하여 일을 도왔고, 다른 자원봉사자들과도 어울렸다. 필자는 왜 구직 활동을 겁내 하면서 자원봉사 활동은 겁내지 않는지 묻자, 맷은 자원봉사를 하면 자신

이 해야 할 일을 매우 구체적으로 알 수 있어서, 다시 말하자면 환경이 좀 더 구조화되어 있어서 덜 어색한 느낌이 든다고 말했다.

smart but stuck 행동 변화 거부

가을 학기는 여름 학기와 유사했다. 자신이 좋아하는 과목에서는 수업 중 토론에 활발하게 참여하였으며 중간고사에서 A^-를 받았다. 자신이 좋아하지 않는 수업에서는 말을 거의 하지 않고 수업도 여러 번 빼먹었다. 그 수업의 읽기와 에세이 과제에서도 많이 뒤처졌다고 했다. 또한 연구 보고서를 제출해야 했는데, 주제를 선택한 후 마감일을 불과 2~3주 앞둔 시점임에도 불구하고 거의 준비를 하지 못했다고 했다.

필자는 맷에게 다음 치료 시간에 노트와 컴퓨터를 가져오면 생각 정리를 도와 보고서 작성을 시작할 수 있게 해 주겠다고 말했지만, 자신이 혼자서 하겠다면서 이를 정중하게 거절했다. 다음 치료 시간에, 그는 과제와 관련한 자료를 일부 읽었지만 여전히 아무것도 쓰지 못하고 있음을 고백하였다.

> 그는 매일 컴퓨터 앞에 앉아 스스로에게, "좋아, 이제 시작하는 거야. 정말로 시작해야 해."라고 말하지만 이내 웹 서핑을 하고 늦은 시간까지 다른 것을 하다가 잠을 청하며 할 일을 내일로 미루게 된다고 했다.

필자는 치료 시간에 과제거리를 가져와서, 다섯 장 분량의 보고서를 작성하는 데 무엇 때문에 어려움을 느끼는지 알아보는 것을 왜 반대하는지 물었다. 맷은 잠시 생각하다, "내가 읽은 것을 거의 알지 못하고 생각을 정리하는 멍청함을 선생님에게 들키고 싶지 않거든요."라고 말했다. 이에 필자는, "내 앞에서 당황하는 것을 피하고 다섯 장 분량의 보고서를 제출하지 못해서 부모님과 다른 사람들 앞에서 당황하기 전까지 이 과제를 미루는 것이 더 낫다는 것이군요."라고 답했다.

당시 필자의 목표는 맷이 곧 닥칠 상황에 대한 두려움(지금까지 배운 것을 잘 알지 못한다는 것에 대한 수치심)을 극복하도록 돕는 것이었다. 이러한 목표 달성을 위해서 필자는 보고서 작성을 지속적으로 거부함으로써 초래되는 실패는 학점 취득을 방해하고 결과적으로 그에게 더 큰 수치심을 안겨 줄 것이라고 말해 주었다.

당시 필자의 목표는 맷이 곧 닥칠 상황에 대한 두려움(지금까지 배운 것을 잘 알지 못한다는 것에 대한 수치심)을 극복하도록 돕는 것이었다. 이러한 목표 달성을 위해서 필자는 보고서 작성을 지속적으로 거부함으로써 초래되는 실패는 학점 취득을 방해하고 결과적으로 그에게 더 큰 수치심을 안겨 줄 것이라고 말해 주었다. 필자는 학점 이수를 하지 못함으로써 더 큰 스트레스가 유발될 수 있음을 상기시키면서 즉각적인 공포감을 다루도록 도왔다. 사회적 공포감을 가진 사람들은 반복적으로 공포가 유발되는 상황을 회피하고자 한다. 그러한 전략은 현재 공포감을 줄이는 데 매우 효과적이기 때문에 극복하기가 매우 어렵다. 때로는 다른 공포를 극복하기 위해 한 가지 공포가 심화되기도 한다.

smart but stuck 낮은 약효로 인한 약물 변화

필자는 불안 장애와 정서 문제를 완화하기 위해서 복용하고 있는 SSRI 약물의 효과가 거의 없는 것에 대한 우려를 표명하였다. 맷은 약물 부작용이 거의 없으나 우울감이 아주 약간 해소되었을 뿐 불안 문제가 전혀 해소되지 못하고 있다고 했다. 주치의에게 연락을 해서 현재 약물 대신에 다른 약물을 복용해 볼 것을 권했다. 그리고 맷에게 약물만으로는 이런 문제를 해결할 수 없음을 상기시켰다. 그는 기적을 바라는 것이 아니라고 하면서, 다른 사람이 자신을 어떻게 볼 것인지 과도하게 걱정하는 것에 대해서 도움을 받고 싶다고 했다.

다음 치료 시간에 맷은 보고서 작성을 위해서 컴퓨터와 참고 자료를 들고 나타났다. 잠시 머뭇하더니 보고서 주제를 말하고 관련 자료 다섯 개를 보여주었다. 다섯 개 자료 모두 해당 과목 교수가 추천해 준 것이었다. 필자는 그 자료에서 보고서 작성에 도움이 될 만한 두세 개의 중요한 문구를 각 자료에서 뽑아 보게 했다.

그런 후 각 문구 뒤에 자신의 생각을 나타내는 한두 문장을 덧붙이도록 했다. 이러한 작업을 신속하게 해내 가는 모습이 꽤 인상적이었다. 한 시간 정도 소요되는 치료 회기를 두 번 끝내기 전에, 맷은 제출 분량을 꽉 채울 수 있었다. 맷은 보고서 제출을 위한 작업이 네 시간 밖에 걸리지 않을 것이라 예상했다.

smart but stuck 반복적인 실수

이러한 연습에도 불구하고 보고서 제출과 관련하여 진전을 보이지 않았고 제출 기한을 넘기고 말았다. 과제 제출 기간을 늦추어 달라고 용기를 내어 말했고, 교수는 친절하게도 몇 주 간의 추가 시간을 더 주지만 이 기간을 지키지 못하면 학점을 주지 않을 것이라고 명확하게 말했다. 맷은 추가 마감일까지도 과제를 완성하지 못해서 한 과목에서는 A⁻, 다른 과목에서는 F를 받았다.

마감 기일이 연장되었음에도 불구하고 보고서를 제출하지 못한 자신에게 몹시 실망하였지만 사기가 저하된 것처럼 보이지는 않았다. 다음 학기에는 세 과목을 등록하고 모두 패스를 하여 부모와의 약속(네 과목을 성공적으로 수강하고 원래 대학으로 복학하기)을 지키고자 하였다. 목표를 잘 달성할 수 있을 것 같은지 묻자, 세 과목의 강의 계획안을 보여 주며 매주 필자와 함께할 준비가 되어 있다고 했다.

학기말 무렵 마지막 보고서 제출 때만이 아니라, 학기 중에도 매주 최상으로 과제를 마칠 수 있도록 도움이 필요하다는 생각이 들어요. 도움을 많이 받는 것을 좋아하지는 않지만 이번 학기에는 이런 도움이 필요하며, 나중을 위해 제일에 신경 쓰는 법에 대해 배울 필요가 있는 것 같아요. 예전에는 준비가 되어 있지 않았지만, 지금은 준비가 된 것 같아요.

필자는 다음과 같이 응답했다.

좋은 생각이지만 실천이 중요하지요. 원래 대학으로 복학하고자 하는 마음 쪽으로 기운 것 같지만, 여전히 헤쳐 나가야 할 것이 많을 겁니다. 원래 대학에서 꽤 끔찍했던 경험을 잊지 못할 거예요. 공포감은 사라지지 않고, 어느 순간 갑작스럽게 몰래 찾아올 수 있어요.

smart but stuck 행동 변화를 위한 구조화와 감독

맷은 "저는 그 모든 걸 너무 잘 알아요. 하지만 시작해 봐요."라고 말했다. 우리는 머리를 맞대고 저녁에 모든 과제를 하는 습관을 학교에 가지 않는 4일 동안 매일 낮과 저녁에 각각 세 시간씩 하는 습관으로 바꾸기로 했다. 취침 시간을 새벽 4시에서 2시로 바꾸고 매일 9시에 일어날 것을 제안했다. 비디오 게임 시간을 줄이기 위해서 수업이 없는 날 중 최소 3일은 학교 도서관에서 세 시간 동안 공부하도록 했다. 맷은 이에 동의하였고, 자신이 약속한 여섯 시간의 공부 시간을 채우지 않고서는 웹 서핑이나 게임을 하지 않을 것이라고 약속했다.

필자가 과제 점검하는 것을 돕고, 본인도 손쉽게 복습할 수 있도록 읽은 자료의 주요 부분에 밑줄을 긋기로 했다. 일지에 공부 시간을 기록하고, 그 결과물을 상담 시간에 가져와서 필자와 진도 사항을 점검할 계획을 세웠다. 우리는 매주 이 과정을 실시하고 무슨 이유로 계획이 실천되지 않는지 파악하기로 했다.

맷은 학업 관련 계획과 더불어 낯선 사람과의 상호작용 개선을 위한 계획도 원했다. 사회적 상호작용 기술을 개선하는 것이 성공적인 대학 생활에 필수적이라고 생각했기 때문이다. 먼저 최소 두 명의 친구에게 간단한 대화를 먼저 건네도록 계획을 세웠다. 그리고 각 수업에서 중간고사 시험 준비를 함께할 파트너를 찾기로 했다. 맷은 이러한 사회성 기술 향상을 위한 과제가 학업 성취 향상을 위해 기울이는 노력보다 훨씬 어렵다고 생각했다.

맷은 성공적으로 계획을 실행했다. 비록 자신이 계획한 것보다 공부를 덜 하거나 읽기가 뒤처지기도 했다. 또한 친구들과의 상호작용을 회피하려고 한 적도 많이 있었다. 그러나 전반적으로 필자와 협력하여 과제를 하고, 같은 과목을 수강하는 친구들과도 상호작용을 개선시켜 나갔다. 그 결과 두 과목에서 A를 받았고 다른 한 과목에서 B를 받았다. 그는 원래 대학으로 돌아가 대학 생활을 즐겼고 평균 B$^+$를 유지할 수 있었다.

맷에게 도움이 된 것

- 대학 생활 중 자신이 경험했던 학업적 · 사회적 어려움을 친구들에게 솔직하게 고백
- 사회적 불안 및 우울 증상의 심각성을 맷과 부모에게 알림
- ADHD, 우울 증상, 사회적 불안을 완화하기 위한 약물 치료: 효과가 없다고 판단되면 다른 약물 시도
- 원래 대학으로 복학하기 전 집 근처 대학에서의 성공 경험
- 읽기와 쓰기 과제 향상을 위한 일대일 코칭
- 공포감을 회피할 수 있도록 맷의 행동에 대한 이야기 치료: 눈앞에 놓인 공포를 피하기 위한 맷의 행동이 더 큰 문제를 야기할 수 있음을 인지시킴

11 루이스

"특수교사로서 ADHD 아동을 많이 가르쳐 왔지만, 제가 ADHD일 것이라고는 생각하지 못했어요. 정리 정돈과 마감일 준수를 잘하지 못했으며, 물건을 잘 잃어버렸어요. 대학 졸업 후 10년간 교사 생활을 했지만 최근 몇 년간 어려움을 경험하고 있으며, 특히 가정생활에 문제가 생긴 후 ADHD 증상이 점점 심해지고 있어요."

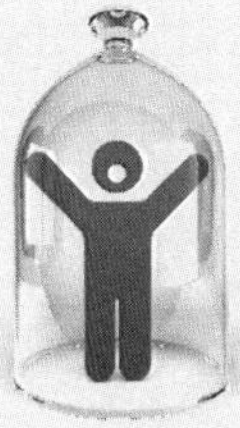

– 37세 교사

루이스(Lois)는 10년간 특수교사 생활을 해 오고 ADHD 아동을 가르쳐 왔지만, 학회에서 내 발표를 듣고서 자신에게 ADHD가 있음을 깨달았다. 루이스는 학창 시절과 교사 생활 중에 과제에 집중하기, 시간 내에 과제 끝내기, 자신의 물건 정돈하기, 읽고 들은 것을 기억하는 데 문제를 보였다. 최근 이러한 증세가 얼마나 악화되었는지 묻자, 그녀는 가정생활에 문제가 생기면서 증상이 더 심해졌다고 했다.

smart but stuck 계속되는 슬픔과 실망

가정사 문제를 구체적으로 묻자, 루이스는 울음을 터뜨리며 5개월 전에 아버지가 심장 문제로 쓰러져 자신이 미친 듯이 심폐소생술(Cardio Pulmonary Resuscitation: CPR)을 했지만 결국 돌아가시고 말았다고 하며 흐느꼈다.

지금쯤 극복했어야죠. 하지만 그 일 이후 매일같이 많이 울고 제 마음에서 그때의 잔상을 지울 수가 없어요. 아버지가 많이 그리워요! 아버지는 남편이 다친 이후 제게 가장 많은 도움을 주신 분이세요.

필자는 남편이 어디가 아픈지 물었다. 루이스의 남편은 안전벨트를 하지 않고 운전을 하다가 차 사고가 나서 머리를 자동차 전면 유리에 부딪쳤고, 외상성 뇌 손상으로 병원에서 6개월 이상 고생하였다. 치료를 받아 걷고 말할 수 있게 되었지만, 감정 조절 문제를 보였다. 과거 남편의 모습이 아니었다. 즉, 단순한 일을 할 수 있을 뿐 예전과 동일한 모습을 기대할 수 없었다. 필자는 짧은 기간 동안에 두 가지의 커다란 상실감을 경험한 루이스를 공감해 주고, 어느 누구도 그러한 어려움을 빨리 극복할 수 없을 것이라고 했다.

루이스가 경험한 상실감을 하나라도 경험한 사람은 굉장한 고통을 겪는 것이 사실이지만, 특히 그러한 상실감이 연달아 발생할 경우 ADHD인은 정서 조절에 어려움을 보이기 때문에 이를 극복하는 데 더 큰 어려움이 있다. 즉, 비슷한 환경에 있는 타인보다 상황이 더욱 악화되고 파괴적이 된다.

고통스럽고 스트레스가 많은 상황에서 대부분의 사람은 삶의 다른 부분에 집중함으로써 그러한 상황에서 벗어나고자 하지만, ADHD인은 걱정과 고통의 경험에만 빠져 있다. 여러 연구에 따르면, ADHD인은 작업 기억 문제로 인해서 여러 가지 문제나 사실을 동시에 다루기 힘들어한다.[1] 즉, 작업 기억력이 제한적이어서 불안이나 우울한 생각을 조절해 주는 희망적인 기억이나 사실을 기억하기가 어렵다.

ADHD인은 격렬한 감정을 생리학적으로 차단하는 뇌 시냅스 연결 능력이 부족한 경향을 보인다.

연구에 따르면, 높은 작업 기억력을 가진 사람은 불쾌한 정서 상황에 빠지는 대신에 이를 좀 더 효과적으로 다루는 경험을 보인다.[2] 그리고 ADHD인은 격렬한 감정을 생리학적으로 차단하는 뇌 시냅스 연결 능력이 부족한 경향을 보인다.[3] 어떠한 이유든지 루이스는 아버지의 죽음과 남편의 외상성 뇌 손상으로 고통스러운 감정에 지속적이고 강렬하게 사로잡혀 있었다.

smart but stuck ADHD에 동반하는 우울증

첫 상담에서 루이스가 확실히 ADHD로 고생하고 있음이 명확해졌지만, 심각한 우울 증세를 보이며 아버지의 죽음 이후 절망감과 고통스러운 기억에 매일 사로잡혀 있는 것도 명확해졌다. 식욕도 없어졌고 불면증으로도 고생하고 있었다. 우울 증상을 완화하기 위해서 루이스의 주치의에게 항우울증 약물 처방을 부탁했고, 심리 치료를 지속하기로 했다. 항우울증 약을 최소 6주간 안정적으로 복용한 후에는 ADHD 약물을 복용할 것을 권했다.

CPR로 아버지를 살리지 못한 죄책감, 자신을 두고 떠난 아버지에 대한 분노, 남편의 뇌 손상으로 인한 깊은 슬픔에 집중하여 약물 치료와 심리 치료를 시작하였고, 2개월이 채 되지 않아 루이스의 식이 문제와 수면 문제가 예전에 비해 개선되었다.

심리 치료 중 루이스는 자신을 슬픔에서 벗어나게 해 주는 두 가지 활동에 대해 말해 주었다. 하나는 제자들이고, 다른 하나는 수업 교재 · 교구 및 가정 생활용품을 구입하는 일이라고 했다. 루이스는 항상 엄마가 되고 싶었지만 남편의 사고 이후로 부모로서의 역할을 잘하지 못할 것이라고 느껴서 자녀를 두지 않았다. 그녀는 남편의 외상성 뇌 손상 장애 및 자녀를 갖지 못하는 것에 대한 스트레스를 쇼핑으로 풀었다. 이러한 상실감에도 6개월간 병원 생활과 그 이후 생활 중에 남편에게 지극 정성으로 헌신을 하였다.

루이스는 가르치는 일을 즐겼고, 자녀를 가지지 못할 것이라는 생각 이후

학령기 장애 아동에게 더 큰 관심과 노력을 쏟아 부었다. 학생들과 그들의 형제자매 이름을 외우고, 방과 후에는 그들의 부모와 긴 대화를 나누었으며, 때로는 다소 과해 보일 수 있겠으나 학생 가족의 일에도 참여했다.

가르치는 것에 대한 열정은 쇼핑과도 맞물렸다. 주말마다 세일이나 벼룩시장을 이용해 학생들에게 필요한 책이나 놀잇감을 고르거나, 자신에게 필요한 물건을 싼 가격에 구입하는 데 심취했다.

smart but stuck 쇼핑 중독과 저장 강박증

어느 날, 치료를 받으러 온 루이스는 쇼핑에 많은 돈을 써 버린 일을 후회한다고 했다. 얼마나 많은 돈을 사용하였는지 묻자 최근 몇 년 사이 40벌의 청바지, 100세트가 넘는 속옷, 25개의 프라이팬, 그 밖의 물건을 사들였다고 했다. 필자는 놀라지 않을 수 없었다. 루이스의 집은 큰 박스와 플라스틱 상자로 가득 차서 겨우 걸을 수 있는 비좁은 공간, 자신과 남편이 앉아서 TV를 볼 수 있는 공간 정도가 남아 있었다. 부엌과 식탁에도 물건이 가득 차 있어서 작은 상자 위에 음식을 놓고 먹어야 했다. 물건을 치우는 것이 어떻겠느냐고 묻자 겁에 질려, "절대 그럴 수 없어요. 너무 불안해서 어떠한 물건도 정리할 수가 없어요."라고 소리를 쳤다.

저장 강박증이 있는 사람은 소유물을 정리하고 우선순위를 정하는 실행 기능에 큰 문제가 있는 것으로 보인다.

필자는 학생을 가르치고 가정생활에 필요한 용품을 구입하고 모으는 루이스의 행동이 저장 강박 장애임이 명확하다고 생각했다. 과거에는 저장 강박 장애를 강박 장애(OCD)의 한 유형으로 분류하였지만, 최근 정신 병리학 진단 매뉴얼에서는 저장 강박증을 따로 하나의 장애로 분리하고 있다. 저장 강박 장애는 필요하지 않은 물건이나 사용하지 않는 물건을 아주 많이 지속적으로 축적하는 것을 말한다. 이러한 물건들로 집이 가득 차지만, 그러한 것들을 버리는 것에 더 큰 스트레스를 느낀다. 축적한 물건들은 값어치가 있는 것과 다른 사람들에게 쓰레기처럼 느껴지는 것이 섞여 있다.[4]

저장 강박증이 있는 사람은 소유물을 정리하고 우선순위를 정하는 실행 기능에 큰 문제가 있는 것으로 보인다. 연구에 따르면, 저장 강박 장애인의 절반 이상은 우울 장애를 동반하고 있고 40%는 ADHD를 갖고 있다. 루이스는 어머니도 필요 없는 물건과 사용하지 않는 많은 물건을 사서 여기저기에 둔다고 했지만, 남편의 사고와 엄마가 될 수 없음을 깨달은 최근 2년 사이에 자신의 증상이 어머니보다 심해진 것 같다고 했다. 루이스는 건강한 남편을 잃고 언젠가는 아이를 출산하여 양육할 것이라는 꿈을 잃어버린 것에 대한 상실감을 물건을 사서 저장하는 것으로 채우는 것처럼 보였다. 심리 치료 중에 이 문제를 다루긴 했지만, 이 문제를 더 깊이 다루기에는 루이스가 준비되어 있지 않았다.

항우울제와 심리 치료를 시작한 지 2개월 후, 루이스는 우울 증상이 완화되었다고 하며 ADHD 문제를 해결하고 싶다고 했다. 그녀는 낮은 집중력, 조직화의 어려움, 과도한 주의력 결핍 문제를 해결하고, 해야 하는 일에 작업 기억력을 효과적으로 사용하고 싶어 했다.

smart but stuck 항우울제 및 ADHD 약물 복용

루이스가 ADHD로 판별된 후, 그녀의 주치의는 항우울제와 함께 ADHD 치료를 위한 자극성 약물을 함께 복용해도 괜찮다고 동의했다. 그리고 복용량과 타이밍을 결정할 수 있도록, 자극제에 대한 투여 계획을 조정할 때 필자와 협의하기로 동의했다. 몇 주 안에, 그녀는 적어도 낮 시간 동안에 약물 치료가 ADHD 증상을 개선하는 데 도움을 주는 것 같다고 했다.

그 시점에서 루이스는 치료를 시작하고 예전보다 훨씬 기능하기가 수월해졌다고 말하며, 약을 계속 복용하되 심리 치료를 잠시 중단하겠다고 말하였다. 언젠가 심리 치료를 다시 시작할 것이라고 하였지만 정확히 언제가 될지 모르겠다고 했다. 필자는 이에 동의하였고, 계속 약을 복용할 것을 권했으며, 최소 6주마다 필자를 만나서 상태를 점검받고 우울감을 다시 느끼게 되면 바로 필자에게 연락하라고 했다.

약 6개월 후, 루이스는 전화를 해서 우울하다고 하며 필자를 곧 방문하겠다고 했다. 우리가 만났을 때 루이스는 약물 복용을 중단했다고 했으며, 시아버지의 급작스러운 죽음에 자신과 남편은 몹시 당황했다고 했다. 시아버지와 가까운 것은 아니었지만 장례를 거치면서 아버지의 죽음이 선명하게 떠올라 몇 개월 전에 느꼈던 슬픔과 무력감의 감정을 강렬하게 느꼈다.

smart but stuck 다시 찾아든 슬픔

루이스의 슬픔은 두 번의 다른 죽음에 의해 더욱 복잡해지고 깊어졌다. 뉴스를 보던 중 과거 그녀의 제자와 형제자매가 화재로 인해 사망했음을 알게 되었다. 몇 주 동안 매일같이 몇 시간 동안 울었다. 그 후 예전에 근무했던 학교 교장의 아내가 암으로 세상을 떠났다는 소식을 접했다. 그 교장은 아버지 같은 존재로, 아버지가 돌아가셨을 때 많은 도움을 주셨던 분이다. 그녀는 관에 누워 있는 교장의 아내 모습을 볼 때 매우 큰 걱정이 엄습했다고 했다. 그리고 "장례식이 끝나고 집에 가야 할 때가 오자 교장 선생님은 홀로 집에 가는 것을 원하지 않았어요."라고 말했다. 교장에 대한 루이스의 감정은 자신의 외로운 감정에 의해 더욱 증폭된 것으로 보였다. 당시 루이스 어머니는 플

로리다에서 겨울을 보낸 뒤 봄이 되어서야 돌아올 계획이었다. 새로운 상실감과 이전의 상실감이 혼합되면서 루이스는 감정에 압도되고 경직되었다.

필자의 권유로 루이스는 이전에 효과가 있었던 약물을 다시 복용하고 심리치료를 다시 받기로 했다. 한 달 후 루이스는 현재 근무하는 학교에 특수학급이 없어져서 다른 학교로 전근을 가야 하는데, 그곳에서는 자신만의 학급을 운영할 수 없다고 했다. 루이스는 일반학급에 소속된 소수의 학생을 특수학급으로 데려와 읽기 기술을 향상시키기 위해 개별적 도움을 제공하고 있었다. 이러한 변화는 루이스에게 자녀가 갑자기 납치된 것과 같은 수준의 슬픔이었다. 루이스는 자신만의 학생들을 갖지 못할 것이며, 심지어 꾸밀 수 있는 자신만의 학급도 없을 것이다. 그녀는 5년간 근무했던 친숙했던 건물과 동료들을 떠날 것을 강요받고 있었다.

smart but stuck 새로운 스트레스로 인한 우울증의 악화

루이스는 불과 몇 개월 동안 여러 가지의 커다란 상실감(시아버지 죽음, 교장 사모의 죽음, 과거 제자의 죽음, 자신의 학급이 없는 학교로 전근)에 힘들어했다. 이러한 역경은 자신의 힘으로 변화시킬 수 없는 것들이다. 직간접적인 이러한 상실감은 루이스의 우울증과 ADHD 증상을 심화시켰다. 그녀는 시아버지가 돌아가시기 전에 복용했던 약물이 감정 조절, 주의 집중, 과제 수행에 도움이 되었다고 했다. 별다른 부작용이 없었지만 처방약을 다 복용하고 난 후 다시 처방을 받아 약을 먹지 않았으며, 필자를 만나 자신의 상태를 점검하지 않았다. 필자는 그날 바로 처방전을 작성해 주고 약을 복용할 것을 권했다.

ADHD인은, 1) 자신의 정서적 반응을 조절하지 못하고, 2) 자신의 현재 정서에 너무 깊게 빠지며, 3) 현재 정서 상태를 완화시켜 줄 다른 감정이나 사실을 생각해 내지 못하는 문제로 인해서 역경에 대한 반응이 강렬해지고 장기화된다.

역경이 ADHD에 미치는 영향에 대한 연구는 많지 않다. 일부 연구에서는 가난, 부모의 정신 장애, 부부간 불화와 같은 스트레스 유발인자의 효과를 살펴보았지만,[5] ADHD 성인을 대상으로 한 연구는 없다. 지인의 죽음과 근무 환경이 변화기 전의 삶이 얼마나 안정적이었는지 알 수는 없다. 그러나 아동 대상 연구에 따르면, 특정 사건으로 ADHD가 악화되지는 않는다. 그러나 여러 스트레스 유발 인자들이 축적되고 주관적인 가중치에 따라서 ADHD 성인의 증상은 악화되는 경향이 있다.

ADHD인은, 1) 자신의 정서적 반응을 조절하지 못하고, 2) 자신의 현재 정서에 너무 깊게 빠지며, 3) 현재 정서 상태를 완화시켜 줄 다른 감정이나 사실을 생각해 내지 못하는 문제로 인해서 역경에 대한 반응이 강렬해지고 장기화된다. ADHD인은 현재의 걱정, 좌절, 슬픔, 절망감, 분노와 같은 감정에서 벗어나는 것만 어려워하는 것이 아니다. 그들은 주의력 편향(attentional bias)을 보이기도 한다. 주의력 편향이란 유사한 걱정, 좌절, 실망 등의 감정을 느꼈을 때 반대되는 사실이나 경험을 회상하기를 거부하고 다른 기억을 회상하여 왜곡하는 경향성을 말한다. 일부 연구에 따르면, 이러한 주의력 편향은 만성적인 불안 장애와 우울 장애를 가진 사람에게 나타나지만, ADHD 대상 임상 연구 결과, 유사한 주의력 편향이 불안과 우울증뿐만 아니라 다른 감정과 함께 발생한다.[6] 상실감과 실망감에 깊게 빠진 루이스의 행동은 ADHD인이 보이는 문제의 한 예이다.

우울증이 재발해서 항우울증 복용량을 늘리고 심리 치료를 계획하였다. 치료를 시작하고 2~3개월 안에 루이스의 남편은 아버지의 죽음에 잘 대처하지 못했다. 우울 증상을 보였고 뇌 손상 이전에는 전혀 보이지 않았던 적대 행동과 언어 폭력을 아내에게 보이기도 했다. 남편에게도 약물 치료와 심리 치료를 시작했지만, 아내와의 관계는 개선되지 않았다. 부부 상담을 시도했지만 역시나 별다른 효과를 보지 못했다.

smart but stuck 산산조각 난 꿈 그리고 이혼

6개월 후, 루이스는 마지못해 변호사를 만나 이혼 서류를 작성하기로 했다. 이에 남편은 분노했고 우울 증상을 보였으며, 아내를 죽이려고 하거나 자살 또는 동반 자살을 하려고 했다. 별거 기간을 거쳐 이혼이 이루어지기까지 몇 주 동안 남편은 정신 병동에 입원해 있었다. 루이스의 월급이 남편보다 훨씬 높았기 때문에 법원에서는 남편에게 이혼 수당을 주어야 한다고 했다. 루이스는 결혼 생활에 대해 꿈꾸어 왔던 환상과 희망이 깨짐으로써 우울해했고, 남편을 버렸다는 죄책감을 느꼈으며, 앞으로 나아질 것이 없을 거라는 무력감에 휩싸였다.

smart but stuck 점진적인 기능 약화

그 후 몇 달 동안 직장에서의 어려움이 커졌다. 새 학교로 간 뒤, ADHD 약물 복용량과 타이밍 조절을 통해서도 항상 어렵다고 생각해 왔던 문서 작업 관련 업무 수행에 고군분투하였다. 소집단 또는 개별적으로 가르치는 각 학생들의 구체적인 프로그램, 중재, 발달 과정을 기록해야 했지만 이를 적절하게 할 수 없었고, 문서를 분류하고 업무의 우선순위를 정하는 데 커다란 어려움을 보였다. ADHD 증상이 우울증과 불안감으로 인해서 점차 강화되었다. 문서 작업을 돕기 위해서 새 학교 교장과 아파트 관리자는 정기 모임을 가지기 시작했다.

새 직장으로의 이직 후 루이스는 문서를 작성하고 분류하기 위해서 거의 매일 방과 후에 세 시간 이상 미친 듯이 일을 해야 했지만 효율적으로 할 수 없었다. 이렇게 일을 해도 손 안에 한가득 종이를 안고 회의에 참석하였고, 교장과 상사가 원하는 정보를 찾아 줄 수 없었다. 매 회의 뒤에는 형식적인 문서 보고서를 작성해야 했다. 이렇게 감독과 평가가 늘어남에 따라서 자신의 능력에 대한 걱정이 더 늘어났다. 루이스는 그들이 자신에게 도움을 제공하기도 하지만 손쉽게 해고하기 위해서 문서 작업을 늘려 간다고 생각했다.

smart but stuck 집중 치료 및 타인을 도우려는 노력

우울 증상과 불안감이 교사 생활을 할 수 없을 만큼 심해졌다. 학교 규정에 따라 교사 생활을 그만두어야 했다. 2주 후 매우 우울하고 흥분 상태였기 때문에, 지역 병원에서 집중 치료를 받을 것을 권했다.

집중 치료 프로그램에서 다른 삶의 문제로 고군분투하는 사람들과의 집단 모임에 참여하였는데, 상당한 도움을 받았다. 이 모임에서 루이스는 특히 공감을 잘하고 지원적인 참여자로서의 면모를 보였다. 루이스보다 열 살 연상의 우울증 환자가 월세 아파트에서 쫓겨나서 갈 곳이 없다고 하자, 그녀는 남편과 살았던 집에 가서 함께 살자고 자원했다. 프로그램 관계자의 반대에도 주장을 굽히지 않은 루이스는 그 여성을 집으로 데리고 왔다.

그러나 새 룸메이트에 대해 불평을 늘어놓기 시작했다. 새 룸메이트는 매일 저녁을 얻어먹고 항상 자신의 옆에 붙어 있기를 원했다. 어느 달은 전화비가 1,000달러가 넘게 나왔고, 집안일은 전혀 하지 않았다. 두 달 후 친언니에게 새 룸메이트를 집에서 끌어내 달라고 지원을 요청했다. 그 무렵, 집중 치료 비용을 보험료로 더 이상 충당하지 못하게 되면서 프로그램을 종료했다.

smart but stuck 안정을 찾기 위한 충동적인 노력

룸메이트가 이사를 나가기 전, 루이스는 강한 매력을 느끼는 남자 친구를 만났다. 그 남자는 7년 전 이혼을 했지만 두 자녀와 만나기 위해 전 아내와 계속 연락을 하고 지냈다. 루이스는 남자 친구의 강점에 호감을 느꼈다. 자신에게 매우 친절하지만 가끔은 나쁜 말도 한다고 했다. 필자가 깊은 관계를 맺기 전에 좀 더 시간을 가지라고 주의를 주자 루이스는 몇 달 동안 나에게 연락을 하지 않았다.

3개월 후, 그 남자와 갓 결혼한 루이스는 다시 심리 치료를 받으러 왔다. 결혼 직후 남편의 1,200달러의 빚을 갚아 주었다. 남편은 보험 없이 자신의 차를 운전하다가 두 번의 사고를 냈고, 자신에게 알리거나 허락을 구하지 않고 예전 집에 있던 값어치가 나가는 물건을 현재 집과 마당 창고로 옮겨 놓았다. 나중에는 직장을 그만두고, 마리화나를 피웠으며, 그녀의 카드로 500달러 이상의 주유를 했다. 일이 이렇게 되자 루이스는 부채로 고통받기 싫다며 남편에게 이혼을 통보했다. 남편은 원치 않았지만, 경찰서에 가겠다는 협박을 받자 이혼에 동의했다.

새 룸메이트를 충동적으로 집에 들이고 잘 모르는 남성과 성급하게 결혼을 결정한 자신의 행동을 보면서, 루이스는 자신의 이러한 충동적 행동이 삶의 주요 문제를 해결하기 위한 미흡한 시도의 일환임을 깨달았다. 루이스는 도움이 필요한 사람이 자신의 애정 어린 친절함으로 인해서 회복될 것이라는 희망을 가지고 돌봄 역할을 자처했다.

이러한 어려움을 경험한 후에 루이스는 직장을 잃었고 고용 가능성도 희박하게 되었다. 장애로 인한 퇴직 신청을 했지만 교원협회에서는 이를 거절했다. 하지만 필자가 추천한 의사의 도움으로 장애로 인한 퇴직 요구가 수락되었다. 그 후 루이스는 자신이 좋아하고 자신과 함께 살기를 허락한 친척과 함께 생활하기 위해 다른 주로 이사를 갔다.

루이스의 사례에서 보듯이 심각한 ADHD 증상을 보이는 성인은 아무리 총명하다고 할지라도 일련의 어려움을 경험하게 된다. 아버지의 죽음, 남편의 뇌 손상과 같은 불운이 그러한 어려움의 예이다. 그리고 ADHD 증상으로 인한 우울증이나 불안감, ADHD 장애 자체도 어려움의 예이다. 200명 이상의 ADHD 남녀 성인을 대상으로 한 최근 연구에 따르면, 동반 장애와 관계없이 ADHD의 주의력 결핍 및 과잉행동 문제만으로도 해고, 별거, 이혼, 삶의 주요 변화 등과 같은 부정적 사건이 초래될 수 있다.[7]

smart but stuck 지속적인 치료의 어려움

아버지의 죽음과 남편의 뇌 손상을 조절할 수는 없지만, 루이스가 자신의 직업을 계속 유지하지 못한 것은 ADHD 증상이 적절하게 치료되지 못해서이다. 루이스는 ADHD로 인한 주의력 결핍, 무질서, 낮은 작업 기억력으로 정기적으로 처방전을 받아 약을 복용하는 데 어려움을 느꼈다. 또한 ADHD 장애로 인해서 알림 전화에도 불구하고 치료를 받으러 오지 못하였으며, 때때로 수 주 동안 치료를 거부하기도 했다. 안타깝게도, 다른 환자와 달리 루이스에게는 ADHD, 우울, 불안 장애를 지속적으로 치료받도록 도움을 제공해 줄 사람이 주위에 없었다.

만일 루이스가 ADHD와 우울증 치료를 지속했다면, 확언할 수는 없지만 계속해서 일을 할 수 있었을 것이고 이를 통해 만족감을 얻었을 것이다. 하지만 불행하게도 ADHD 증상이 심해졌음에도 불구하고 사회적 지지를 잃었고 치료를 중단함으로써 자신을 지키려는 열망과 능력을 압도하는 일련의 역경을 경험하게 된다.

다행히도 루이스는 장애 연금으로 최소한의 경제적 안정을 누릴 수 있었다. 그리고 최근 다른 주에 거주하고 있는 과부가 된 이모로부터 초대를 받아 상황이 개선되었다. 이모는 루이스와 함께 살면서 일상생활에서 필요한 도움을 받고, 근처에 살고 있는 두 명의 손주 양육에 필요한 도움을 얻고 싶어 했다. 루이스는 이 초대에 흔쾌하게 응했고 모든 것이 잘 진행되어 갔다. 친척과 함께 살게 되면서 루이스는 이모와 두 명의 조카 양육에 도움을 제공하는 역할을 성공적으로 하였다.

루이스에게 도움이 된 것

- 아버지 죽음에 대한 슬픔과 죄책감, 자녀를 가지지 못하는 상황, 사고로 인한 남편의 장애에 대한 이야기 치료
- 우울 증상을 완화하기 위한 약물 복용
- ADHD 증상에 대한 진단 및 약물 치료
- 쇼핑 중독 및 저장 강박 장애에 대한 인지
- 이혼, 재발된 슬픔, 새로운 스트레스 유발 인자를 다루기 위한 이야기 치료
- 집중 병원 치료 서비스
- 장애 연금 수령 및 안정적인 거주 환경 조성

Smart But Stuck

12 제임스

“이번 달에 네 개의 과제를 끝내지 않으면 근신 처벌을 받게 돼요. 일 끝맺는 것이 어려워요. 오랫동안 그래 왔지만, 근래에 더 심해진 것 같아요. 과제를 제출하기 위해 공부를 했었는데, 이제는 한 문단도 쓸 수가 없어요. 곤경에 처한 것 같아요.”

– 20세 대학생

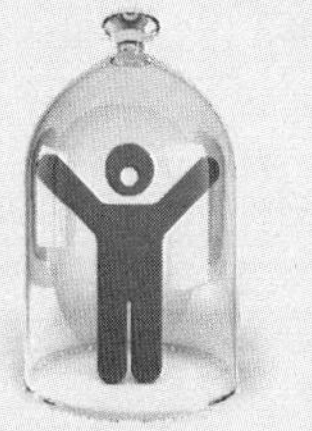

필자가 제임스(James)와 부모를 대기실에서 처음 보았을 때, 부모는 서둘러 자신들을 소개하려고 몸을 움직였다. 제임스는 부모 뒤에 서 있었다. 그는 나이보다 몇 년 더 어려 보였고 다소 수줍음을 타는 것 같았다. 필자에게 와서 형식적으로 악수를 하였고 눈 맞춤을 잘하지 못하였다. 연구실에 앉은 후 우리가 여기에 모인 이유에 대해 묻자, 어머니가 즉시 설명하기 시작했다. 필자는 어머니가 아니라 제임스가 직접 설명할 수 있도록 했다. 제임스는 “네 개의 과제를 제출하고, 한 달 후 대학에 가서 2학년 생활을 잘하기 위해서 왔어요.”라고 답했다.

필자는 그가 봄 학기 또는 약 2개월 간의 여름 방학에도 하지 못한 네 개의 과제를 어떻게 한 달 동안 끝내도록 도울 수 있을지 물었다. 그는 “선생님이 할 수 있을지 모르겠어요.” “이번 여름 학기에 신청했던 과목을 철회하고, 한 학기 또는 두 학기를 휴학해야 해요. 희망적인 상황이 아니에요.”라고 답했다. 이에 부모는 제임스가 마감일 전에 과제를 제출하여 대학 생활을 다시 할 수 있을 것이라고 확신에 차서 말했다. 아버지는 덧붙여서, "문제가 그리 심각한 것 같지 않아요."라고 했다. 이 상황에서 제임스는 어린아이처럼 손을 뻗어 어머니의 손을 잡았다.

세 시간의 상담 동안, 제임스는 과제 보고서 작성을 위한 준비는 하지만 과제 보고서 작성을 하지 못한다고 했다. 아버지는 자신이 도움을 주려고 했지만 커다란 도움이 되지 않았다고 했다. 제임스는 필자와 부모에게 봄 학기 동안 과제 보고서 작성을 하는 대신에 방에서 홀로 비디오 게임을 하면서 걱정과 불안감이 높아졌다고 했다. 하지만 알코올이나 마리화나와 같은 약물 복용은 하지 않았다고 우리를 안심시켰다.

부모는 제임스가 5학년일 때 제임스보다 성적이 낮은 다른 친구들에게 왕따를 당했다고 회상했다. 제임스는 대부분 과목에서 자신을 놀린 친구들보다 매우 높은 성적을 얻었는데, 그 친구들은 제임스를 잘난 체하는 학생으로 생각했다. 부모는 제임스가 공부를 잘한다는 것을 강조하기 위해 이런 말을 하였지만, 필자는 이 이야기를 듣고 제임스가 사회성 기술이 부족하다고 생각했고, 부모는 사회성 기술의 부족이 과제 보고서를 제출하지 못하는 것보다 얼마나 심각한지 모르고 있음을 느꼈다.

상담 무렵, 필자는 제임스와 부모에게 과제 보고서 작성에서의 문제뿐만 아니라 ADHD로 인한 실행 기능의 전반적 문제에 대해서도 언급했다. 우선순위 정하기, 조직화하기, 집중하기, 지속적으로 노력하기, 작업 기억력 활용하기에 있어서의 어려움은 삶의 많은 부분(예: 과제 보고서 작성하기)에 영향을 미친다. 그리고 제임스의 말에 비추어 볼 때, 그는 불안으로 많은 시간을 보내고 있으며, 특히 사회적 관계와 자존감에 문제를 보이고 있고, 최근에는 우울 증상으로 어려움을 겪는 것처럼 보였다.

제임스와 부모는 수년 동안 학교생활을 성공적으로 임했던 아이에게 ADHD가 있다는 것에 놀랐다. 하지만 필자가 말한 ADHD 증상이 제임스에게 맞아떨어짐을 인정하지 않을 수 없었다. 그들은 어떻게 해야 하는지 물었다. 제임스의 부모는 필자의 사무실을 정기적으로 방문하기에는 다소 먼 거리에 살고 있었기 때문에, 필자와 치료를 시작하고 다음 한 달 동안 과제 보고서 작성을 완성하기 위해서는 필자의 사무실 근처에 아파트를 구해 살면서 매주 5회 필자를 보고 증상 완화를 위한 약물 치료도 병행할 것을 권했다. 필자가 집중 치료를 권한 것은 제임스가 과제를 완성하도록 도울 뿐만 아니라 자신의 계획대로 9월에 대학 생활을 시작할 준비가 되었는지 평가하기 위해서였다.

다음 날 아침, 제임스와 부모는 필자가 제안한 계획 실행에 필요한 준비를 위해 다시 방문했다. 부모는 필자의 사무실 근처에 가구가 배치된 아파트를 구해 주고, 한 달 동안 모든 일을 성공적으로 마친 뒤 9월에 대학 생활을 시작할 수 있을 것이라고 아들을 격려한 뒤 집으로 되돌아갔다. 부모가 떠난 뒤 제임스는 부모의 바람대로 모든 것을 빨리 잘할 자신이 없다고 했고, 지난 학기에 얼마나 힘들었는지 부모에게 솔직하게 말하지 못했다고 했다. 우리는 일부 시간에 정서 문제에 대한 치료를 실시하고, 또 다른 일부 시간에는 원래 도움을 받고자 했던 쓰기 과제에 집중하기로 했다.

smart but stuck 유창한 구어를 글로 표현하는 데 어려움

다음날 아침 제임스는 정시에 도착하였다. 필자의 요청대로 과제 보고서 작성에 필요한 컴퓨터, 책, 공책을 가지고 왔다.

제임스는 필자에게 강의 계획안과 과제 보고서 개요를 보여 주었다. 그런 뒤 읽기에 대해 수집한 정보를 자세하게 설명해 주었다. 관련 자료에 대해 습득한 지식과 정보 전달 능력의 유창성에 놀라지 않을 수 없었다. 그러나 사용할 부분에 표시를 전혀 해 놓지 않았고 읽기를 마친 후 어떠한 메모도 남겨 놓지 않았다. 즉, 그는 모든 것을 머릿속으로 해결하려고 했다.

필자는 제임스에게 지금까지 적어 놓은 개요와 초고를 보여 달라고 했다.

그는 컴퓨터 파일을 열어 머리말에 해당하는 세 문장을 보여 주면서 지금까지 단 한 번도 개요 및 초고를 작성한 뒤 글을 확장시키거나 편집해 본 적이 없다고 했다. 그는 항상 다음 문장을 쓰기 전에 개별 문장이 올바른지 고군분투하면서 첫 번째 초안을 과제로 제출했다. 필자에게 유창하게 설명한 것과 그것을 문장이나 문단으로 표현하는 것과의 극명한 차이는 꽤 놀라웠다.

쓰기 표현의 문제는 ADHD인에게서 많이 나타난다. 대규모 연구에 따르면, ADHD로 진단된 남자의 64%, 여자의 57%가 쓰기 장애가 있다.

쓰기 표현의 문제는 ADHD인에게서 많이 나타난다. 대규모 연구에 따르면, ADHD로 진단된 남자의 64%, 여자의 57%가 쓰기 장애가 있다. 반면에 ADHD로 진단되지 않은 남자의 17%, 여자의 9%가 쓰기 장애가 있다.[1] ADHD 아동과 청소년의 읽기, 수학, 쓰기 표현을 비교한 한 임상 실험 연구에 따르면, 70% 연구 참여자들은 세 과목 중에서 쓰기 표현 점수가 가장 낮게 나왔다. 다른 연구에서는 ADHD가 없는 아동의 경우 10%만이 쓰기 표현 장애 기준을 충족하는 반면에, ADHD 아동의 46~65%가 쓰기 표현 장애 기준을 충족시킨다고 했다.[2]

smart but stuck 실행 기능 손상이 글쓰기에 미치는 영향

많은 ADHD인이 쓰기 장애로 고생하는 것은 놀라운 일이 아니다. 단어를 생각해 내고 조직화하여 문장을 작성한 후 빈 공간에 그러한 문장을 문단으로 조직화하는 것은 읽기나 수학보다 실행 기능에 대한 요구가 더 크다. 읽기에서는 단어를 해독하고 방금 읽은 것을 기억하며, 관련 지식을 활용하고, 그것들을 통합하여 내용을 파악함으로써 맥락에 맞게 의미를 해석하면 된다.

책을 읽는 사람이 처리해야 하는 자극은 수학 문제처럼 해당 페이지에 존재한다. 하지만 글을 써야 하는 사람들은 빈 종이를 앞에 두고 단어를 생각해내고, 구체적인 메시지를 전달하기 위해 그 단어를 조직화하며, 생각과 감정이 잘 전달될 수 있도록 편집해야 한다. 따라서 쓰기 표현은 읽기나 수학보다 훨씬 어려운 작업이다. 작업 기억, 조직화하고 우선순위화하기, 주의 집중 유지하고 이동하기와 같은 실행 기능에 손상을 입은 ADHD인에게 쓰기는 훨씬 더 어려운 과제이다.

쓰기에서 실행 기능은 매우 중요하기 때문에, 제임스의 쓰기 문제를 해결하기 위해서는 ADHD 증상을 완화하기 위한 약물을 즉각적으로 복용하는 것이 중요하다고 판단했다. 효과적인 복용량과 시기를 결정하는 데 일주일이 걸렸다. 약물 복용 직후, 그는 쓰기 과제를 시작하고 지속하는 데 약물이 효과가 있는 것 같다고 했다.

이러한 결과는 자극성 약물이 주의 집중력과 쓰기 과제 향상에 도움이 된다고 보고하는 다른 임상 결과와 일치한다. 일부 연구에서는 ADHD 대학생의 쓰기 표현 문제에 대한 자극성 약물의 효과를 다루었고, 한 예비 연구에서는 약물을 통해서 ADHD 대학생의 쓰기 메커니즘과 쓰기 작문 모두가 ADHD가 없는 대조 비교군의 수준과 유사한 정도로 향상되었다고 보고했다.[3]

때때로 정서는 기술 습득과 기술 전개 모두에 관여한다.

제임스는 약물을 복용하는 동안 집중을 더 잘하긴 했으나, 여전히 자신의 생각을 글로 나타내는 데 문제를 보였다. 그리고 쓰기와 관련한 정서 문제를 해결해 주지도 못했으며, 다음 문장을 쓰기 전에 각 문장이 완벽해야 한다는 강박 관념도 완화시키지 못했다. 때때로 정서는 기술 습득과 기술 전개 모두에 얽혀 있다.

보고서 작성 능력을 방해하는 문제 중 하나는 자신의 생각을 조직화하고 우선순위를 정하는 데 있어서의 어려움이다. 제임스는 자신이 쓰고자 하는 것에 대해 많은 정보를 가지고 있다. 하지만 머리에 넣어 둔 정보 중 어떠한 것이 보다 중요한 사실, 개념이고 어떠한 것이 부수적 문장이나 예로 사용될 수 있는지 잘 알지 못한다. 필자가 자료에 관해 질문하면 제임스는 답을 매우 잘했지만, 자신에 대한 질문을 조직화하고 그에 따른 추후 질문을 생성하는 데는 커다란 어려움을 보였다.

제임스는 문장 하나하나를 완벽하게 쓰려는 지나친 완벽주의뿐만 아니라 자신은 쓰기를 잘하지 못한다는 불안감을 갖고 있었다. 오랫동안 글쓰기에 고군분투했던 제임스는 쓰기 과제를 하려고 하면 강한 무력감을 느꼈다.

smart but stuck 쓰기 준비를 위한 그래픽 조직자 활용

조직화 문제를 해결하기 위해서 필자는 보고서 작성을 위한 조직화에 대해 소개하고 있는 짧은 책을 읽어 보도록 권했다.[4] 그리고 대학생과 비즈니스맨을 위한 그래픽 조직자 소프트웨어인 'Webspiration PRO'를 추천했다. 이 프로그램을 통해서 제임스는 자신의 머리에 있는 많은 생각을 조그만 타원형 동그라미 안에 단어로 표현할 수 있었다. 그런 후 단어를 적은 타원형 동그라미를 움직이도록 가르쳐 주었는데, 가장 핵심적인 주제를 판별한 뒤 그와 관련한 내용과 예들을 연결하는 방법에 대해 가르쳐 주었다. 그는 점차 이것들을 위계적인 형태로 배열하기 시작했다. 그래픽으로 조직화를 한 뒤 아이콘을 누르면 개요 형태로 바뀌었고, 수정 · 확대 · 다듬기 활동을 추가적으로 할 수 있었다.

smart but stuck 쓰기를 방해하는 완벽주의 성향

소프트웨어가 제임스에게 유용하긴 했으나, 쓰기와 관련한 정서 문제를 해소하지는 못했다. 이 과정에서 제임스는 자신에게 익숙한 이전 방식으로 문장과 문단을 쓰고 싶어 했다. 쓰기 방법을 왜 바꾸고 싶어 하지 않는지 묻자, 다음과 같이 말했다.

> 저는 항상 첫 문단의 첫 문장을 잘 써야 한다고 느껴요. 다음 문장을 쓰기 전에는 소리 내어 읽어 보고 바르게 쓰였는지를 점검해요. 그런 후 다음 문장을 쓰고 그 문장이 올바르게 쓰였는지 소리 내어 읽어 본 후 다음 문장을 써요. 이런 과정을 계속 반복해요. 이게 저의 글쓰기 방법이에요. 이렇게 하면 적절한 단어를 찾는 데 시간을 많이 쓰기 때문에 정말 오랜 시간이 걸려요. 작성한 문장이 바르게 쓰였다는 생각이 들지 않으면 다음 문장을 전혀 쓸 수가 없어요. 교수님들은 제가 작성한 문장을 좋아하시긴 하지만, 과제 제출을 늦게 하기 때문에 성적이 좋지 않아요. 어떤 경우에는 과제를 전혀 완성하지 못해 끝내 점수를 못 받을 때도 있어요.

불안감이 내재된 완벽주의 접근법은 제임스에게서만 특별하게 나타나는 것이 아니다. 필자는 유사한 문제를 보이는 많은 ADHD인을 만났다. "다음 문장을 쓰기 전 이전 문장이 완벽해야 한다."는 것은 사실상 '과도한 집착(sticky perseveration)'을 하는 강박 장애의 다른 유형이다. 그들은 하나가 '바르다'는 기준까지 수행되지 않으면 다음 단계로 넘어가지 못한다.[5] 이렇게 느린 속도로 글을 쓰고 싶은 충동을 느끼는 사람은 긴 분량의 보고서 작성 과제에 압도당한다. 길고 격렬한 어려움이 예견되면, 사람은 그 일을 미루거나 피하고 싶게 마련이다.[6]

필자는 문장과 문단을 바로 쓰려는 충동을 억제하고, 대안적 방법을 적용해 보자고 했다. 즉, 문장을 적기 전에 생각이나 사실을 조직화하는 시간을 가져 보자고 했다. 그는 과제를 집에 가져가서 스스로 하고, 이틀 뒤 우리의 작문 지도 시간에 그것을 보여 주겠다고 했다.

다음 날 심리 치료 시간에 맞추어 도착한 제임스는 꽤 피곤해 보였다. 그는 보고서를 작성하려고 했지만 다른 활동에 빠지고 말았다고 했다. "저는 글을 쓰려고 할 때 항상 이래요."라고 말했다. 보고서 작업을 시작하려고 할 때, 제임스는 컴퓨터에 있는 비디오 게임 중 하나를 하기 위해 30분 동안 휴식을 취했다. 하나를 하고 나면 또 다른 하나를 하다가 새벽 3시 30분이 되었고, 아침에 과제를 해야지라고 생각하며 잠이 들었다. 하지만 거의 정오가 될 때까지 잠을 잤고, 치료를 받으러 오기 위해 일어났다.

smart but stuck 약물 복용량 증가

과제를 시작하기 전에 ADHD 약을 복용하는지 묻자, 아니라고 답했다. 필자는 약을 먹지 않고 글을 쓰는 것은 시간 낭비라고 말해 주었다. 우리는 흥분제 복용량을 얼마나 증가할 것인지에 대해 논의했다. 그는 복용량을 늘리는 것이 상당이 유용하다는 것을 알게 되었다. 아침에 복용한 약효가 떨어질 때쯤인 오후나 저녁 시간이 되면, 약을 먹지 않고서는 생산적인 일을 할 수 없었기 때문이다. 자극성 약물 복용이 안정된 후에는 만성적 불안, 지나친 걱정, 경직, 우울감을 다루기 위해서 선택적 세로토닌 재흡수 억제제(SSRI)를 복용하게 했다.

smart but stuck 비디오 게임 중독

필자는 제임스가 왜 비디오 게임에 빠져 있는지 궁금했기 때문에 주로 하는 비디오 게임에 대해 물었다. 그는 폭탄 던지기와 총 쏘기 전쟁 게임을 한다고 하며, "게임과 유튜브에서 사람에게 총을 쏘거나 폭발물을 터뜨리는 것을 보는 것에 흥미가 있어요."라고 당황하면서도 우쭐해하며 말했다. 게임을 하면 지루하지도 않고 마음이 편해지며 위로가 된다고 했다. 필자는 최근 몇 개월 동안 얼마나 오랜 시간 게임을 하는지 물었고, 평균 4~8시간씩 게임을 하며, 어떤 날에는 더 많이 하기도 한다고 말했다. 일단 게임을 시작하면 멈추기가 힘들다고 했다. 비록 게임 때문에 수업을 빠진 적은 없지만, 과제나 보고서 작성에 어려움을 느낀다고 했다.

최근 '인터넷 중독'에 대한 관심이 증가하고 있다. 중독이란 다양하게 정의될 수 있지만, 유의미한 부정적 결과에도 불구하고 특정 행동을 하거나 무언가를 사용하려는 습관적 충동성으로 사용된다.

최근 '인터넷 중독'에 대한 관심이 증가하고 있다. 중독(addiction)이란 다양하게 정의될 수 있지만, 특정 행동이나 사물 사용을 지속적으로 할 경우 부정적 결과가 초래됨에도 불구하고 그러한 행동이나 무언가를 하려는 습관적 충동성을 의미한다. 미국, 한국, 중국, 인도 등을 대상으로 인터넷 중독 연구가 이루어졌다. 개념 정의와 방법론에서 차이가 있긴 하지만, 연구를 종합해 보면 인터넷 중독 출현율은 일반인 6~15%, 대학생13~18%로 추정된다.[7]

제임스의 인터넷 중독의 동기, 즉 게임을 하려는 정서적 원인이 무엇인지 궁금했다. 무엇 때문에 그렇게 자주, 그리고 오랫동안 게임에 빠져 있는가? 그가 즐기는 게임은 여러 선수들이 참여하는 온라인 역할놀이 게임(Massively

Multiplayer Online Role-Playing Games: MMORPGs)이다. 2010년에 1,100만 명이 넘는 선수를 보유한 것으로 알려진 〈World of War craft〉가 대표적인 예이다.

이것은 온라인 게임으로, 선수들은 가상 인물 아바타를 만든 후 다양한 과제를 하며 능력을 향상시키고 변화하는 가상 세계에 살고 있는 다른 아바타와 긍정적이고 부정적인 상호작용을 한다. 그리고 게이머들끼리도 게임과 자신의 개인 생활에 대해 이야기를 나눈다.

MMORPGs가 게이머들의 흥미를 유발하는 요인에 대한 연구가 있었다. 첫째 요인은 성취 측면이다. 게이머들은 좋은 장비를 모으기 위해서 아바타를 조정할 수 있는데, 이는 도전 과제를 수행하는 아바타의 능력을 향상시킨다. 둘째 요인은 사회적 상호작용 측면이다. 게이머들은 온라인 모임을 통해 사회적 상호작용을 하는데, 일부는 실제 친한 친구가 된다. 셋째 요인은 참여에 대한 정서적 강도, 가상 세계에 몰입하는 수준이다.

이 게임은 매우 복잡하고 다채로우며 익명성을 보장하기 때문에, 실제 세상에서 할 수 없는 역할을 수행할 기회를 제공해 준다. 실제 자신의 모습과 크게 다르더라도, 그리고 실제 생활에서 다른 사람들에게 자신의 그러한 측면을 보이지 않고서도, 게임을 하면서 치열한 경쟁자 또는 폭력적인 공격자 역할에 몰두할 수 있다. 어떤 사람들에게 이러한 게임은 단순히 즐거운 취미일 뿐이다. 하지만 게임의 몰입 정도가 지나친 사람들은 이 게임을 통해서 대안적이고 보다 만족스러운 자아상을 경험하게 된다.[8]

많은 사람이 이러한 MMORPGs를 하면서 대안적 세계를 경험하며 정서적 만족을 느끼지만, 또 다른 많은 사람은 우정, 운동, 소모임, 공부, 직업, 데이트, 결혼, 기타의 면대면 상호작용에 적극적으로 참여하면서 유사한 경험을 한다. 어떤 이들에게는 게임 속 가상 세계가 가장 매력적으로 보이거나 만족감을 얻을 수 있는 유일한 장소일 수 있다.

친구들과 어울리는 시간과 비교해서 비디오 게임을 얼마나 많이 하는지 묻자 그는, "비디오 게임을 더 많이 해요. 사람들과 어울리는 시간이 하찮은 일로 느껴져요. 제가 다른 사람들과 어울리고 싶어 하지 않는 인상을 주는 것 같아요. 저녁을 먹는 것은 음식을 먹는 것이지 상호작용을 위한 것이 아니라는 생각이 들어요."라고 말했다. 그가 말한 인상이 어떠한 의미인지 묻자, 그는 친구들이 자신에게 여러 차례 불친절하고 무관심한 태도를 보였다고 했다. 친구들이 의미하는 것이 무엇인지 아냐고 묻자 그는 잘 모르겠다고 했다. 그런 후 성인과의 상호작용에는 꽤 자신감을 보이지만, 친구와의 관계에서는 얼마나 자주 서툰지에 대해 이야기를 나누었다. 특히, 여자 친구를 원함에도 불구하고 여학생들과 상호작용하는 것이 불편하다고 했다.

smart but stuck 사회적 불안과 회피

"이러한 생활로 제 상황은 절망적이 된 것 같아요. 과제 보고서 작성만이 아닌 것 같아요. 다른 사람과 재미있게 시간을 보내며 생활을 해야 할 것 같은데, 어떻게 해야 하는지 잘 모르겠어요."라고 말했다. 이에 사회적 미숙함과 불안감을 개선하기 위한 치료를 하기로 했다.

상담 이후에도 여전히 과제 수행 과정에서 어려움을 보였으나, 보고서를 작성하기 전에 자신의 생각과 연구 자료를 조직화할 필요가 있음을 점차 깨닫게 되었다. 하지만 혼자서 공부를 할 때면 비디오 게임과 유튜브(YouTube) 동영상을 보려 했다. 그래서 매일 도서관에 가서 특정 시간에 공부를 한 뒤 필자에게 와서 공부한 것과 하지 않은 것을 보여 주도록 권했다. 이러한 구조화와 집중적인 지원을 통해서 마감일 전에 네 개의 과제 보고서를 끝낼 수 있었다.

smart but stuck 지속적인 집중 치료에 대한 모순된 감정

그 달 마지막 주, 우리는 가을 학기에 복학할 것인지 필자와의 치료를 지속할 것인지를 결정하기 위해 여러 시간 동안 논의했다. ADHD 약물은 꽤 효과적이었고 항우울 약물도 효과가 있는 것 같았지만, 여전히 필자에게 의존을 많이 하는 것 같았으며 혼자서 사회적 불안을 조절하고 과제를 수행하는 것에 자신이 없어 보였다. 그는 "여전히 많은 것을 치료해야 할 것 같은데, 부모님께서 복학을 원하세요."라고 했다. 하지만 복학을 원하는 것은 비단 부모뿐만이 아니었다. 제임스 스스로도 1년 동안 휴학을 하고 필자와 치료를 지속할 것인지, 아니면 휴학 없이 바로 2학년을 시작하고 추이를 지켜볼지에 대해 고민하고 있었다.

부모와 함께 만났을 때, 제임스는 어떤 결정을 내려야 할지 모르겠다고 하며 필자에게 조언을 구했다. 필자는 제임스가 네 개의 보고서를 작성한 것은 인상적이었지만, 대학에서 가능한 지원 이상의 많은 지원을 받았으며 지원 없이 수강한 과목이 없었음을 말해 주었다.

필자는 제임스가 실제 상황에서 사회 및 학업 문제를 경험할 수 있도록 최소 한 학기 이상 휴학을 하고 집 근처 대학에서 과목을 꽉 채워서 수업을 들을 것을 권했다. 그리고 학점 인정 과목이 대부분이 아니라면, 치료를 제공하지 않겠다고 했다. 필자는 제임스가 시간 관리를 하고 학업과 사회성 측면에서 자신의 강약점을 보다 잘 배울 수 있도록 이러한 실제 환경(필요한 변화를 만들기 위한 연습할 수 있는 환경)이 필요하다고 생각했다.

모임 후 제임스는 부모와 하룻밤을 보냈다. 그리고 다음 날 필자를 찾아와서, 최소 한 학기 이상 휴학을 하고 집 근처 대학에서 과목을 수강하며 집중 치료를 받겠노라고 했다. 첫 학기가 끝날 무렵, 제임스는 봄 학기에 원래 대학으로 복학할지 아니면 필자와의 치료를 지속할지 결정해야 했다.

우리 모두는 제임스가 한 학기를 마친 후, 늦어도 두 학기를 넘기지 말고 치료를 종료하고 원래 대학으로 돌아가는 게 중요하다는 데 동의했다. 부모는 제임스에게 이 기간 동안 오랫동안 피해 왔던 운전면허를 취득할 것을 권했다. 그는 걱정을 하고 복잡한 감정이 들었지만 이 계획에 동의했다.

smart but stuck 치료 우선순위 수정

제임스와 부모는 집 근처 대학에 가서 학점을 꽉 채워 등록을 하였는데, 일부 과목은 학점 인정이 가능했다. 부모와 눈물의 작별 인사를 나눈 후 며칠 뒤 학기가 시작되었다.

수강 준비를 하는 제임스에게 다음 학기 중 치료를 통해서 성취하고 싶거나 성취할 수 있다고 생각하는 것이 무엇인지 논의하자고 했다. 그가 말한 첫 번째 목표는 대부분 사회정서에 관한 것이어서(예: 쉽게 친구 사귀기, 쉽게 감정을 느끼고 표현하기, 자신과 상황에 대해 부정적인 감정 없애기, 될 대로 되라 식의 수동적인 생활 태도 버리기) 흥미로웠다. 과제를 조직하고 수행하는 능력 향상하기, 효과적으로 공부하고 일찍 과제하기와 같은 학업 목표도 덧붙였다. 가장 우선적인 목표가 무엇인지 묻자, '노트북 사용 시간 줄이기'라고 답했다.

제임스는 우선적으로 친구들과의 상호작용을 개선하고 싶어 했으며, 학업에서의 성취도 원했다. 그러나 이러한 사회적 · 학업적 목표를 달성하기 위해서는 컴퓨터 게임을 줄이는 것이 필요하다고 생각했다. 그는 사회적 상호작용에서 느끼는 불안감을 해소하거나 과제를 해야 할 때 더 과도하게 게임을 하였다. 게임 시간을 줄이면 사회 관계를 맺고 과제를 하는 시간이 늘어날 수 있겠으나, 완벽주의 성향으로 인해서 불안과 좌절감은 더욱 커질 수 있다.

smart but stuck 점진적인 변화

첫 학기에 필자와 치료를 지속한 제임스는 다음 학기에도 치료를 받기로 했다. 매주 여러 차례 만나서 사회적 관계를 맺을 때 느끼는 불안감, 많은 장점을 가지고 있음에도 자신이 느끼는 부적절한 감정, 과보호를 하면서도 자식의 어려움에 커다란 관심이 없었던 부모와의 관계를 개선하려는 노력에 대해 이야기했다.

그 학기, 제임스는 과제 마감일을 지키고 온라인 게임 충동을 억제하는 것을 여전히 어려워했다. 하지만 커다란 성과를 보였고 학점도 잘 받을 수 있었다.

다음 학기, 제임스는 운전면허 교육을 받고 운전면허증을 발급받을 수 있었다. 그는 필자에게 운전면허 시험 전 연습에 함께 해 달라고 부탁했다. 필자는 제임스에게서 운전의 책임감에 대한 공포감과 동시에 공포감을 극복하고 운전면허를 따서 학교에 통학하고 다양한 업무를 볼 수 있다는 자부심을 관찰할 수 있었다. 이는 제임스가 성인이 되었음을 알리는 커다란 성과로 볼 수 있다.

제임스는 다른 사람들, 특히 또래를 밀어내는 자신의 성향에 대해 잘 알게 되었다. 일례로, 제임스는 지나치게 형식적으로 말하거나, 타인의 노력이나 견해에 지나치게 비판적이었고, 무의식적으로 빈정거렸으며, 상호작용에 필요한 잡담을 피했다. 친구와의 관계에 대해 이야기하던 제임스는 자신의 문제를 스스로 인지하게 되었다. 종종 우리는 그가 친구들에게 할 수 있는 사회적 반응에 대한 역할놀이를 하기도 했다. 우리는 치료를 종료하면서도 제임스가 사회성 기술 및 공감 능력을 향상시키기 위해서 많은 노력을 해야 함에 동의했다. 그는 단체 생활을 하면서 상호작용하는 기회를 많이 가질 수 있는 기숙사에 살면서 이 부분을 향상시키고자 했다.

치료를 마친 제임스는 계획대로 원래 대학으로 돌아갔다. 우려되긴 했지만, '내가 더 낫게 만들 수 없으니 그냥 내버려 두자.'와 같은 생각을 하던 과거보다는 어려움을 헤쳐 나갈 준비가 된 것 같았다.

제임스에게 도움이 된 것

- 부모로부터 독립할 수 있는 환경 제공 및 불안, 게임 중독, 정서적 미성숙, 사회성 문제를 해결하기 위한 집중 심리 치료
- 학점을 채워 듣는 동시에 과제를 조직화하고 수행하는 능력을 높이기 위한 일대일 코칭
- ADHD 증상 완화를 위한 자극성 약물 처방 및 복용량 조절
- 쓰기 표현에 영향을 미치는 과도한 완벽주의에 대한 인지
- 사회적 · 학업적 회피에 영향을 미치는 인터넷 게임 중독 문제 해결
- 운전면허 취득에 대한 오랜 두려움을 극복하도록 도움

Smart But Stuck

13 문제 해결하기

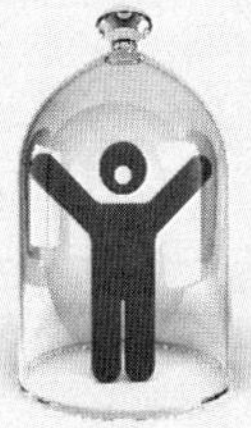

ADHD인을 도우려면 그들의 정서 측면을 이해해야 한다. 이 책에 나온 청소년과 성인들의 어려움에 다양한 정서가 중요한 역할을 했음을 기억하라. 학교 및 직장 생활, 가족 및 사회 관계에서의 문제는 ADHD 장애의 정서적 측면뿐만 아니라, 그들이 자신의 ADHD와 주변 사람들의 정서적 반응에 대처하기 위해서 고심하면서 갖게 되는 좌절감, 수치심, 실망감, 죄책감, 불안감과 밀접하게 관련이 있다.

당장에는 도움이 되지만 나중에는 해가 되는 전략

이 책에 소개된 사람들은 중요한 정서를 인식하지 못해서가 아니라, 그러한 정서를 효과적으로 다룰 만한 참을성이 없어서 고통받았다. 그들은 자신들을 압도하는 것처럼 보이는 고통스러운 정서를 회피하기 위한 행동 패턴에 사로잡혔다. 임박한 마감일, 자신에게 실망한 부모, 교사, 고용주 대하기, 자신을 반복적으로 놀리는 또래, 새로운 상황에 있는 낯선 급우들과 친해지기, 심각한 우울증 및 질병을 가진 부모, 애인 및 배우자와의 이별, 해고, 죽음 등과 같은 스트레스 상황이 되면 그들은 자기파괴적인 회피 및 거부 행동을 보였다.

이는 필자의 의뢰인들이 당혹감을 피하고 순간적인 공포감으로부터 자신을 보호하기 위해서 보인 행동의 예이다. 카렌은 학위를 받으려면 들어야 하는 과목을 듣기 위해 수업에 가는 대신 교실 밖 계단에 앉아 있었다. 뿐만 아니라 자신의 무능함을 숨기기 위해서 부모에게 반복적으로 거짓말을 했다. 맷은 대학 생활을 시작하면서 새 친구들을 사귀기 위해 밖에서 어울리는 대신에 혼자 방에서 지냈다. 마틴은 마리화나를 과다하게 복용했고, 리사는 자해 행동을 함으로써 정서적 고통으로부터 벗어나고자 했다. 제임스는 가상 폭력을 행사하기 위해 인터넷 역할놀이 게임에 과도하게 빠졌다. 당혹감, 수치심, 공포감을 피하기 위해 이러한 전략들을 사용하는 것은 이들에게 추가적인 부담과 문제를 증폭시켰다.

smart but stuck 성장은 진행 중

앞서 논의하였듯이, 이러한 청소년과 성인들은 ADHD로 진단받지 않았다면 '의지력' 논란에서 벗어날 수 없다. ADHD로 진단할 때 그들이 자신을 삶의 희생자로 생각하지 않도록 하는 것이 중요하다. ADHD 장애가 인식될 필요가 있다는 것은 그들이 불가피하게 좌절, 무력감, 실패를 경험할 것임을 의미하는 것은 아니다. 많은 ADHD인이 치료를 받아 자신의 잠재력을 발휘하며 효과적으로 일하고 있다. 그리고 치료 여부와 상관없이 많은 ADHD인은 교육, 직업, 사회 관계, 가족생활에서 성공할 수 있는 뛰어난 능력과 강점을 지니고 있다.

이 책의 사례에 소개된 많은 이야기를 통해서 하나 혹은 여러 가지 측면에서 문제를 보였던 ADHD인들은, 결국 그러한 문제를 극복하고 앞으로 나아가는 것을 알 수 있다. 에릭, 마틴, 마이크, 리사, 수, 맷과 제임스는 결국 학교생활에서 크게 성공하여 자신의 미래를 계획할 수 있었다. 카렌은 전일제 학교생활을 포기했지만, 시간제 학교생활을 하는 동시에 전일제 직장에서 일하면서 만족을 얻었다. 스티브는 성공적인 결혼 생활을 하지 못했지만, 직업과 친구 관계에서 꽤 성공적이었다. 사라는 결혼 생활과 부모 역할을 꽤 성공적으로 했고, 결국 자신이 선택한 직업을 가질 수 있었다. 루이스는 비극적인 손실과 좌절로 고생했지만 마침내는 성공적인 삶을 살 수 있었다. 비록 모든 삶이 해피엔딩으로 끝날 수 없겠지만, 어떤 이는 많은 좌절과 패배 후에 놀라운 성공을 맛볼 수 있다. 우리 모두는 계속해서 성장하고 있다.

smart but stuck 다양한 수준의 어려움, 자원, 강점

ADHD 증상은 경미한 수준에서 아주 심각한 수준까지 다양하게 나타날 수 있다. 어떤 사람은 ADHD 증상이 경도에서 중등도로 나타날 수 있으며, 장애에 대한 적절한 교육과 약물 치료에 즉각적이고 효과적으로 반응한다. 그들은 자신이 해야 할 일을 알고 있고 약물 복용과 치료를 통해서 그 일을 꽤 잘해 나갈 수 있다. ADHD 증상이 훨씬 심하고 동반 장애로 인해 증상이 심한 사람에게는 집중적이고 지속적인 치료가 필요하다. 그들은 약물 부작용으로 고생할 수 있으며, 생활과 치료와 관련하여 정서가 복잡하게 엉킬 수 있다. 이로 인해 치료가 쉽지 않을 수 있으며, 긍정적 성과를 도출하기 위해서 많은 시간과 노력이 요구될 수 있다.

이 책에 소개된 환자의 ADHD 장애와 관련한 문제의 경중은 다양하였고,

필자와의 치료 강도와 기간도 다양하였다. 대부분 최소 한 명의 임상의가 평가하고 치료를 했지만 결과에 만족하지 못하여 다른 접근법을 필요로 하였다. 여기에 포함된 많은 이야기들은 수개월, 어떤 경우는 수년이 걸려서야 해결할 수 있었던 복잡한 문제를 다룬 사례들이다. 그들의 증상은 다른 ADHD인보다 어렵고 복잡하긴 했지만, 보다 집중적이고 지속적인 치료를 통해서 어려움의 복잡성에 대해 탐구할 수 있었고 점차 이해할 수 있게 되었다. 어떤 경우에는 문제에서 벗어나 앞으로 나아갈 수 있게 해 주었다.

smart but stuck 문제에서 벗어나기

ADHD로 인한 어려움에 봉착했을 때, 다음의 세 단계 절차를 밟아나갈 수 있다.

1단계: 진단 평가 및 상세한 설명

먼저, 일상생활 활동과 과제를 관리하는 데 있어서의 강점과 약점을 파악하기 위해서, 임상 면담과 평가 척도를 사용할 수 있는 ADHD 전문 임상의에게 적절한 진단 평가를 받아야 한다. 이 평가에서 개인의 교육사, 가족력, 현재 상황을 고려해야 한다. 주요 인지 능력을 평가해야 할 필요가 있고 건강사와 과거 스트레스에 대해서도 고려해야 한다. 또한 복용하고 있는 약물, 개인의 어려움을 잘 설명하거나 ADHD 증상을 복잡하게 하는 추가적인 정신과 및 의학적 문제를 고려해야 한다.

평가 결과 ADHD로 판정된다면, ADHD가 무엇이고 어떻게 치료되어야 하는지를 환자 본인과 가족에게 알려 주어야 한다. ADHD 증상의 범주에 대해 구체적인 예를 들어 설명해 주고, 의지력 부족으로 인한 장애가 아니며 적절한 지원과 치료 없이는 장애 극복이 어렵다는 것을 알려 주어야 한다. 또한 임상의는 환자 본인과 가족에게 각 치료 방법의 장단점에 대해 알려 주면서 다양한 치료 방법에 대해 논의해야 한다. 이 논의를 통해서 환자나 가족이 특정 치료 방법에 대해 가지고 있는 불안감이나 오해를 해소할 수 있다. 마이크의 사례에서도 볼 수 있듯이, 부모의 태도와 오해는 문제를 초래할 수 있으며, 적절한 교육을 통해서 부모나 환자의 태도와 오해를 변화시킬 수 있다.

2단계: 치료와 조절(accommodations) 선택권 고려하기

적절한 평가, 진단, 장애에 대한 교육 후 임상의는 의뢰인과 의뢰인의 부모님의 동의를 얻어 적절한 치료를 받을 수 있도록 도와야 한다. 만일 임상의가 적절한 ADHD 약물을 처방할 자격을 갖추고 관련 훈련을 받았다면, 그는 적절한 의학적 평가를 계획하고 필요한 처방을 할 수 있을 것이다.

만일 임상의가 처방할 자격이 없을 경우, 임상의는 평가 결과를 환자의 주치의 또는 처방전을 쓸 수 있는 전문의와 상의하여야 한다. 그리고 집중력과 작업 기억력 향상을 도울 적절한 약물을 처방하기 위해서 환자와 협력해야 한다. 그렇게 함으로써 의뢰인이 ADHD로 인해 삶을 복잡하게 하는 정서를 보다 잘 다룰 수 있다.

1. **약물 처방**: 누가 처방을 하든지 간에, ADHD 약물 치료를 받는 사람이면 약물의 효과성과 잠재적인 부작용을 계속적으로 점검하는 것이 매우 중요하다. 약물 복용량과 복용 시간이 조절되어야 하는지, 그리고 약물에 어떻게 반응하는지를 평가하기 위해서 추후 상담이 수차례 필요하다. 종종 복용량이 증가되거나 감소될 필요가 있으며, 반응을 최적화하기 위해서 시간을 조정할 필요가 있다. 이 책에 소개된 환자들도 효과적인 약물 복용 방법을 알아내기 전에 여러 차례 변화가 필요했다.

2. **조절**: 어떤 환자는 약물 복용뿐만 아니라 실행 기능과 관련한 ADHD 장애를 완화하거나 보상하기 위해서 조절(accommodations)을 필요로 한다. 모두는 아니지만 일부 ADHD 학생은 시험을 치르는 데 추가 시간을 필요로 한다.[1] 카렌과 수는 그러한 조절로부터 혜택을 받았다. 특히, 대학 입학 자격과 관련한 여러 시험(SAT, ACT, GRE, MCAT, LSAT, GMAT)과 특정 직업을 갖기 위한 자격시험을 치르는 학생을 위해서 이러한 조절이 필요하겠다.

과제 해결 방법을 개선하고 학교, 직장, 사회관계에서의 스트레스를 줄이기 위해서 일부 ADHD 학생은 개별 코칭을 필요로 한다. 그리고 일부 학생은 자신이 계획했던 바와 다른 일을 찾음으로써 또는 교육과 고용에서 대안적인 길을 걸음으로써 삶을 변화시킬 필요가 있다. 또한 일부는 ADHD에 동반하는 부가적인 문제를 다루기 위해 특별한 심리학적 또는 정신 역동적인 치료를 필요로 한다.

3단계: 지원적인 상담 및 심리 치료 제공

심각한 문제를 경험하는 ADHD인을 돕기 위한 세 번째 단계는 지원적인 상담 및 심리 치료를 제공하는 것이다. 이를 통해 삶의 문제를 효과적으로 다루는 것을 방해하고 막는 구체적인 정서적·인지적 어려움을 판별할 수 있다. ADHD의 복잡성을 이해하고 피상담자 및 구체적인 어려움에 대한 이해를 도울 수 있는 임상가를 두세 차례 만나면서 이를 알아낼 수 있고, 그러한 어려움을 다루기 위한 보다 효과적인 전략을 개발할 수 있다.

보다 심각한 증상을 보이는 사람에게는 집중 치료가 필요하고, 가족도 그들이 ADHD 장애와 관련한 정서적 어려움을 효과적으로 다루어 나갈 수 있도록 돕기 위해서 참여해야 할 것이다. 통상적으로 집중 치료의 첫 단계는 치료자가 환자와 함께 어려움을 해결하기 위한 노력을 힘들게 하는 정서적 갈등에 대해 아는 것이다. 종종 그들은 문제를 해결하고자 하는 노력을 방해하는 정서적 갈등에 대해 인지하지 못하고 있다. 자신의 치료를 반복적으로 방해하는 루이스, 어머니의 중한 우울증 후 집 떠나는 것에 대한 공포가 있었던 마이크, 원래 대학으로 복학하고자 하는 의식적인 바람과 일부 과목에서 낙제를 하여 복학 시기를 늦추어서 다시 원래 대학에서 실패를 경험하고 싶지 않다는 무의식적인 바람을 가졌던 맷의 사례가 그러하다.

ADHD 장애는 학교, 고용, 다른 발달 과업 중 새로운 도전이 생겼을 때 종종 눈에 띄거나 문제가 되기 때문에 간헐적으로 중재가 필요하게 된다. 어떤 이들에게는 초기 평가와 치료가 충분할 수 있지만, 많은 이들의 경우에는 새롭게 나타나는 어려움을 해결할 추가적인 지원과 중재가 필요하다.

ADHD 본인과 가족은 치료 과정이 통상적으로 안정적인 상승 곡선을 타는 것이 아님을 깨닫는 것이 중요하다. 이 책에 소개된 사례에서도 환자 본인뿐만 아니라 도움과 지원을 제공하려는 모든 사람을 좌절시키고 걱정하게 만드는 실망감과 실패가 반복됨을 볼 수 있다. 실패는 ADHD인이 낙담을 극복하는 데 취약하도록 만들며, 자신의 상황을 개선하기 위한 노력을 포기하도록 유혹한다. 일부 사람들에게 그러한 부담은 너무 커서 인내하기가 힘들다. 그러나 많은 경우, 효과적인 치료를 지속하면 이전에는 생각지도 못했던 강점과 재능을 계발할 수 있다.

smart but stuck 현실적인 희망 가지기

치료의 유형, 강도, 기간에도 불구하고 중재의 주요 목표는 ADHD 본인과 가족이 현실적인 희망을 갖는 것이다. 희망은 환자가 자신의 강점을 계발하고 스트레스를 효과적으로 다룰 수 있도록 문제에서 벗어나기 위한 노력을 지속하는 데 필수적이다. 현실적 희망은 대책 없는 낙관성(Pollyannaish)을 의미하는 것이 아니다. 현실적 희망은 개인의 제한과 제약을 인정한다. 현실적 희망은 진정한 방해물을 무시하면서, "충분하게 노력만 한다면 당신이 원하는 무엇이든지 할 수 있다."라는 메시지를 주지 않는다. 현실적 희망은 자신의 상황 그대로를 인식하여 해결함으로써 좀 더 상황을 좋게 만들도록 돕는 동시에 잠재적인 제약과 방해물을 인식한다. 문제에서 벗어나기 위해서는 보통 약물뿐만 아니라, 사려 깊은 진단 및 효과적인 치료가 필요하다. 많은 사례에서처럼, 복잡하고 내재된 정서를 다루기 위해서는 지속적이고 지원적인 상담 및 심리 치료가 필요하다. 문제에 봉착한 ADHD인은 적절한 지원을 통해서 현실적이고 지속 가능한 희망을 가지고 살아가며 생존하는 것을 배울 것이다.

토론 질문

다음 질문은 이 책에 대한 이해를 높이고, 부모, 가족, 학생, 임상의들 간의 토론을 촉진하는 데 도움이 될 것이다.

1장. ADHD와 정서를 관장하는 뇌

1. 저자는 "우리는 정서를 통해서 의식을 하거나 무시를 하며 의도적으로 집중하거나 신중하게 회피하게 된다."라고 말하고 있다. 정서가 충돌하게 되면 우리는 성취하고자 하는 과제를 수행하지 못하게 되거나, 다시는 하지 않을 것이라 다짐했던 일들을 반복하게 된다. 이러한 행동을 보이는 ADHD인을 본 적이 있는가?
2. ADHD인이 정서를 경험하고 다루는 방법은 일반인과 어떻게, 그리고 왜 다른가? 이는 일상생활에 어떠한 영향을 미치는가?
3. 신경과학자 안토니오 다마지오가 말한 "정서적 신호는 의식의 레이더에서 완전히 작동할 수 있다."는 무슨 의미인가?
4. 정서와 기억은 어떻게 연결되어 있는가? 이 연동은 ADHD인을 포함한

모든 사람에게 어떠한 역할을 하는가?

5. ADHD인의 만성적 어려움에 주요 역할을 하는 두 가지는 무엇인가? 작업 기억의 손상은 각각에 어떻게 관련되어 있는가?
6. ADHD인이 망원경을 통해서 농구 게임을 보듯이 삶을 경험한다는 것은 무슨 의미인가?
7. ADHD와 관련한 정서는 가족과 다른 사람의 스트레스에 어떻게 연관되어 있는가? 스트레스를 줄이기 위해서 무엇을 할 수 있는가?

2장. 에릭

1. 에릭은 어떠한 정서적 요인으로 인해서 대학 생활 중 과제를 하고자 하는 동기가 유발되지 못했는가? 가정에서 대학교로의 환경 변화가 이에 어떠한 영향을 미쳤는가?
2. 에릭의 사회적 불안은 어떻게 촉발되었으며, 이를 어떻게 피하려고 했는가?
3. 에릭의 마리화나 남용을 다루기 위해서 '완전한 절제' 대신에 '줄이기' 접근법을 사용한 것은 합리적이었다고 생각하는가? 왜 그렇게 생각하는가?
4. 에릭의 경험은 '지연 혐오' 개념을 어떻게 설명하는가? 이러한 문제를 해결하기 위해서 그 연령대에서 사용될 수 있는 전략으로 무엇이 있는가?

3장. 카렌

1. 가족 내 카렌의 역할과 수치심에 대한 가족의 태도는 그녀의 회피 행동에 어떠한 영향을 미쳤는가? 회피 행동이 오래 지속된 이유와 그것을 줄이는 데 도움이 된 것은 무엇이었는가?
2. 카렌의 ADHD 장애는 읽기 과제를 하고 시험을 보는 데 어떠한 영향을

미쳤는가? 이에 효과적인 중재는 무엇이며, 어떻게 계획될 수 있는가?

3. 화재 감지기 예를 통해서 ADHD인의 정서와 뇌 기능에 대해 설명해 보아라. 이 예는 ADHD인의 다른 정서에 적용될 수 있는가?
4. 대학 생활을 통해서 카렌이 얻었던 혜택은 무엇인가? 전일제 대신 시간제 학생으로 공부하면서 직장에서 일할 경우, ADHD 학생이 경험할 수 있는 장점과 단점은 무엇인가?

4장. 마틴

1. 높은 지능의 ADHD 학생이 올바르게 진단되어 적절하게 치료받지 못하면 어떠한 정서적 문제를 경험할 수 있는가? 높은 지능의 ADHD 학생이 상대적으로 늦게 진단되는 이유는 무엇인가?
2. 클럽에서 도망 나온 행동이나 다음 날 체육관 댄스 수업에 등록한 행동에서 나타나는 마틴의 충돌하는 정서는 무엇인가? 이는 치료사와의 경험 및 그를 고용한 교수와의 경험과 비교해서, 어떻게 유사하고 다른가?
3. 치료 전과 후, 마리화나가 마틴에게 미친 긍정적 · 부정적인 영향력은 무엇인가? 마리화나는 학교생활, 친구 관계, 치료사와의 관계에 어떠한 영향을 미쳤는가?
4. 학위를 받기 위해서 학교를 더 다녀야 함을 알고 느낀 절망감을 극복하는 데 도움이 된 것은 무엇인가? 마틴과 아버지가 거의 동일한 나이에 성숙했다는 사실은 ADHD인의 뇌가 늦게 성숙한다는 연구로 어떻게 설명될 수 있는가? 학사 학위는 오랜 시간에 걸쳐 받은 반면에 석사 학위를 곧바로 받을 수 있었던 이유는 무엇인가?

5장. 사라

1. 사라는 아동기 · 청소년기에 ADHD 증상을 보이지 않았지만, 40대 후반이 되어 어떠한 ADHD 관련 실행 기능에 손상을 보였는가? 어떠한 증상 때문에 우울증이 아닌 ADHD로 판단되었는가?
2. 폐경기 에스트로겐의 감소로 인해서 ADHD 증상이 없던 여성이 ADHD와 유사한 인지 장애를 보일 수 있는가? 이는 '케모포그(화학 요법으로 치료받은 후 겪는 기억력 감퇴 및 정신적 기능 저하)'와 얼마나 유사한가?
3. 왜 신경심리학자들은 '실행 기능 검사(tests of executive function)'가 ADHD와 관련한 실행 기능 장애를 진단하는 데 효과적이지 않을 것이라고 하는가? 청소년과 성인의 ADHD 관련 실행 기능 장애를 진단하는 데 보다 효과적인 평가 도구는 무엇인가?
4. 선행 연구에서는 아동기 · 청소년기에는 ADHD가 없었으나 중년이 되어 ADHD와 관련한 인지 손상을 보이는 여성에 대한 효과적인 치료 방법에 대해 무엇이라고 하는가?

6장. 마이크

1. 대학 생활 중 마이크가 경험한 어려움은 ADHD의 특성이 상황에 따른다는 것을 어떻게 설명하는가? 과제에 따른 다양한 증상은 마이크와 부모님에게 어떠한 영향을 미쳤고, 유사점과 차이점은 무엇인가?
2. 많은 학생들이 친구의 ADHD 약물을 복용하는 이유는 무엇인가? 그러한 행동의 잠재적 위험과 혜택은 무엇인가? 그러한 행동을 한 사람을 ADHD로 진단하는 것이 적절하지 않은 이유는 무엇인가?
3. 마이크가 가졌던 '가능한 자아상'에 대해 묘사해 보아라. 이는 어디에서 기인한 것인가? 어떠한 감정이 포함되어 있는가? 이는 마이크의 행동에

어떠한 영향을 미쳤는가?

4. 데이트에 대한 사회적 불안, 부모에 대한 걱정, 전공 변화에 대한 복잡한 감정을 다루는 데 약물과 심리 치료가 어떠한 도움이 되었는가? 왜 초기에 이러한 문제가 언급되지 않았는가?

7장. 리사

1. 약물 반향 현상은 리사와 가족에게 어떠한 영향을 미쳤는가? 이 현상은 어떻게 완화되었는가?
2. 리사 부모가 '양극화'되어 있다는 것은 무엇을 의미하는가? 가족 간 '삼각 갈등'은 가족 내 상호작용 패턴이 어떠하다는 것인가? 어떠한 정서가 포함되었는가? 어려움이 어떻게 완화될 수 있겠는가?
3. 리사의 또래 문제 중 ADHD 아동에게 보편적인 것은 무엇인가? 그리고 어떠한 것이 자폐 스펙트럼 장애 청소년의 특성과 비슷한가? 늦은 사춘기 때문에 경험한 사회정서적 어려움은 무엇인가?
4. 리사가 실망감, 수치심, 분노, 자해 행동에도 불구하고, 미래에 희망을 가지게 된 계기는 무엇인가? 부모가 제공한 도움은 무엇인가? 교사가 제공한 도움은 무엇인가? 심리 치료는 어떠한 도움을 주었는가? 약물 효과는 어떠했는가? 리사의 장점은 무엇인가?

8장. 스티브

1. 스티브가 주의를 환기시키고 타인의 정서 파악을 잘하지 못해서 높은 능력에도 불구하고 해고에 이르게 됨을 예를 들어 설명하라.
2. 스티브가 ADHD 약물 이외에 왜 선택적 세로토닌 재흡수 억제제(SSRI)를 추가적으로 복용했는가? 도움이 되었는가? 무엇 때문에 다른 종류의

강박 장애 약물을 복용하였는가?

3. 아내의 이혼 결심에 영향을 준 문제 중, ADHD에서 기인한 것은 무엇이고 ASD로 인한 것은 무엇인가?
4. "프로그래밍을 잘하지만 정서적 어려움을 묘사하고 설명하는 것은 잘하지 못해요."라는 스티브의 진술에서 알 수 있는 정서적 어려움은 무엇인가? 의사, 아내, 상사에게 느꼈던 스티브의 좌절감과 짜증을 어떻게 설명할 수 있겠는가?
5. 이혼 후 친밀한 관계를 맺지 않겠다는 스티브의 결정을 존중한 것이 합리적이었다고 생각하는가? "삶을 살아가는 데는 많은 다양한 방식이 있다."는 진술은 타당하다고 생각하는가?

9장. 수

1. 중학교 입학 후 수와 어머니는 왜 힘들어했는가? 또래보다 더 힘들어한 이유는 무엇인가? 수가 ADHD로 처음 진단받았을 때 그녀와 부모는 어떠한 감정을 느꼈는가?
2. 수가 아버지에게 최근에 예민해졌다고 말하자 아버지는 사과했다. 그러나 아버지는 딸이 교사와 어머니에게 무례하게 굴어서 걱정과 상실감이 크다고 했다. 또한 학업에 대해 흥미를 잃고 있는 것도 걱정스럽다고 말했다. 이러한 아버지의 말과 행동은 수에게 어떠한 도움을 주었는가? 이것과 더불어 과제에 대한 개입 감소는 수의 태도에 어떠한 영향을 미쳤는가? 이러한 접근법은 모든 ADHD 학생에게 효과적인가?
3. 수가 처음 복용했던 약이 효과가 없을 뿐 부작용을 초래한다는 것을 알았을 때, 수와 부모는 어떠한 감정을 느꼈는가? 이 문제에 대한 과민 반응을 피할 수 있도록 본인과 가족을 어떻게 도울 수 있는가?
4. IQ 검사 결과를 알린 것은 수와 부모에게 어떠한 영향을 미쳤는가? 이러

한 접근법이 강조하는 정서는 무엇인가? 이러한 접근법은 모든 ADHD 학생에게 바람직한가? 왜 그렇게 생각하는가?

10장. 맷

1. 상담 초반 맷은 학점 취득에 대한 어려움을 호소했다. ADHD 이외에 어떠한 정서적 어려움으로 학교를 휴학하게 되었는가? 새 환경에서 어려움을 경험할 때 자신을 어떻게 보호하였는가? 자신의 무력함과 우울함을 부모에게 왜 즉시 알리지 못했는가?
2. 맷이 친구에게 대학 생활의 어려움을 지체 없이 즉각적으로 말하는 것은 왜 중요한가? 맷이 두려움에 대한 가설을 확인하도록 어떻게 도왔는가?
3. 맷의 회피 전략은 여름 강좌를 들으면서 더욱 강력해지고 지속되었다. 지원적이지만 대립적인 심리 치료에 맷이 참여해야 하는 이유는 무엇인가? 약물만으로 맷의 사회적 공포증을 치료할 수 있는가? 아니면 덜 대립적인 상담 치료를 통해서 이를 극복하도록 도울 수 있는가?
4. 맷이 치료 중에 과제를 가져오지 않은 이유는 무엇인가? 현재 두려움을 피하는 것은 조만간 더 큰 당혹스러운 문제를 초래할 것임을 알게 된 계기는 무엇이었는가?

11장. 루이스

1. 루이스는 치료 전후에 여러 가지 극심한 스트레스와 주요 손상을 경험했다. 이에 대한 그녀의 반응은 매우 강도가 높고 오랫동안 지속되었다. 자신의 반응을 조절하는 데 있어서의 어려움은 많은 ADHD인에게서 나타나는 '하향식' 제어의 손상, 불충분한 작업 기억력, 부적절한 정서를 어떻게 설명하는가?

2. 루이스의 저장 강박증 행동은 실행 기능 손상(예: 절제, 조직화, 우선순위화)을 어떻게 설명하는가? 어떠한 정서로 인해 이러한 실행 기능의 어려움이 증폭되는가?
3. 루이스의 불안, 우울, 슬픔을 증폭시킨 새로운 스트레스와 역경은 무엇이었는가? '주의력 편향'은 어떠한 역할을 했는가?
4. 어떠한 정서적 요인 때문에 루이스는 치료에 방해가 되는 행동을 하였는가? 멀리 사는 이모가 루이스에게 함께 살자고 제안한 것은 어떠한 이점을 갖는가?

12장. 제임스

1. 부모의 어떠한 태도 때문에 제임스는 사회정서적 문제를 자신과 부모에게 인정하는 것이 어려웠는가? 이를 해결하기 위해 제임스는 어떠한 정서를 숨길 필요가 있었는가?
2. 제임스는 마감일이 지난 과제를 하는 데 필요한 자료를 공부하고 그에 대한 치료사의 질문에 유창하게 답할 수 있었다. 그러나 쓰기 정보를 조직화하고 우선순위를 정하는 데 어려움을 보였다. ADHD와 관련한 어떠한 실행 기능의 문제로 이러한 어려움이 나타나는가? 과도한 완벽주의는 이러한 어려움을 복잡하게 하는가?
3. 제임스를 비디오 게임에 중독되도록 이끈 정서는 무엇인가? 게임은 어떠한 역할을 한 것인가?
4. 운전면허 취득을 미루었지만, 결국 어려움을 극복하고 운전면허를 취득하여 자동차를 운전하게 된 것은 어떠한 중요한 의미가 있는가? 여기에 관련한 정서는 무엇인가?

13장. 문제 해결하기

1. 의지력 가정(willpower assumption)은 ADHD인의 절망감, 무능함, 피해의식 정서를 어떻게 강화하는가? 가족과 친구는 이러한 가정을 가진 ADHD인을 무의식적이고 간접적으로 어떻게 괴롭히는가?
2. ADHD 치료 초반에, ADHD에 대한 현대적 이해에 대한 교육을 가족 구성원에게 실시하는 것은 어떠한 이점을 갖는가?
3. ADHD인이 자신에게 적절한 진단과 치료 방법을 찾고 계속할 수 있도록 방해하는 요인은 무엇인가?
4. 현실적 희망과 비현실적 희망의 차이점은 무엇인가?

Smart But Stuck

후주

도입

1 LeDoux, J. E. (1996). *The emotional brain: The mysterious underpinnings of emotional life.* New York, NY: Simon & Schuster.

2 Dodge, K. A. (1991). Emotion and social information processing. In J. Garber & K. A. Dodge (Eds.), *Development of emotion regulation and dysregulation* (pp. 159-181). New York, NY: Cambridge University Press.

01 ADHD와 정서를 관장하는 뇌

1 Shechner, T., Britton, J. C., Perez-Edgar, K., Bar-Haim, Y., Ernst, M., Fox, N. A., ... Pine, D. S. (2012). Attention biases, anxiety, and development: Toward or away from threats or rewards? *Depression and Anxiety, 29,* 282-294; Seymour, K. E., Chronis-Tuscano, A., Halldorsdottir, T., Stupica, B., Owens, K., & Sacks, T. (2012). Emotion regulation mediates the relationship between ADHD and depressive symptoms in youth. *Journal of Abnormal Child Psychology, 40,* 595-606; Schmeichel, B. J., Volokhov, R. N., & Demaree, H. A. (2008). Working memory capacity and the self-regulation of emotional expression and experience. *Journal of Personality and Social Psychology, 95,* 1526-1540.

2 Sobanski, E., Banaschewski, T., Asherson, P., Buitelaar, J., Chen, W., Franke, B., ... Faraone, S. V. (2010). Emotional lability in children and adolescents with attention deficit/hyperactivity disorder (ADHD): Clinical correlates and familial prevalence. *Journal of Child Psychology and Psychiatry, 51,* 915-923.

3 Barkley, R. A., & Fischer, M. (2010). The unique contribution of emotional impulsiveness to impairment in major life activities in hyperactivity children as adults. *Journal of the American Academy of Child and Adolescent Psychiatry, 49,* 503-513; Surman, C.B.H., Biederman, J., Spencer, T., Yorks, D., Miller, C. A., Petty, C. R. Faraone, S. V. (2011). Deficient emotional self-regulation and adult attention deficit hyperactivity disorder: A family risk analysis. *American Journal of Psychiatry, 168,* 617-623.

4 Barkley, R. A. (2010). Deficient emotional self-regulation: A core component of attention-deficit/hyperactivity disorder. *Journal of ADHD and Related Disorders, 1*(2), 5-37.

5 Brown, T. E. (2005). *Attention deficit disorder: The unfocused mind in children and adults.* New Haven, CT: Yale University Press; Castellanos, F. X., Sonuga-Barke, E. J., Scheres, A., Martino, A. D., Hyde, C., & Walters, J. R. (2005). Varieties of attention-deficit/hyperactivity disorder-related intra-individual variability. *Biological Psychiatry, 57,* 1416-1423; Perry, G. M., Sagvolden, T., & Faraone, S. V. (2010). Intra-individual variability in genetic and environmental models of attention-deficit/hyperactivity disorder. *American Journal of Medical Genetics. Part B, Neuropsychiatric Genetics, 153B,* 1094-1101; Sonuga-Barke, E. J., Wiersema, J. R., van der Meere, J. J., & Roeyers, H. (2010). Context-dependent dynamic processes in attention deficit/hyperactivity disorder: Differentiating common and unique effects of state regulation deficits and delay aversion. *Neuropsychology Review, 20*(1), 86-102; Uebel, H., Albrecht, B., Asherson, P., Börger, N. A., Butler, L., Chen, W., ... Banaschewski, T. (2010). Performance variability, impulsivity errors and the impact of incentives as gender-independent

endophenotypes for ADHD. *Journal of Child Psychology and Psychiatry, 51,* 210-218.

6 Gross, J. J., & Thompson, R. A. (2007). Emotion regulation: Conceptual foundations. In J. J. Gross (Ed.), *Handbook of emotion regulation* (pp. 3-24). New York, NY: Guilford Press.

7 Volkow, N. D., Wang, G., Newcorn, J. H., Kollins, S. H., Wigal, T. L., Telang, F., ... Swanson, J. M. (2010). Motivation deficit in ADHD in associated with dysfunction of the dopamine reward pathway. *Molecular Psychiatry, 302,* 1084-1091; Volkow, N. D., Wang, G., Kollins, S. H., Wigal, T. L., Newcorn, J. H., Telang, F., ... Swanson, J. M. (2009). Evaluating dopamine reward pathway in ADHD: Clinical implications. *Journal of the American Medicine Association, 302,* 1084-1091.

8 Brown, *Attention deficit disorder;* Brown, T. E. (2013). *A new understanding of ADHD in children and adults: Executive function impairments.* New York, NY: Routledge.

9 LeDoux, J. E. (1996). *The emotional brain: The mysterious underpinnings of emotional life.* New York, NY: Simon & Schuster; LeDoux, J. E., & Schiller, D. (2009). The human amygdala: Insights from other animals. In P. J. Whalen & E. Phelps (Eds.), *The human amygdala* (pp. 43-60). New York, NY: Guilford Press; Vuilleumier, P. (2009). The role of the human amygdala in perception and attention. In P. J. Whalen & E. Phelps (Eds.), *The human amygdala* (pp. 220-249). New York, NY: Guilford Press; Buchanan, T. W., Tranel, D., & Adolphs, R. (2009). The human amygdala in social function. In P. J. Whalen & E. Phelps (Eds.), *The human amygdala* (pp. 289-318). New York, NY: Guilford Press.

10 Castellanos, F. X., Sonuga-Barke, E. J., Milham, M. P., & Tannock, R. (2006). Characterizing cognition in ADHD: Beyond executive dysfunction. *Trends in Cognitive Sciences, 10,* 117-123; Kerr, A., & Zelazo, P. D. (2004). Development of "hot"executive function: The children's gambling task. *Brain and Cognitions,*

55, 148-157.

11 Dodge, K. A. (1991). Emotion and social information processing. In J. Garber & K. A. Dodge (Eds.), *Development of emotion regulation and dysregulation* (pp. 159-181). New York, NY: Cambridge University Press.

12 Kagan, J. (2010). *The temperamental thread: How genes, culture, time and luck make us who we are.* New York, NY: Dana Press, p. 60; see also Kagan, J. (2007). *What is emotion? History, measures, and meanings.* New Haven, CT: Yale University Press.

13 Ochsner, K. N., & Gross, J. J. (2007). Neural architecture of emotion regulation. In J. J. Gross (Ed.), *Handbook of emotional regulation* (pp. 87-109). New York, NY: Guilford Press.

14 Damasio, A. R. (2003). *Looking for Spinoza: Joy, sorrow, and the feeling brain.* Orlando, FL: Harcourt.

15 Dodge, Emotion and social information processing.

16 Damasio, *Looking for Spinoza,* p. 148.

17 LeDoux, *Emotional brain,* p. 65.

18 Bargh, J. A., Chen, M., & Burrows, L. (1996). Automaticity of social behavior: Direct effects of trait construct and stereotype activation on action. *Journal of Personality and Social Psychology, 71,* 230-244.

19 Bargh, J. A. (2005). Bypassing the will: Toward demystifying the nonconscious control of social behavior. In R. Hassin, J. Uleman, & J. A. Bargh (Eds.), *The new unconscious* (pp. 19-36). New York, NY: Oxford University Press; Wegner, D. M. (2005). Who is the controller of controlled processes? In R. Hassin, J. Uleman, & J. A. Bargh (Eds.), *The new unconscious* (pp. 19-36). New York, NY: Oxford University Press; Bargh, J. A. (2007). Introduction. In J. A. Bargh (Ed.), *Social psychology and the unconscious: The automaticity of higher mental processes* (pp. 1-9). New York, NY: Psychology Press; Bargh, J. A., & Barndollar, K. (1996). Automaticity in action: The unconscious as repository of chronic goals

and motives. In P. M. Gollwitzer & J. A. Bargh (Eds.), *Psychology of action: Linking cognition and motivation to behavior* (pp. 457-481). New York, NY: Guilford Press; Bargh, J. A., & Williams, L. E. (2007). Nonconscious regulation of emotion. In J. J. Gross (Ed.), *Handbook of emotion regulation* (pp. 429-445). New York, NY: Guilford Press; Moors, A., & De Houwer, J. (2007). What is automaticity? An analysis of its component features and their interrelations. In J. A. Bargh (Ed.), *Social psychology and the unconscious: The automaticity of higher mental processes* (pp. 11-50). New York, NY: Psychology Press.

20 Schafer, R. (1976). *A new language for psychoanalysis.* New Haven, CT: Yale University Press.

21 Cortese, S., Kelly, C., Chabernaud, C., Proal, E., Di Martino, A., Milham, M. P., & Castellanos, F. X. (2012). Toward systems neuroscience of ADHD: A meta-analysis of 55 fMRI studies. *American Journal of Psychiatry, 169,* 1038-1055; Castellanos, F. X., & Proal, E. (2012). Large-scale brain systems in ADHD: Beyond the prefrontal-striatal model. *Trends in Cognitive Sciences, 16,* 17-26.

22 Marner, L., Nyengaard, J. R., Tang, Y., & Pakkenberg, B. (2003). Marked loss of myelinated nerve fibers in the human brain with age. *Journal of Comparative Neurology, 462,* 144-152.

23 Nagel, B. J., Bathula, D., Herting, M., Schmitt, C., Kroenke, C. D., Fair, D., & Nigg, J. T. (2011). Altered white matter microstructure in children with attention-deficit/hyperactivity disorder. *Journal of the American Academy of Child and Adolescent Psychiatry, 50,* 283-292; Cortese, S., Imperati, D., Zhou, J., Proal, E., Klein, R. G., Mannuzza, S., ... Castellanos, F. X. (2013). White matter alterations at 33-year follow-up in adults with childhood attention-deficit/hyperactivity disorder. *Biological Psychiatry, 74,* 591-598.

24 Rubia, K., Halari, R., Cubillo, A., Mohammad, A. M., Brammer, M., & Taylor, E. (2009). Methylphenidate normalises activation and functional connectivity deficits in attention and motivation networks in medication-naïve children with

ADHD during a rewarded continuous performance task. *Neuropharmacology, 57,* 640-652.

25 Zuo, X. N., Di Martino, A., Kelly, C., Shehzad, Z. E., Gee, D. G., Klein, D. F., ... Milham, M. P. (2010). The oscillating brain: Complex and reliable. *NeuroImage, 49,* 1432-1445.

26 Fassbender, C., Zhang, H., Buzy, W. M., Cortes, C. R., Mizuiri, D., Beckett, L., & Schweitzer, J. B. (2009). A lack of default network suppression is linked to increased distractivility in ADHD. *Brain Research, 1273,* 114-128.

27 Peterson, B. S., Potenza, M. N., Wang, Z., Zhu, H., Martin, A., Marsh, R., ... Yu, S. (2009). An fMRI study of the effects of stimulants on default-mode processing during stroop task performance in youths with ADHD. *American Journal of Psychiatry, 166,* 1286-1294.

28 Shaw, P., Eckstrand, K., Sharp, W., Blumenthal, J., Lerch, J. P., Greenstein, D., ... Rapoport, J. L. (2007). Attention-deficit/hyperactivity disorder is characterized by a delay in cortical maturation. *Proceedings of the National Academy of Sciences, 104,* 19649-19654.

29 Swanson, J., Baler, R. D., & Volkow, N. D. (2010). Understanding the effects of stimulant medications on cognition in individuals with attention-deficit/hyperactivity disorder: A decade of progress. *Neuropsychopharmacology, 36,* 207-226.

30 Prince, J. B., & Wilens, T. E. (2009). Pharmacotherapy of ADHD and comorbidities. In Brown (Ed.), *ADHD comorbidities* (pp. 339-384).

31 Bedard, A. C., Jain, U., Johnson, S. H., & Tannock, R. (2007). Effects of methylphenidate on working memory components: Influence of measurement. *Journal of Child Psychology and Psychiatry, 48,* 872-880; Chelonis, J. J., Johnson, T. A., Ferguson, S. A., Berry, K. J., Kubacak, B., Edwards, M. C., & Paule, M. G. (2011). Effect of methylphenidate on motivation in children with attention-deficit/hyperactivity disorder. *Experimental and Clinical Psychopharmacology,*

19, 145-153; Metha, M. A., Goodyer, I. M., & Sahakian, B. J. (2004). Methylphenidate improves working memory and set-shifting in AD/HD: Relationships to baseline memory capacity. *Journal of Child Psychology and Psychiatry, 45,* 293-305; Shields, K., Hawk, L. W., Reynolds, B., Mazullo, R., Rhodes, J., Pelham, J. D., ... Gangloff, B. P. (2009). Effects of methylphenidate on discounting of delayed rewards in attention deficit/hyperactivity disorder. *Experimental and Clinical Psychopharmacology, 17,* 291-301.

32 Brown, T. E., Holdnack, J., Saylor, K., Adler, L., Spencer, T., Williams, D. W., ... Kelsey, D. (2011). Effect of atomoxetine on executive function impairments in adults with ADHD. *Journal of Attention Disorders, 15,* 130-138; Spencer, T. J., Adler, L. A., Weisler, R. H., & Youcha, S. H. (2008). Triple-bead mixed amphetamine salts (SPD465), a novel, enhanced extended release amphetamine formulation for the treatment of adults with ADHD: A randomized, double-blind, multicenter, placebo-controlled study. *Journal of Clinical Psychiatry, 69,* 1437-1448.

33 Manos, M. J., Brams, M., Childress, A. C., Findling, R. L., López, F. A., & Jensen, P. S. (2010). Changes in emotions related to medications used to treat ADHD. *Journal of Attention Disorders, 15,* 101-112. doi:10.1177/1870054710381230

34 Groom, M. J., Scerif, G., Liddle, P. F., Batty, M. J., Liddle, E. B., Roberts, K. L., ... Hollis, C. (2010). Effects of motivation and medication on electrophysiological markers of response inhibition in children with attention-deficit/hyperactivity disorder. *Biological Psychiatry, 67,* 624-631.

35 Solanto, M. V., Wender, E. H., & Bartell, S. S. (1997). Effects of methylphenidate and behavioral contingencies on sustained attention in attention-deficit/hyperactivity disorder: A test of the reward dysfunction hypothesis. *Journal of Child and Adolescent Psychopharmacology, 7,* 123-136.

36 Kohls, G., Herpertz-Dahlmann, B., & Konrad, K. (2009). Hyperresponsiveness to social rewards in children and adolescents with attention-deficit/hyperactivity

disorder (ADHD). *Behavioral and Brain Functions, 5.* doi:10.1186/1744-9081-5-20

37 Brown, T. E. (2009). *ADHD comorbidities: Handbook for ADHD complications in children and adults.* Washington, DC: American Psychiatric Publishing; Brown, *Attention deficit disorder;* Brown, *A new understanding of ADHD.*

38 Safer, J. (2002). *The normal one: Life with a difficult or damaged sibling.* New York: Free Press.

39 Wilford, J. N. (2008). How epidemics shaped the modern metropolis. *New York Times,* April 15, 2008. http://www.nytimes.com/2008/04/15/science/15chol.html?pagewanted=all&_r=0

02 에릭

1 Kessler, R. C., Adler, L., Barkley, R., Biederman, J., Coners, C. K., Demler, O., ... Zaslavsky, A. M. (2006). The prevalence and correlates of adult ADHD in the United States: Results from the National Comorbidity Survey Replication. *American Journal of Psychiatry, 163,* 716-723; Kessler, R. C., Adler, L. A., Barkley, R., Biederman, J., Conners, C. K., Faraone, S. V., ... Zaslavsky, A. M. (2005). Patterns and predictors of attention-deficit/hyperactivity disorder persistence into adulthood: Results from the National Comorbidity Survey Replication. *Biological Psychiatry, 57,* 1442-1452.

2 Brown, T. E., & McMullen, W. J., Jr. (2001, June). Attention deficit disorders and sleep/arousal disturbance. *Annals of New York Academy of Sciences, 931,* 271-286.

3 Marlatt, G. A., & Witkiewitz, K. (2010). Update on harm-reduction policy and intervention research. *Annual Review of Clinical Psychology, 6,* 591-606.

4 Barkley, R., & Cox, D. (2007). A review of driving risks and impairments associated with attention-deficit/hyperactivity disorder and the effects of stimulant

medication on driving performance. *Journal of Safety Research, 38,* 113-128; Reimer, B., Mehler, B., D'Ambrosio, L. A., & Fried, R. (2010). The impact of distractions on young adult drivers with attention deficit hyperactivity disorder (ADHD). *Accident Analysis and Prevention, 42,* 842-851; Thompson, A. L., Molina, B. S., Pelham, W., & Gnagy, E. M. (2007). Risky driving in adolescents and young adults with childhood ADHD. *Journal of Pediatric Psychology, 32,* 745-759; Fried, R., Monuteaux, M. C., Hughes, S., Jakubowski, A., & Biederman, J. (2009). Driving deficits in young adults with attention-deficit/hyperactivity disorder. *Journal of ADHD and Related Disorders, 1*(1), 49-57.

5 Torrente, F., Lischinsky, A., Torralva, T., Lopez, P., Roca, M., & Manes, F. (2010, March 5). Not always hyperactive? Elevated apathy scores in adolescents and adults with ADHD. *Journal of Attention Disorders.* doi:10.1177/1087054709359887

6 Campbell, S. B., & Stauffenberg, C. v. (2009). Delay and inhibition as early predictors of ADHD symptoms in third grade. *Journal of Abnormal Child Psychology, 37,* 1-15.

7 Luman, M., Oosterlaan, J., & Sergeant, J. A. (2005). The impact of reinforcement contingencies on AD/HD: A review and theoretical appraisal. *Clinical Psychology Review, 25,* 183-213; Luman, M., Tripp, G., & Scheres, A. (2010). Identifying the neurobiology of altered reinforcement sensitivity in ADHD: A review and research agenda. *Neuroscience and Behavioral Reviews, 34,* 744-754; Marco, R., Miranda, A., Schlotz, W., Melia, A., Mulligan, A., Müller, U., ... Sonuga-Barke, E. J. (2009). Delay and reward choice in ADHD: An experimental test of the role of delay aversion. *Neuropsychology, 23,* 367-380; Sonuga-Barke, E. J. (2002). Psychological heterogeneity in AD/HD: A dual pathway model of behaviour and cognition. *Behavioural Brain Research, 130*(1-2), 29-36; Sonuga-Barke, E. J. (2003). Thedual pathway model of AD/HD: An elaboration of neuro-developmental characteristics. *Neuroscience and Biobehavioral Reviews, 27,* 593-604; Strohle, A., Stoy, M., Wrase, J., Schwarzer, S., Schlagenhauf, F., Huss,

M., ... Heinz, A. (2008). Reward anticipation and outcomes in adult males with attention-deficit/hyperactivity disorder. *NeuroImage, 39,* 966-972; Toplak, M. E., Jain, U., & Tannock, R. (2005, June 27). Executive and motivational processes in adolescents with attention-deficit/hyperactivity disorder (ADHD). *Behavioral and Brain Functions, 1*(8). doi:10.1186/1744-9081-1-8

8 Volkow, N. D., Wang, G., Newcorn, J. H., Kollins, S. H., Wigal, T. L., Telang, F., ... Swanson, J. M. (2010). Motivation deficit in ADHD is associated with dysfunctionof the dopamine reward pathway. *Molecular Psychiatry, 302,* 1084-1091; Volkow, N. D., Wang, G., Kollins, S. H., Wigal, T. L., Newcorn, J. H., Telang, F., ... Swanson, J. M. (2009). Evaluating dopamine reward pathway in ADHD: Clinical implications. *Journal of the American Medical Association, 302,* 1084-1091.

9 Plichta, M. M., Vasic, N., Wolf, R. C., Lesch, K. P., Brummer, D., Jacob, C., ... Grön, G. (2009). Neural hyporesponsiveness and hyperresponsiveness during immediate and delayed reward processing in adult attention-deficit/hyperactivity disorder. *Biological Psychiatry, 65,* 7-14; Scheres, A., Milham, M. P., Knutson, B., & Castellanos, F. X. (2008). Ventral striatal hyporesponsiveness during reward anticipation in attention-deficit/hyperactivity disorder. *Biological Psychiatry, 61,* 720-724; Tripp, G., & Wickens, J. R. (2008). Research review: Dopamine transfer deficit; A neurobiological theory of altered reinforcement mechanisms in ADHD. *Journal of Child Psychology and Psychiatry, 49,* 691-704.

03 카렌

1 Locascio, G., Mahone, E. M., Eason, S. H., & Cutting, L. E. (2010). Executive dysfunction among children with reading comprehension deficits. *Journal of Learning Disabilities, 43,* 441-454; Sesma, H. W., Mahone, E. M., Levine, T., Eason, S. H., & Cutting, L. E. (2009). The contribution of executive skills to

reading comprehension. *Child Neuropsychology, 15,* 232-246; Shaywitz, S. E., & Shaywitz, B. A. (2008). Paying attention to reading: The neurobiology of reading and dyslexia. *Development and Psychopathology, 20,* 1329-1349; Swanson, H. L., Zheng, X., & Jerman, O. (2009). Working memory, short-term memory, and reading disabilities: A selective meta-analysis of the literature. *Journal of Learning Disabilities, 43,* 260-287.

2 Brown, T. E., Reichel, P. C., & Quinlan, D. M. (2011). Extended time improves reading comprehension for adolescents with ADHD. *Open Journal of Psychiatry, 1,* 79-87.

3 Pomerantz, E. M., Grolnick, W. S., & Price, C. E. (2005). Role of parents in how children approach achievement: A dynamic process perspective. In A. J. Elliot & C. S. Dweck (Eds.), *Handbook of competence and motivation* (pp. 259-278). New York, NY: Guilford Press.

4 Boszormenyi-Nagy, I., & Spark, G. M. (1973). *Invisible loyalites: Reciprocity in intergenerational family therapy.* New York, NY: Harper & Row; Safer, J. (2002). *The normal one: Life with a difficult or damaged sibling.* New York, NY: Simon & Schuster; Stierlin, H. (1974). *Separating parents and adolescents: A perspective on running away, schizophrenia and waywardness.* New York, NY: Quadrangle; Winnicott, D. W. (1965). *The family and individual development.* New York, NY: Tavistock.

5 Levy, F. (2004). Synaptic gating and ADHD: A biological theory of comorbidity of ADHD and anxiety. *Neuropsychopharmacology, 29,* 1589-1596.

04 마틴

1 Mangels, J. A., Butterfield, B., Lamb, J., Good, C., & Dweck, C. S. (2006). Why do beliefs about intelligence influence learning success? A social cognitive neuroscience model. *Social Cognitive and Affective Neuroscience, 2,* 75-86;

Dweck, C. S., & Molden, D. C. (2005). Self-theories: Their impact on competence motivation and acquisition. In A. J. Elliot & C. S. Dweck (Eds.), *Handbook of competence and motivation* (pp. 122-140). New York, NY: Guilford Press.

2 Antshel, K. M., Faraone, S. V., Stallone, K., Nave, A., Kaufmann, F. A., Doyle, A., ... Biederman, J. (2007). Is attention deficit hyperactivity disorder a valid diagnosis in the presence of high IQ? Results from the MGH Longitudinal Family Studies of ADHD. *Journal of Child Psychology and Psychiatry, 48,* 687-694; Antshel, K. M., Faraone, S. V., Maglione, K., Doyle, A., Fried, R., Seidman, L., & Biederman, J. (2008). Temporal stability of ADHD in the high-IQ population: Results from the MGH Longitudinal Family Studies of ADHD. *Journal of the American Academy of Child and Adolescent Psychiatry, 47,* 817-825; Brown, T. E., Reichel, P. C., & Quinlan, D. M. (2009). Executive function impairments in high IQ adults with ADHD. *Journal of Attention Disorders, 13,* 161-167; Brown, T. E., Reichel, P. C., & Quinlan, D. M. (2011). Executive function impairments in high IQ children and adolescents with ADHD. *Open Journal of Psychiatry, 1,* 56-65; Kaplan, B. J., Crawford, S. G., Dewey, D. M., & Fisher, G. C. (2000). IQs of children with ADHD are normally distributed. *Journal of Learning Disabilities, 33,* 425-432; Schuck, S. E., & Crinella, F. M. (2005). Why children with ADHD do not have low IQs. *Journal of Learning Disabilities, 38,* 262-280.

3 Ardila, A., Pineda, D., & Rosselli, M. (2000). Correlation between intelligence test scores and executive function measures. *Archives of Clinical Neuropsychology, 15*(1), 31-36; Brown, T. E. (2005). *Attention deficit disorder: The unfocused mind in children and adults.* New Haven, CT: Yale University Press; Delis, D. C., Lansing, A., Houston, W. S., Wetter, S., Han, S. D., Jacobson, M., ... Kramer, J. (2007). Creativity lost: The importance of testing higher-level executive functions in school-age children and adolescents. *Journal of Psychoeducational Assessment, 25*(1), 29-40; Rommelse, N. N., Altink, M. E., Oosterlaan, J., Buschgens, C. J., Buitelaar, J., & Sergeant, J. A. (2008). Support for an independent familial

segregation of executive and intelligence endophenotypes in ADHD families. *Psychological Medicine, 38,* 1595-1606.

4 Aronson, J., & Steele, C. M. (2005). Stereotypes and the fragility of academic competence, motivation, and self-concept. In A. J. Elliot & C. S. Dweck (Eds.), *Handbook of competence and motivation* (pp. 436-456). New York, NY: Guilford Press.

5 Shafran, R., & Mansell, W. (2001). Perfectionism and psychopathology: A review of research and treatment. *Clinical Psychology Review, 21,* 878-906.

6 Bowlby, J. (1978). Attachment theory and its therapeutic implications. In S. Feinstein & P. L. Giovacchini (Eds.), *Adolescent psychiatry: Developmental and clinical studies* (pp. 5-33). Chicago: University of Chicago; Chen, S., Fitzsimons, G. M., & Andersen, S. M. (2007). Automaticity in close relationships. In J. A. Bargh (Ed.), *Social psychology and the unconscious: The automaticity of higher mental processes* (pp. 133-172). New York, NY: Psychology press.

7 Sullivan, H. S. (1953). *The interpersonal theory of psychiatry.* New York, NY: Norton.

8 Woodward, L. J., & Ferguson, D. M. (2000). Childhood peer relationship problems and later risks of educational under-achievement and unemployment. *Journal of Child Psychology and Psychiatry, 41,* 191-201.

9 Cherek, D. R., Lane, S. D., & Dougherty, D. M. (2002). Possible amotivational effects following marijuana smoking under laboratory conditions. *Experimental and Clinical Psychopharmacology, 10*(1), 26-38; Lane, S. D., Cherek, D. R., Pietras, C. J., & Steinberg, J. L. (2005). Performance of heavy marijuana-smoking adolescents on a laboratory measure of motivation. *Addictive Behaviours, 30,* 815-828; Medina, K. L., Hanson, K. L., Schweinsburg, A. D., Cohen-Zion, M., Nagel, B. J., & Tapert, S. F. (2007). Neuropsychological functioning in adolescent marijuana users: Subtle deficits detectable after a month of abstinence. *Journal of the International Neuropsychological Society, 13,* 807-820.

10 Weinstei, A., Brickner, O., Lerman, H., Greemland, M., Bloch, M., Lester, H., ... Even-Sapir, E. (2008). A study investigating the acute dose-response effects of 13mg and 17mg Delta 9- tetrahydrocannabinol on cognitive-motor skills, subjective and autonomic measures in regular users of marijuana. *Journal of Psychopharmacology, 22,* 441-451.

11 Rhodewalt, F., & Vohs, K. D. (2005). Defensive strategies, motivation, and the self: A self-regulatory process view. In A. J. Elliot and C. S. Dweck (Eds.), *Handbook of competence and motivation* (pp. 548-565). New York, NY: Guilford Press.

12 Shaw, P., Eckstrand, K., Sharp, W., Blumenthal, J., Lerch, J. P., Greenstein, D., ... Rapoport, J. L. (2007). Attention-deficit/hyperactivity disorder is characterized by a delay in cortical maturation. *Proceedings of the National Academy of Sciences, 104,* 19649-19654.

05 사라

1 Brown, T. E. (1996). *Brown Attention Deficit Disorder Scale for Adults.* San Antonio, TX: Psychological Corporation.

2 Quinlan, D. M., & Brown, T. E. (2003). Assessment of short-term verbal memory impairments in adolescents and adults with ADHD. *Jornal of Attention Disorders, 6,* 143-152.

3 American Psychiatric Association. (2000). *Diagnostic and statistical manual of mental disorders* (4th ed., text rev.). Washington, DC: Author; American Psychiatric Association. (2013). *Diagnostic and statistical manual of mental disorders* (5th ed.). Washington, DC: Author.

4 Faraone, S. V., Biederman, J., Spencer, T., Mick, E., Murray, K., ... Monuteaux, M. C. (2006). Diagnosing adult attention deficit hyperactivity disorder: Are late onset and subthreshold valid? *American Journal of Psychiatry, 163,* 1720-1729.

5 Faraone, S. V., Kunwar, A., Adamson, J., & Biederman, J. (2009). Personality traits among ADHD adults: Implications of late-onset and sub-threshold diagnoses. *Psychological Medicine, 39,* 685-693.

6 Akiskal, H., & Cassano, G. B. (Eds.). (1997). *Dysthymia and the spectrum of chronic depressions.* New York, NY: Guilford Press; Subodh, B. N., Avashi, A., & Chakrabarti, S. (2008). Psychosocial impact of dysthymia: A study among married patients. *Journal of Affective Disorders, 109,* 199-204; Sansone, R. A., & Sansone, L. A. (2009). Dysthymic disorder: Forlorn and overlooked? *Psychiatry, 6*(5), 46-50.

7 Hammen, C. L. (1995). Stress and the course of unipolar and bipolar disorders. Does stress cause psychiatric illness? In C. M. Mazure (Ed.), *Does stress cause psychiatric illness?* (pp. 87-110). Washington, DC: American Psychiatric Press.

8 Brown, T. E. (2000). Emerging understandings of attention-deficit disorders and comorbidities. In T. E. Brown (Ed.), *Attention deficit disorders and comorbidities in children, adolescents and adults* (pp. 3-55). Washington, DC: American Psychiatric Pbulishing.

9 McEwen, B. S., & Parsons, B. (1982). Gonadal steroid action on the brain: Neurochemistry and neuropharmacology. *Annual Review of Pharmacology and Toxicology, 22,* 555-598; McEwen, B. S. (1991). Non-genomic and genomic effects of steroids on neural activity. *Trends in Pharmacological Sciences, 5,* 141-147; Thompson, T. L., & Moss, R. L. (1994). Estrogen regulation of dopamine release in the nucleus accumbens: Genomic and non-genomic-miediated effects. *Journal of Neurochemistry, 62,* 1750-1756.

10 Sherwin, B. B. (1998). Estrogen and cognitive functioning in women. *Proceedings of the Society for Experimental Biology and Medicine, 217*(1), 17-22; Phillips, S. M., & Sherwin, B. B. (1992). Effects of estrogen on memory function in surgically menopausal women. *Psychoneuroendocrinology, 17,* 485-495.

11 Shaywitz, S. E., Shaywitz, B. A., Pugh, K. B., Fullbright, R. K., Skudlarski,

P., Mencl, W. E., ... Gore, J. C. (1999). Effect of estrogen on brain activation patterns in postmenopausal women during working memory tasks. *Journal of the American Medical Association, 281,* 1197-1202.

12 Sherwin, B. B., & Henry, J. F. (2008). Brain aging modulates the neuroprotective effects of estrogen on selective aspects of cognition in women: A critical review. *Frontiers in neuroendocrinology, 29*(1), 88-113; Greendale, G. A., Huang, M. H., Wright, R. G. Seeman, T., Luetters, C., Avis, N. E., ... Karlamangla, A. S. (2009). Effects of the menopause transitionand hormone use on cognitive performance of midlife women. *Neurology, 72,* 1850-1857; Duff, S. J., & Hampson, E. (2000). A beneficial effect of estrogen on working memory in postmenopausal women taking hormone replacement therapy. *Hormones and Behavior, 38,* 222-276; Elsabagh, S., Hartley, D. E., & File, S. E. (2007). Cognitive function in late versus early postmenopausal stage. *Maturitas, 56,* 84-93.

13 Ahles, T. A., Saykin, A. J., Furstenberg, B. C., Cole, B., Mott, L. A., Skalla, K., ... Silberfarb, P. M. (2002). Neurologic impact of standard-dose systemic chemotherapy in long-term survivors of breast cancer and lymphoma. *Journal of Clinical Oncology, 20,* 485-493; Reid-Arndt, S. A., Yee, A., Perry, M. C., & Hsieh, C. (2009). Cognitive and psychological factors associated with early post-treatment functional outcomes in breast cancer survivors. *Journal of Psychosocial Oncology, 27,* 415-434.

14 Ahles, T. A., & Saykin, A. J. (2007). Candidate mechanisms for chemotherapy-induced cognitive changes. *Nature Reviews. Cancer, 7,* 192-2011 Correa, D. D., & Ahles, T. A. (2007). Cognitive adverse effects of chemotherapy in breast cancer patients. *Current Opinion in Supportive and Palliative Care, 1*(1), 57-62.

15 National Cancer Institute. (2005). Dexmethylphenidate reduces some symptoms of chemobrain. Retrieved from http://www.cancer.gov/clinicaltrials/results/chemobrain0605 (Link may no longer be available.)

16 Epperson, C. N., Pittman, B., Czarkowski, K. A., Bradley, J., Quinlan, D. M., &

Brown, T. E. (2011). Impact of atomoxetine on subjective attention and memory difficulties in perimenopausal and postmenopausal women. *Menopause: Journal of the North American Menopause Society, 18*(5), 1-7.

17 Barkley, R. A. (2011). *Barkley Deficits in Executive Functioning Scale (BDEFS).* New York, NY: Guilford Press; Brown, T. E. (2006). Executive functions and attention deficit hyperactivity disorder: Implications of two conflicting views. *International Journal of Disability, Development and Education, 53*(1), 35-46.

18 Brown, T. E. (2005). *Attention deficit disorders: The unfocused mind in children and adults.* New Haven, CT: Yale University Press.

06 마이크

1 Rommelse, N. N., Altink, M. E., Oosterlaan, J., Buschgens, C. J., Buiterlaar, J. K., & Sergeant, J. (2008). Support for an independent familial segregation of executive and intelligence endophenotypes in ADHD families. *Psychological Medicine, 38,* 1595-1606. doi:10.1017/S0033291708002869

2 Ardila, A., Pineda, D., & Rosselli, M. (2000). Correlation between intelligence test scores and executive function measures. *Archives of Clinical Neuropsychology, 15*(1), 31-36; Delis, D. C, Houston, W. S., Wetter, S., Han, S. D., Jacobson, M., Holdnack, J., Kramer, J. (2007). Creativity lost: The importance of testing higher-level executive functions in school-age children and adolescents. *Journal of Psychoeducational Assessment, 25,* 29-40; Brown, T. E., Reichel, P. C., & Quinlan, D. M. (2009). Executive function impairments in high IQ adults with ADHD. *Journal of Attention Disorders, 13,* 161-171; Brown, T. E., Reichel, P. C., & Quinlan, D. M. (2011). Executive function impairments in high IQ children and adolescents with ADHD. *Open Journal of Psychiatry, 1,* 56-65.

3 Smith, M. E., & Farah, M. J. (2011). Are prescription stimulants "smart pills"? The epidemiology and cognitive neuroscience of prescription stimulant use by

normal healthy individuals. *Psychological Bulletin, 137,* 717-741; Rabiner, D. L., Anastopoulos, A. D., Costello, E. J., Hoyle, R. H., McCabe, S. E., & Scott, H. (2009). Motives and perceived consequences of nonmedical ADHD medication use by college students: Are students treating themselves for attention problems? *Journal of Attention Disorders, 13,* 259-270; Swanson, J. M., Wigal, T. L., & Volkow, N. D. (2011). Contrast of medical and nonmedical use of stimulant drugs, basis for the distinction, and risk of addiction: Comment on Smith and Farah. *Psychological Bulletin, 137,* 742-748; Rabiner, D. L., Anastopoulos, A. D., Costello, E. J., Hoyle, R. H., & Swartzwelder, H. S. (2010). Predictors of nonmedical ADHD medication use by college students. *Journal of Attention Disorders, 13,* 640-648; Peterkin, A. L., Crone, C. C., Sheridan, M. J., & Wise, T. N. (2010, April 21). Cognitive performance enhancement: Misuse or self-treatment? *Journal of Attention Disorders,* pp. 1-6. doi:10.1177/1087054710365980; Arria, A. M., Garnier-Dykstra, L. M., Caldeira, K. M., Vincent, K. B., O'Grady, K. E., & Wish, E. D. (2011). Persistent nonmedical use of prescription stimulants among college students: Possible association with ADHD symptoms. *Journal of Attention Disorder, 15,* 347-356.

4 Markus, H., & Nurius, P. (1986). Possible selves. *American Psychologist, 41,* 954-969.

5 Brown, M. A., & Stopa, L. (2007). The spotlight effect and the illusion of transparency in social anxiety. *Journal of Anxiety Disorders, 21,* 804-819; Gilovich, T., Medvec, V. H., & Savitsky, K. (1998). The illusion of transparency: Biased assessments of others'ability to read one's emotional states. *Journal of Personality and Social Psychology, 75,* 332-346.

6 Kessler, R. C., McGonagle, K. A., Zhao, S., Nelson, C. B., Hughes, M., Eshleman, S., ... Kendler, K. S. (1994). Lifetime and 12-month prevalence of DSM-III-R psychiatric disorders in the United States: Results from the National Comorbidity Survey. *Archives of General Psychiatry, 51,* 8-19; Kessler, R. C., Adler, L., Barkley,

R., Biederman, J., Conners, C. K., Demler, O., ... Zaslavsky, A. M. (2006). The prevalence and correlates of adult ADHD in the United States: Results from the National Comorbidity Survey Replication. *American Journal of Psychiatry, 163,* 716-723.

7 Stierlin, H. (1974). *Separating parents and adolescents.* New York, NY: Quadrangle; Boszormenyi-Nagy, I., & Spark, G. M. (1973). *Invisible loyalties: Reciprocity in intergenerational therapy.* New York, NY: Harper & Row.

07 리사

1 Brown, T. E. (2005). *Attention deficit disorder: The unfocused mind in children and adults.* New Haven, CT: Yale University Press.

2 Ibid.

3 Erhardt, D., & Hinshaw, S. P. (1994). Initial sociometric impressions of attention-deficit hyperactivity disorder and comparison boys: Predictions from social behaviors and from nonbehavioral variables. *Journal of Consulting and Clinical Psychology, 62,* 833-842; Melnick, S. M., & Hinshaw, S. P. (1996). What they wan and what they get: The social goals of boys with ADHD and comparison boys. *Journal of Abnormal Child Psychology, 24,* 169-185; Blachman, D. R., & Hinshaw, S. P. (2002). Patterns of friendship among girls with and without attention-deficit/hyperactivity disorder. *Journal of Abnormal Child Psychology, 30,* 625-640; Hoza, B. (2007). Peer functioning in children with ADHD. *Journal of Pediatric Psychology, 32,* 655-663; Miller, M., & Hinshaw, S. P. (2010). Does childhood executive function predict adolescent functional outcomes in girls with ADHD? *Journal of Abnormal Child Psychology, 38,* 315-326; Miller, M., Nevado-Montenegro, A. J., & Hinshaw, S. P. (2012). Childhood executive function to predict outcomes in young adult females with and without childhood diagnosed ADHD. *Journal of Abnormal Child Psychology, 40,* 657-668. doi:10.1007/s10802-

011-9599-y; Miller, M., Sheridan, M., Cardoos, S. L., & Hinshaw, S. P. (2013). Impaired decision-making as a young adult outcome of girls diagnosed with attention-deficit/hyperactivity disorder in childhood. *Journal of the International Neuropsychological Society, 19*(1), 110-114. doi:10.101/S1355617712000975

4 Reiersen, A. M., Constantino, J. N., Volk, H. E., & Todd, R. D. (2007). Autistic traits in a population-based ADHD twin sample. *Journal of Child Psychology and Psychiatry, 48,* 464-472; Rommelse, N. N., Franke, B., Geurts, H. M., & Hartman, C. A., & Buitelaar, J. K. (2010). Shared heritability of attention-deficit/hyperactivity disorder and autism spectrum disorder. *European Child & Adolescent Psychiatry, 19,* 281-295.

5 Brown, T. E., Reichel, P. C., & Quinlan, D. M. (2011). Executive function impairments in high IQ children and adolescents with ADHD. *Open Journal of Psychiatry, 1,* 56-65; Brown, T. E., Reichel, P. C., & Quinlan, D. M. (2009). Executive function impairments in high IQ adults with ADHD. *Journal of Attention Disorders, 13,* 161-167.

6 Croyle, K. L., & Waltz, J. (2007). Subclinical self-harm: Range of behaviors, extent, and associated characteristics. *American Journal of Orthopsychiatry, 77,* 332-342; Nixon, M. K., Cloutier, P., & Jansson, S. M. (2008). Nonsuicidal self-harm in youth: A population-based survey. *Canadian Medical Association Journal, 178,* 306-312.

7 Klonsky, E. D., & Olino, T. M. (2008). Identifying clinically distinct subgroups of self-injurers among young adults: A latent class analysis. *Journal of Consulting and Clinical Psychology, 76,* 22-27.

08 스티브

1 Biederman, J., Petty, C. R., Fried, R., Kaiser, R., Dolan, C. R., Schoenfeld, S., ... Faraone, S. V. (2008). Educational and occupational underattainment in

adults with attention-deficit/hyperactivity disorder: A controlled study. *Journal of Clinical Psychiatry, 69,* 1217-1222; Biederman, J., Faraone, S. V., Spencer, T. J., Mick, E., Monuteaux, M. C., & Aleardi, M. (2006). Functional impairments in adults with self-reports of diagnosed ADHD: A controlled study of 1001 adults in the community. *Journal of Clinical Psychiatry, 67,* 524-540; de Graaf, R., Kessler, R. C., Fayyad, J., ten Have, M., Alonso, J., Angermeyer, M., ... Posada-Villa, J. (2008). The prevalence and effects of adult attention-deficit/hyperactivity disorder (ADHD) on the performance of workers: Results from the WHO World Mental Health Survey Initiative. *Occupational and Environmental Medicine, 65,* 835-842; Barkley, R. A., & Murphy, K. R. (2010). Impairment in occupational functioning and adult ADHD: The predictive utility of executive function (EF) ratings versus EF tests. *Clinical Neuropsychology, 25,* 157-173.

2 Britton, J. C., Rauch, S. L., Rosso, I. M., Killgore, W. D. S., Price, L. M., Ragan, J., ... Stewart, S. E. (2010). Cognitive inflexibility and frontal-cortical activation in pediatric obsessive-compulsive disorder. *Journal of the American Academy of Child and Adolescent Psychiatry, 49,* 944-953.

3 Biederman, J., Faraone, S. V., Spencer, T. J., Mick, E., Monuteaux, M. C., & Aleardi, M. (2006). Functional impairments in adults with self-reports of diagnosed ADHD: A controlled study of 1001 adults in the community. *Journal of Clinical Psychiatry, 67,* 524-540.

4 Minde, K., Eakin, L., Hechtman, L., Ochs, E., Bouffard, R., Greenfield, B., & Looper, K. (2003). The psychosocial functioning of children and spouses of adults with ADHD. *Journal of Child Psychology and Psychiatry, 44,* 637-646.

5 Eakin, L., Minde, K., Hechtman, L., Ochs, E., Krane, E., Bouffard, R., Greenfield, B., & Looper, K. (2004). The marital and family funcitoning of adults with ADHD and their spouses. *Journal of Attention Disorders, 8,* 1-10.

6 Grzadzinski, R., Di Martino, A., Brady, E., Mairena, M. A., O'Neale, M., Petkova, E., ... Castellanos, F. X. (2010). Examining autistic traits in children with ADHD:

Does the autism spectrum extend to ADHD? *Journal of Autism and Developmental Disorders, 41,* 1178-1191; Nijmeijer, J. S., Minderaa, R. B., Buitelaar, J. K., Mulligan, A., Hartment, C. A., & Hoekstra, P. J. (2008). Attention-deficit/hyperactivity disorder and social dysfunctioning. *Clinical Psychology Review, 28,* 692-708; St. Pourcain, B. S., Mandy, W. P., Heron, J., Golding, J., Smith, G. D., & Skuse, D. H. (2011). Links between co-occurring social-communication and hyperactive-inattentive trait trajectories. *Journal of the American Academy of Child and Adolescent Psychiatry, 50,* 892-902; van der Meer, J. M., Oerlemans, A. M., van Steijn, D. J., Lappenschaar, M. G., de Sonneville, L. M., Buitelaar, J. K., & Rommelse, N. N. (2012). Are autism spectrum disorder and attention-deficit/hyperactivity disorder different manifestations of one overarching disorder? Cognitive and symptom evidence from a clinical and population-based sample. *Journal of the American Academy of Child and Adolescent Psychiatry, 51,* 1160-1172.

7 Nijmeijer, J. S., Hoekstra, P. J., Minderaa, R. B., Buitclaar, J. K., Altink, M. E., Buschgens, C. J., ... Hartman, C. A. (2009). PDD symptoms in ADHD, and independent familial trait? *Journal of Abnormal Child Psychology, 37,* 443-453; Ronald, A., Simonoff, E., Kuntsi, J., Asherson, P., & Plomin, R. (2008). Evidence for overlapping genetic influences on autistic and ADHD behaviours in a community twin sample. *Journal of Child Psychology and Psychiatry, 49,* 535-542.

8 Page, T. (2009). *Parallel play: Growing up with undiagnosed Asperger's.* New York, NY: Doubleday, pp. 182, 185.

9 Ibid., p. 178.

10 Ibid., p. 6.

09 수

1 Langberg, J. M., Epstein, J. N., Altaye, M., Molina, B. S., Arnold, L. E., & Vitiello,

B. (2008). The transition to middle school is associated with changes in the developmental trajectory of ADHD symptomatology in young adolescents with ADHD. *Journal of Clinical Child and Adolescent Psychology, 37,* 651-663.

2 Csikszentmihalyi, M., & Larson, R. (1984). *Being adolescent.* New York Basic Books, p. xiii.

3 Christiansen, H., Oades, R. D., Psychogiou, L., Hauffa, B. P., & Sonuga-Barke, E. J. (2010). Does the cortisol response to stress mediate the link between expressed emotion and oppositional behavior in attention-deficit/hyperactivity disorder (ADHD)? *Behavioral and Brain Functions, 6*(45). doi:10.1166/1744-9001

10 맷

1 Gau, S. S.-F., & Chiang, H. L. (2009). Sleep problems and disorders among adolescents with persistent and subthreshold attention-deficit/hyperactivity disorders. *Sleep, 32,* 671-679.

11 루이스

1 Quinlan, D. M., & Brown, T. E. (2003). Assessment of short-term verbal memory impairments in adolescents and adults with ADHD. *Journal of Attention Disorders, 6,* 143-152; Martinussen, R., Hayden, J., Hogg-Johnson, S., & Tannock, R. (2005). A meta-analysis of working memory impairments in children with attention-deficit/hyperactivity disorder. *Journal of the American Academy of Child and Adolescent Psychiatry, 44,* 377-384.

2 Schmeichel, B. J., Volokhov, R. N., & Demaree, H. A. (2008). Working memory capacity and the self-regulation of emotional expression and experience. *Journal of Personality and Social Psychology, 95,* 1526-1540.

3 Levy, F. (2004). Synaptic gating and ADHD: A biological theory of comorbidity of ADHD and anxiety. *Neuropsychopharmacology, 29,* 1589-1596.

4 Timpano, K. R., Exner, C., Glaesmer, H., Rief, W., Keshaviah, A., Brähler, E., & Wilhelm, S. (2011). The epidemiology of the proposed DSM-5 hoarding disorder: Exploration of the acquisition specifier, associated features, and distress. *Journal of Clinical Psychiatry, 72,* 780-786; Frost, R. O., Steketee, G., & Tolin, D. F. (2011). Comorbidity in hoarding disorder. *Depression and Anxiety, 28,* 876-884; Hartl, T. L., Duffany, S. R., Allen, G. J., Steketee, G., & Frost, R. O. (2005). Relationships among compulsive hoarding, trauma, and attention-deficit/hyperactivity disorder. *Behaviour Research and Therapy, 43,* 269-276.

5 Biederman, J., Milberger, S., Faraone, S. V., Kiely, K., Guite, J., Mick, E., ... Reed, E. (1995). Family-environment risk factors for attention-deficit/hyperactivity disorder. *Archives of General Psychiatry, 52,* 464-470.

6 Shechner, T., Britton, J. C., Pérez-Edgar, K., Bar-Haim, Y., Ernst, M., Fox, N. A., ... Pine, D. S. (2012). Attention biases, anxiety, and development: Toward or away from threats or rewards? *Depression and Anxiety, 29,* 282-294; Seymour, K. E., Chronis-Tuscano, A., Halldorsdottir, T., Stupica, B., Owens, K., & Sacks, T. (2012). Emotion regulation mediates the relationship between ADHD and depressive symptoms in youth. *Journal of Abnormal Child Psychology, 40,* 595-606.

7 Garcia, C. R., Bau, C. H., Silva, K. L., Callegari-Jacques, S. M., Salgado, C. A., Fischer, A. G., Grevet, E. H. (2012). The burdened life of adults with ADHD: Impairment beyond comorbidity. *European Psychiatry, 27,* 309-313.

12 제임스

1 Yoshimasu, K., Barbaresi, W. J., Colligan, R. C., Killian, J. M., Voigt, R. G., Weaver, A. L., & Katusic, S. K. (2011). Written-language disorder among children

with and without ADHD in a population-based birth cohort. *Pediatrics, 128,* 605-612.

2 Mayes, S., & Calhoun, S. (2006). Frequency of reading, math, and writing disabilities in children with clinical disorders. *Learning and Individual Differences, 16,* 145-157.

3 Brown, T. E., Reichel, P. C., & Quinlan, D. M. (August 2010). Impairments of written expression in 13-25 year old students with ADHD. Poster session presented at annual meeting of the American Psychological Association, San Diego, CA; Semrud-Clikeman, M., & Harder, L. (2011). Neuropsychological correlates of written expression in college students with ADHD. *Journal of Attention Disorders, 15,* 215-223.

4 Graff, G., & Birkenstein, C. (2006). *They say, I say: The moves that matter in academic writing.* New York, NY: Norton.

5 Geller, D. A., & Brown, T. E. (2009). ADHD with obsessive-compulsive disorder. In T. E. Brown (Ed.), *ADHD comorbidities: Handbook for ADHD complications in children and adults* (pp. 177-187). Washington, DC: American Psychiatric Publishing.

6 Shafran, R., & Mansell, W. (2001). Perfectionism and psychopathology: A review of research and treatment. *Clinical Psychology Review, 21,* 879-906.

7 Young, K. S., Yue, Y. D., & Ying, L. (2011). Prevalence estimates and etiologic models of Internet addiction. In C. S. Young & C. N. de Abreu (Eds.), *Internet addiction: A handbook and guide to evaluation and treatment* (pp. 3-17). Hoboken, NJ: Wiley.

8 Blinka, L., & Smahel, D. (2011). Addiction to online role-playing games. In C. S. Young & C. N. de Abreu (Eds.), *Internet addiction: A handbook and guide to evaluation and treatment* (pp. 73-90). Hoboken, NJ: Wiley.

13 문제 해결하기

1 Brown, T. E., Reichel, P. C., & Quinlan, D. M. (2011). Extended time improves reading comprehension test scores for adolescents with ADHD. *Open Journal of Psychiatry, 1*, 79-87.

찾아보기

Smart But Stuck

저자 소개

Thomas E. Brown 박사는 임상심리학자이며, 예일 대학교 정신의학 대학의 조교수이고, 주의력과 관련 장애를 위한 예일 치료소(Yale Clinic for Attention and Related Disorders)의 부소장이다. 수상 경력이 있는 책 『주의력 결핍 장애: 아동과 성인의 부주의한 마음(Attention Deficit Disorder: The Unfocused Mind in Children and Adults)』(Yale University Press, 2005)은 7개 국어로 출판되었다. Brown 주의력 결핍 장애 척도(PsychCorp/Pearson)를 개발했으며, 학술지에 수많은 기사를 실었다. 저서로는 『ADHD 합병증: 아동과 성인 ADHD 합병증에 대한 안내서(ADHD Comorbidities: Handbook of ADHD Complications in Children and Adults)』(American Psychiatric Press, 2009), 『아동과 성인 ADHD에 대한 새로운 이해: 실행기능 손상(A New Understanding of ADHD in Children and Adults: Executive Function Impairments)』(Routledge, 2013)가 있다. 자세한 내용은 www.drthomasebrown.com에서 확인할 수 있다.

역자 소개

노진아(Jina Noh)

이화여자대학교 사범대학 특수교육과 졸업

이화여자대학교 교육대학원 졸업(석사)

University of Oregon 대학원 졸업(박사)

서울시교육청 특수교사 근무

現 공주대학교 사범대학 특수교육과 및 특수교육연구소 교수

〈주요 저서 및 논문〉

South Korean Early Childhood Education Teachers' Perceptions of Program-Wide Positive Behavior Support(Infants and Young Children, 2016)

Korean Early Childhood Educators' Perceptions of Importance and Implementation of Strategies to Address Young Children's Social-Emotional Competence(Journal of Early Intervention, 2014)

개별차원의 긍정적 행동지원이 ADHD 성향 유아의 문제행동과 활동참여 행동에 미치는 영향(통합교육연구, 2016)

프로그램 · 학교차원의 긍정적 행동 지원 시스템을 실행하기(시그마프레스, 2012)

ADHD 청소년과 성인의
갇혀 있는 영재성 발현하기

Smart But Stuck:
Emotions in Teens and Adults with ADHD

2017년 10월 25일 1판 1쇄 인쇄
2017년 10월 30일 1판 1쇄 발행

지은이 • Thomas E. Brown
옮긴이 • 노진아
펴낸이 • 김진환
펴낸곳 • ㈜ 학지사
04031 서울특별시 마포구 양화로 15길 20 마인드월드빌딩
대표전화 • 02-330-5114 팩스 • 02-324-2345
등록번호 • 제313-2006-000265호

홈페이지 • http://www.hakjisa.co.kr
페이스북 • https://www.facebook.com/hakjisa

ISBN 978-89-997-1377-4 03370

정가 17,000원

이 도서의 국립중앙도서관 출판시도서목록(CIP)은 서지정보유통지원시스템 홈페이지(http://seoji.nl.go.kr)와 국가자료공동목록시스템(http://www.nl.go.kr/kolisnet)에서 이용하실 수 있습니다.
(CIP 제어번호: CIP2017022495)